meine • deine • unsere

Leben in der Patchworkfamilie

Peter Scheer, Marguerite Dunitz-Scheer

meine • deine • unsere

Leben in der Patchworkfamilie

Mit einem Vorwort von
Professor Ingomar Mutz

Falter Verlag

Unseren Kindern und Eltern in Liebe und Demut

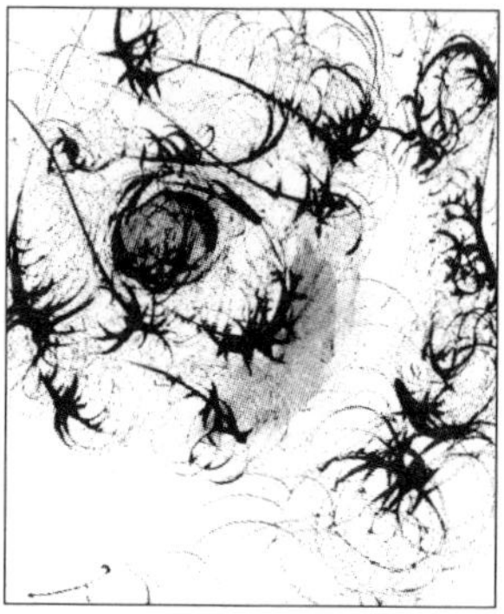

Die Zeichnungen und die Vorlage für den
Umschlag sind Arbeiten von Anna Scheer

ISBN 978-3-85439-414-3

1010 Wien, Marc-Aurel-Straße 9
Tel. 01/536 60-0, Fax 01/536 60-935
E-Mail/Verlag: bv@falter.at
E-Mail/Bestellungen: service@falter.at
Homepage/Bookshop: www.falter.at
1. Auflage 2002

Lektorat: Ulrike Hirhager, Helmut Gutbrunner
Mitarbeit: Matthieu Völker, Anna Kratky
Grafik und Layout: Reinhard Hackl, Marion Großschädl
Satz: Barbara Blaha
Produktion: Susanne Schwameis
Printed in EU

INHALT

Vorwort

VORWORT

Das Ehepaar Scheer/Dunitz-Scheer beschäftigt sich seit vielen Jahren sehr erfolgreich mit psychosomatischen Störungen von Kindern und Jugendlichen. Als Ausdruck von Problemen in den zwischenmenschlichen, interfamiliären und gesellschaftlichen Interaktionen kommt es dabei zu verschiedenen körperlichen und seelischen Befindlichkeitsstörungen sowie zu Besonderheiten im Verhalten gegenüber anderen. Es bedarf einfühlender und fantasievoll-kriminalistischer Bemühungen, die zugrunde liegenden Prozesse aufzudecken und zu beeinflussen.

Die sozialpädiatrische und psychosomatische Ursachenforschung hat sich stets mit der besonderen Situation der Familie als Grundstruktur des Aufwachsens, Reifens und Zusammenlebens befasst, wobei deren naturgegebene Brüchigkeit und Veränderlichkeit im Laufe der Zeit als *broken home* oder jetzt als Patchworkfamilie besondere Beachtung gefunden hat. Die schmerzlichen Erfahrungen für die Betroffenen und die verschiedenen erfolglosen oder erfolgreichen Bewältigungsstrategien hat es immer gegeben, wobei der Ausdruck und die Beachtung mit Zeit und Umfeld wandelbar waren.

Im vorliegenden Buch wird dieses Phänomen und seine Bedeutung in seiner heutigen Ausprägung gründlich und humorvoll dargelegt. Für den notwendigen Mut zu Analyse, Selbstvertrauen und Neubeginn ist professionelle Hilfe wichtig. Aus eigener Erfahrung und anhand von vielen „wahren Geschichten“ zeigen die Autoren, dass bei Eingehen auf die jeweilige Persönlichkeits- und Sozialstruktur Hilfe möglich ist, selbst wenn die rasche, anstrengungslose Auflösung aller Probleme und die Erfüllung der unerfüllbaren Sehnsucht nach endgültiger Harmonie dem Individuum nicht gegeben ist.

Das Buch ist originell, lesenswert und vergnüglich und sollte besonders jenen, die nach familiärer Enttäuschung noch an Liebe und Zukunft glauben, ans Herz gelegt werden.

Univ.-Prof. Dr. Ingomar Mutz
Präsident der Österreichischen Gesellschaft
für Kinder- und Jugendheilkunde

Die Entstehung der Patchworkfamilie

EINLEITUNG

„Bitte schreibt ein Buch, auf das wir stolz sein können!"
Mitten aus dem Urlaub, drei Wochen vor dem Abgabetermin, ein Anruf der Tochter. Es ist die jüngere Tochter aus seiner ersten Ehe. Sie ist jetzt schon 22 Jahre alt, sie studiert und ist, wie alle ihre Geschwister, Halbgeschwister und Stiefgeschwister, kritisch. Brutal kritisch. Sie ist nicht nur kritisch. Auch begabt und widerspenstig, voll Liebe und oppositioneller Energien. Sie ist gegen alles, was eben so ist. Gegen das Establishment, gegen die Politik, gegen die Art, wie Erwachsene sich in dieser Gesellschaft benehmen, miteinander umgehen. Gegen die wenig mutigen und wenig kreativen Lebensentwürfe der Menschen im Allgemeinen.

Mit ihren Eltern, mit dem Vater und der Mutter, und mit ihrer Stiefmutter ist sie nach einer ambivalenten Zwischenphase während der Pubertät nun fast versöhnt, ist momentan sogar von ihnen fast begeistert. Sie hat von unserem Buchprojekt gehört, hat das Titelblatt gestaltet und unser Buch mit einigen Zeichnungen verschönt. Spätestens seit diesem Anruf ist für uns, die Autoren dieses Buches, klar, auf was für ein Wagnis wir uns da eingelassen haben. Die Lebenswege, die uns vor 17 Jahren zusammengeführt haben, waren und sind noch immer Wagnisse. Vielleicht ist man sich dessen durch den Arztberuf und die tägliche Begegnung mit Krankheit, Versehrtheit, Störung und Tod bewusster. Als Eltern oft hilflos und zugleich dankbar für jeden Tag, den wir gemeinsam und mit unseren acht wunderbaren, so verschiedenen Kindern erleben dürfen. Vier unserer Kinder, genau gesagt „seine" beiden und zwei der „Ihren", studieren bereits. Politikwissenschaft und Philosophie, bildnerische Kunst, Musik und Molekularbiologie. Ein weiter Bogen; das nächstfolgende Kind möchte in zwei Jahren Medizin studieren. Dann kommen noch die drei gemeinsamen Buben. Ein lebendiger, wilder Haufen, liebevoll und ausgesprochen kritisch zugleich. Ob unsere Kinder stolz auf dieses Buch sein werden, wird sich zeigen. Im Detail werden sie sich sicherlich zu vielem kritisch äußern, und dies zu Recht. Die Perspektive, aus der wir beide das Projekt eines gemeinsamen Buches begonnen haben, bleibt eine andere als die der Kinder. Sie wird auch immer eine andere sein als die des einzelnen Lesers. Jeder bringt andere Lebenserfahrungen, ein anderes Wahrnehmungsspektrum mit. Dieses Buch ist der Versuch, sowohl persönlich wie auch „fachlich" Stellung zu nehmen zu einem in der Literatur vernachlässigten Thema, zu einem Thema, das uns wichtig ist und das auch für andere Menschen wichtig sein könnte.

Die Einleitung eines Buches kann immer erst zum Schluss geschrieben werden. Dies ist ebenso richtig wie es falsch ist. Beim Korrekturlesen des gesamten Textes möchte man gleich wieder von vorne beginnen, möchte vieles anders ausdrücken. Da aber irgendwann Schluss sein muss, gibt es nun diesen Anfang, den Anfang eines Buches, von dem wir nur hoffen können, dass unsere Kinder zumindest ein bisschen stolz darauf sein werden, wobei wir uns schon sehr glücklich schätzen würden, wenn sie sich die Zeit nähmen, es überhaupt zu lesen!

Familien sind heute oft bunt zusammengewürfelt: Es leben Kinder aus verschiedenen Beziehungen mit Eltern zusammen, die nicht immer ihre eigenen sind. Daraus ergeben sich neue Situationen und einige Probleme: Erziehungsprobleme, Probleme zwischen den Erwachsenen oder zwischen den Kindern aus den verschiedenen Elternhäusern. Großeltern haben auch noch ihre eigenen Ansichten, die nicht immer das Leben erleichtern.

Man kann beobachten, dass Kinder aus diesen Familien psychische Probleme haben können. Erstaunlicherweise haben sie nicht mehr und nicht weniger Probleme als Kinder aus so genannten „intakten" Familien, sie haben nur eben auch Probleme. Niemand aber weiß, ob die neue Struktur der Familie etwas damit zu tun hat. Und nur wenige können mit dieser neuen Lebens-, Wohn-, und Familienstruktur, die in der Geschichte kaum Vorbilder hat, umgehen. Da wir, die beiden Autoren, sowohl beruflich wie auch privat mit solchen Situationen konfrontiert sind, teilen wir unsere Überlegungen mit Ihnen. Sie werden Erzählungen, Beispiele aus der klinischen Praxis, Erlebtes aus unserer eigenen Familie, Interpretationen und Gedanken dazu finden. Manches davon ist konstruktiv, bietet Hilfe an. Vieles ist beschreibend. Andere Kapitel wiederum geben Erlebtes wieder, ohne für die Probleme konkrete Lösungsstrategien anzubieten.

Daher ist dieses Buch teils ein Beratungsbuch, teils eine imaginäre Selbsthilfegruppe, zum Teil einfach Beschreibung einer Lebensform, die erst seit kurzem in einem kleinen Teil der Welt vorkommt. Die Entstehung solcher Lebensformen ist bedingt durch die Auflösbarkeit der Ehe in einer weltlichen Gesellschaft und durch das Ende der elementarsten materiellen Not in einem Teil der Welt. Sie erscheinen von außen ideal. Lebt man allerdings in ihnen, ergibt sich eine Fülle von Problemen, die man bewältigen muss, für deren Bewältigung es aber kaum Vorbilder gibt. Hier finden Sie einige Vorbilder, manchen von ihnen werden Sie vielleicht nacheifern, andere vielleicht ablehnen. Wie auch immer die Reaktion ausfällt, so ist sie doch insofern nützlich, als sie Ihnen hilft, Ihren eigenen Standpunkt, Ihre eigene Lösung zu finden.

Natürlich hat es den Autoren sehr geholfen, sich mit ihrem eigenen Leben auseinander zu setzen. Als Resultate sind zu nennen: ein Zuwachs an Güte gegenüber den Kindern und die Einsicht in das, was ihnen abverlangt wird; ein Zuwachs an Verständnis für den Partner hinsichtlich seiner eigenen Geschichte und die Erkenntnis, dass es immer schwer ist, die Lebensgeschichte des Partners kennen zu lernen, ohne eifersüchtig zu reagieren.

Einige einfache und banal klingende Feststellungen veranschaulichen, dass Menschen unterschiedlich wahrnehmen, je nachdem, ob sie sich innerhalb oder außerhalb einer Situation befinden, also Betroffener oder Beobachter sind.

Dazu einleitend einige Sätze:

- **Besser kein Streit als Streit!**
  Dem werden all jene zustimmen, die erlebt haben, wie sehr Kinder darunter leiden, wenn sich die Eltern nicht verstehen, welche Bedrohung für sie davon ausgeht, wenn die Erwachsenen streiten, und wie viel schwerer dann die Familie für die Kinder zu ertragen ist. Hat man das nicht erlebt, ist es leicht, Ratschläge wie: „Du musst um dein Recht kämpfen!“ zu geben.
- **Besser aus als mies weiter.**
  Beziehungen, die kaputt sind, sind heute nicht mehr aufrechtzuerhalten. Es gibt eigentlich keinen anderen Grund mehr zusammenzubleiben als den, dass man füreinander eine Bereicherung darstellt. Ökonomische oder auch religiöse Gründe sind zumeist nicht mehr stark genug. Und auch die Kinder sind kein Grund zusammenzubleiben. Sie leiden mehr unter streitenden Eltern als unter getrennt lebenden, sofern sich diese vernünftig benehmen und nicht in der Weise der verlorenen Liebe nachweinen, dass sie sich gegenseitig zu zerstören versuchen.
- **Besser seine Energie in Aufbau als in Zerstörung stecken!**
  Herstellung einer neuen Liebe, Investition in den Umraum, also Aufbau von etwas Neuem, macht mehr Spaß und ist gewiss hilfreicher und sinnvoller, als zu versuchen, sich gegenseitig zu zerstören und zu behindern. Auch nach der Trennung sollte man sich Zukunftsaufgaben widmen, sollte man sich bemühen, dem bisherigen Partner eher zu helfen als ihm/ihr das Leben schwer zu machen und jede Freude zu missgönnen. So sollten die Kinder nicht Streitpunkt sein und Geld als das verstanden werden, was es ist: ein Lebensmittel, das alle brauchen.
- **Besser nach Kompromissen suchen als Rechtsanwälte füttern!**
  Wenn man eher auf Rache als auf eine möglichst harmonische Trennung aus ist, bringt das nur Anwälten was. Die Einrichtung der Media-

tion sollte immer dann genutzt werden, wenn der Hass die Vernunft zu besiegen droht und man sich in Streitigkeiten festfrisst, die letzten Endes keinem der Betroffenen nützen. In fast allen Fragen – etwa jenen, die das Geld oder das Kinderbesuchs- und Sorgerecht betreffen – gibt es kein Richtig oder Falsch. Es gibt immer nur beides. Und jeder muss von seinen Vorstellungen zugunsten eines Kompromisses abgehen, sonst wird lang dauernder Streit die Folge sein.

- **Besser gemeinsames Sorgerecht beantragen als ums Sorgerecht streiten.**
  Die Kinder sind die Hoffnung für die Zukunft. Jeder möchte sie wachsen sehen, jeder sieht in ihnen zu Recht seine Fortsetzung. Daher will auch jeder etwas zu sagen haben. Es gibt aber auch hier kein absolutes Richtig oder Falsch. Denken Sie immer daran, dass Sie den Partner, mit dem sie gemeinsame Kinder haben, zum Gefäß Ihrer Unsterblichkeitswünsche gemacht haben, und gönnen Sie ihm/ihr auch Einfluss auf die Kinder. Die rechtliche Regelung sollte demgegenüber sekundär sein. Sie soll für alle angemessen sein.
- **Besser ums Sorgerecht streiten als dem Kind einen Elternteil stehlen!**
  Auf jeden Fall gibt es immer wieder Situationen im Leben der Kinder, in denen sie den jeweils abwesenden Elternteil brauchen, suchen, wollen. Verstellen Sie Ihrem Kind nicht den Weg zu ihm, es sei denn, der Partner hat sich strafrechtlich relevanter Übergriffe schuldig gemacht. Verwenden Sie die Kinder nicht als Waffe für Ihre Rache.
- **Kein Elternteil soll zur verachtenswerten Besuchsfigur werden**
  Am wichtigsten ist, dass Sie sich vergegenwärtigen, dass das Kind einen Teil Ihres früheren Partners in sich hat. Es wird diesen Teil auch in sich entdecken. Machen Sie den früheren Partner daher nicht schlecht, und denken Sie daran, dass Sie ihn einmal geliebt haben und ihm nahe gewesen sind. Enttäuschungen sind kein Anlass dafür, sich selbst oder den Kindern das Gefühl zu geben, der ehemalige Partner sei schlecht. Ihr Kind wird Ihnen das einmal vorwerfen, und Sie werden darauf nichts erwidern können.

Diese Aussagen sind stark persönlich wertend. Dies kann nicht anders sein, wenn zwei Autoren sich entschließen, ein Buch über ein gesellschaftlich umstrittenes Thema zu schreiben. Als Kinder- und Jugendtherapeuten haben wir dabei naturgemäß andere Berufserfahrungen als beispielsweise Rechtsanwälte oder Familienrichter. Für Mediatoren und Kindertherapeuten steht das Kind im Mittelpunkt, und sie sind bemüht, sein Recht auf beide Eltern zu vertreten. Hier gilt es, gegenüber streitenden Eltern, die sich getrennt haben, folgende Haltung einzunehmen: „Lieber eine ‚doofe' Mutter oder ein ‚verrückter' Vater als gar keine/r." Denn jeder mehr oder weniger präsente Elternteil ist aus der Sicht des Kindes besser als ein verschwundener. Die Aufgabenstellung der Rechtsvertreter steht dazu in einem gewissen Gegensatz: Hier ist im Konfliktfall eine möglichst rasche und praktische Lösung gefragt. Aus diesem Grunde vertreten beispielsweise Gegner des gemeinsamen Sorgerechts immer noch den Standpunkt, dass Eltern in einer Trennungssituation einfach nicht in der Lage wären, über die einfachsten Dinge, etwa, welche Schule das Kind besuchen soll, Entscheidungen zu treffen. Da gilt bei vielen Argumentationen oft noch der Grundsatz: Besser streiten, als dem Kind die Möglichkeit rauben, selbstständig mitzureden bei Dingen, die vor allem es selbst betreffen!

Dieses Buch bietet – aus der Sicht eines Ehepaares, das sowohl psychotherapeutisch ausgebildet als auch in der Kinder- und Jugendheilkunde seit über zwei Jahrzehnten praktisch tätig ist – Beratung an. Beratung, wie man mit dem Auseinandergleiten der „alten" und dem Zusammenwachsen der „neuen" Familie umgehen kann, Beratung, wie man mit den „anderen" Kindern besser zurechtkommt, Beratung, wie man den „Kindesvater", die „Kindesmutter" einbezieht. Und schließlich Beratung, wie der einzelne Erwachsene, der einzelne Elternteil mit der Situation besser zurechtkommen und die Erziehungspflichten besser bewältigen kann, damit die Freuden der neuen Partnerschaft nicht von den Problemen des Alltags zugedeckt werden. Weiters schlagen wir alternative Verhaltensweisen vor, die dabei helfen sollen.

Dieses Buch bietet aber keine Patentrezepte an, es verkündet keine Wahrheiten, es verurteilt niemanden, der anders denkt oder fühlt. Es preist auch keine Modelle an, wie im Einzelnen vorzugehen ist.

Es ist ein Buch, das den Leser auffordert, manches neu zu betrachten, dadurch manches neu wahrzunehmen und zu erleben und für manche Situationen neue Lösungsideen zu entwickeln. Es möchte Menschen auch ermutigen, starr erscheinende und verfahrene Situationen neu zu überdenken und Veränderung als positive Entwicklungsleistung anzuerkennen, die Kindern und Erwachsenen hilft, aus einem Zustand des Leidens zu einem selbst verantworteten Leben zu finden.

Insofern wären wir glücklich, wenn dieses Buch den Lesern gefällt. Wir wären aber auch glücklich, wenn es Gegner fände und die darin vertretenen Ansichten Diskussionsstoff für Streitgespräche böten, die wiederum für den einen oder anderen neue Lösungswege eröffneten, deren Beschreiten als positive Veränderung erlebt werden könnten.

DIE NEUEN BEZIEHUNGEN – SÜNDE ODER ENTDECKUNG?

In der westlichen Kultur ist man mit einem fixen Bild von Familie groß geworden. Vater, Mutter, zwei Kinder laufen glücklich einen Hügel hinunter, auf dem das neu erbaute Eigenheim steht. Tatsächlich hat sich diese Form der Familie erst seit dem Zweiten Weltkrieg angeboten. Die Kinderkrankheiten waren in den westlichen Ländern fast besiegt. Penicillin bekämpfte nicht nur Syphilis (Lues) und Gonorrhoe (Tripper), sondern auch Scharlach und andere bakterielle Infektionskrankheiten. Die Säuglingssterblichkeit ging drastisch zurück. Im Grunde wurde das Ideal der Einehe (Monogamie), welche das Christentum so erfolgreich gepredigt hatte, unnötig. Die Aufzuchtsgemeinschaft verlor ihren historischen Zweck, vor allem, nachdem der Wiederaufbau die Not und den Hunger auch in Europa besiegt hatte.

Wozu ist die Einehe gut? Sie ist dann sinnvoll, wenn, wie Wladimir I. Lenin das erklärt, die Erbschaft nach dem Vater gesichert werden muss. Dazu würde allerdings auch die Vielehe reichen, in der der Mann der gesicherte Vater ist, weil er, wie zum Beispiel bei den Muslimen, die Frau vor anderen Männern schützt, oder - wie andere sagen - einsperrt. Die freie Männerwahl durch die Frauen ist mit einer Sicherheit bei der männlichen Vererbung unvereinbar, weshalb matrilineare (von der Mutterlinie abstammende) Gesellschaften keine Idee von Besitz und Erbe haben. Lediglich die Exogamie, also die Verpflichtung, außerhalb des Clans und somit der Gruppe, die ähnliche oder gleiche Gene hat, zu heiraten, besteht auch bei mutterrechtlichen Gesellschaften.

Weiters dient die Einehe zur Sicherung des Nachwuchses. In Zeiten, in denen Hunger und Not vorherrschen, kann nur sie die Sicherheit der Nahrungsbeschaffung geben, weil nur so gewährleistet ist, dass der Mann nicht seinem Trieb folgt, seinen Samen möglichst weit zu verstreuen, sondern zu Hause bleibt und für seine Kinder aus der heiligen Ehe sorgt.

Darüber hinaus ist die Einschränkung der sexuellen Freizügigkeit der Menschen ein Machtmittel, das sie eben daran hindert, frei zu sein. Wie Wilhelm Reich sagt, kann man durch die Einschränkung der freien Sexualität die Menschen ebenso unterdrücken wie durch jede andere Einschränkung, etwa bei Nahrungsmitteln (wie bei den Juden, Hindi und Muslimen), oder durch Totenkulte, die Tabuzonen errichten. Jede Religion versucht die Menschen an sich zu binden. Dazu verwendet sie einerseits Versprechungen (wie zum Beispiel auf ein jenseitiges Leben) und andererseits Einschränkungen. Der Staat wiederum kann sich mit der Religion verbünden, um durch deren Einschränkungen und Verbote die Menschen ideologisch an sich zu binden und so loyale Bürger zu haben.

In jedem Staat, ja in jedem noch so kleinen Gemeinwesen, ist die Art der Paarung und der Kinderaufzucht streng geregelt, dies vor allem deshalb, um Inzucht zu verhindern. Nach dem berühmten französischen Ethnologen Claude Lévy-Strauss ist es eine der wesentlichen Voraussetzungen für die Entwicklung von Kultur, dass nahe Verwandte nicht untereinander heiraten. Heute wissen wir zusätzlich aus genetischen Studien, dass Gesellschaften, die Inzucht nicht verhindern, an Erbkrankheiten zugrunde gehen. Daher muss die Paarung streng geregelt sein.

Über die Jahrhunderte lag daher die Verantwortung für die Partnerwahl bei den erfahrenen Menschen einer Gemeinschaft, wobei sich die Eltern selbst gewissen Regeln unterwerfen mussten, um die Gemeinschaft als solche nicht zu gefährden. Es wurde darauf geachtet, dass die Paarung mit den beruflichen, ständischen und kulturellen Möglichkeiten in Einklang stand. Es konnte weder über Standesgrenzen noch über Religionsgrenzen hinweg geheiratet werden. Ausnahmen, wie die Heirat des Erzherzogs Johann mit der Postmeisterstochter Anna Plöchl, gaben Anlass zu romantischen Gefühlen, Legendenbildungen und wiesen auf die seltene Möglichkeit der Liebe hin, sich gegen Sitte und Anstand durchzusetzen.

Daher nun boten die Einehe und die strengen gesellschaftlichen Regeln eine zusätzliche Sicherheit, dass die Kinder selbst in Notzeiten ernährt wurden. Märchen wie „Hänsel und Gretel“ spiegeln Situationen wider, wie sie sich ergaben, wenn diese Anforderung an ihre Grenzen stieß: Hier hungern die Eltern so sehr, dass die Mutter, um das eigene Überleben zu sichern, dem Vater aufträgt, die Kinder im Wald auszusetzen. Die Hexe ist sogar schon zur Kannibalin geworden, sie will Hänschen essen. Die Kinder überlisten sie aber und verbacken sie. Andere Märchen, wie „Tischlein, deck dich, Esel, streck dich, Knüppel aus dem Sack“, weisen ebenfalls auf die große Armut und den Hunger hin, die noch im 18. Jahrhundert in Deutschland herrschten. Erst die Einführung der Kartoffel als Grundnahrungsmittel unter Friedrich dem II. dem Großen führte zu einer Verringerung des Hungerproblems.

Wir wissen nun: Das Sakrament der Ehe hat die Verbreitung des abendländischen Menschen stark gefördert. Ausschlaggebend dafür war die sexuelle Einschränkung mit dem nicht zuletzt daraus erwachsenden Wunsch zu arbeiten (Sublimationstheorie). Weiters die größere Wahrscheinlichkeit, dass die Kinder überlebten, weil sich beide Eltern dauerhaft verpflichteten, die Kinder zu nähren und zu schützen. Weiters die Sicherheit der Vererbung von Haus und Hof, Geld und Kapital an die männlichen Nachfolger, die davon leben konnten und es bestenfalls vermehrten. Schließlich die Wärme und Geborgenheit, die Kinder in Ländern mit kälterem Klima erwarten konnten, wo Stabilität und Sicherheit statt pulsierenden Lebens herrschten, wie es auf wärmere Länder vielleicht eher zutraf, wo der Sommer nicht zur Anhäufung von Ess- und Heizmaterial genutzt werden musste, sondern das ganze Jahr über genügend Nahrung zur Verfügung stand.

Die Einehe hat, wir wissen es nun, vor allem ökonomische Gründe. Im Laufe der Zeit jedoch wurde sie mit romantischen Vorstellungen besetzt. Die Einehe wurde zum Ideal, das man den Leuten vorhielt, sie wurde als eine christliche Errungenschaft bewertet, als Achtung vor der Frau, der man die frauenverachtende Haltung der „Heiden“ gegenüberstellte. Tatsächlich war es aber so, dass die Frauen im christlichen Abendland zwar die Kirche besuchen durften, sonst aber wenig Rechte hatten. Wenn sie heirateten, wurden sie geschoren, bekamen eine Haube aufgesetzt (daher die Redensart: „Sie ist unter die Haube gekommen“) und wurden letzten Endes Eigentum des Mannes. Ehebrecherinnen wurden gesteinigt und gebrandmarkt (Prostituierten wurde in Frankreich eine Lilie auf der linken Schulter eingebrannt) und aus der Gemeinschaft verstoßen. Trotzdem wurde allen eingeredet, dass sie es in der Einehe („... bis dass der Tot euch scheidet“) besser hätten.

Nun kam nach dem Niedergang der Monarchie das Bürgertum an die Macht und übernahm die Idee der Romantik. Die Liebesheirat wurde geboren, sie wurde allgemein verbindlich, und man machte sie zur Norm. Die Partner mussten sich vor der Hochzeit kennen, sie mussten sich lieben. Wenn die Eltern eine Heirat arrangierten (wie es zum Beispiel bei den orthodoxen Juden heute noch selbstverständlich ist), wurde das als vorgestrig und rückständig und gegen die Interessen des jungen Paares gerichtet angesehen.

Die Folgen daraus waren unglücklich: Die Liebesheirat beinhaltet die Möglichkeit der Trennung. Denn die Liebe kann zwar ein Leben lang für beide Partner halten, sie muss es aber nicht. Oft macht die Liebe in der Tat blind, und schon nach kurzer Zeit erkennen zwei Menschen, dass sie nicht füreinander geschaffen sind. Sie stellen den Irrtum fest, egal, ob nun ein Kind da ist oder nicht, und trennen sich wieder. Das widerspricht aber sowohl dem Ideal als auch der Religion, für die das Sakrament der Ehe unauflöslich ist. So ergibt sich nun folgende Situation: Die Familie ist ökonomisch nicht mehr notwendig, und ihre eigentliche

Grundlage, die Liebe, die zwar durch Treueschwüre und durch das Versprechen in der Kirche unterstützt wird, ist nicht von Dauer: Liebe und dauerhafte Ehe sind ein Widerspruch.

„Man kann eine Liebe durch Trennung oder durch Ehe beenden", hat Honoré de Balzac gesagt. Und so geschieht es auch vielfach. Die Menschen stellen fest, dass sie sich falsch gebettet haben, oder sie leben sich auseinander. Die moderne Arbeits- und Konsumwelt kommt diesem Trend zur Trennung entgegen. Die Menschen werden als Einzelne angesprochen, jeder soll sich selbst verwirklichen und zum Schluss aus diesem Leben etwas ganz Besonderes herausgeholt haben.

Daraus ergeben sich viele Trennungen. Dieser Trend geht noch weiter: Da viele Menschen wissen, dass Partnerschaften nicht von Dauer sein müssen, und viele eine dauerhafte Partnerschaft auch gar nicht anstreben, heiraten sie erst gar nicht, sondern leben nach dem Konzept der Lebensabschnittspartnerschaft. Aus diesen Lebensabschnittspartnerschaften resultieren meistens keine Kinder; dies zeigt sich besonders in Gesellschaften, in denen das Sakrament der Ehe traditionell eine große Rolle spielt, wie etwa in Italien, wo die Geburtenrate dramatisch zurückgegangen ist.

Versuchen die Menschen jedoch neue Lebensformen zu praktizieren, wird dies – zumindest ideologisch – bekämpft. Sie sehen sich dann als Versager, weil sie ihre Ehe vorzeitig beendet haben, ihnen wird eingeredet, dass sie durch die Trennung den Kindern geschadet haben, und sie werden auch ökonomisch benachteiligt, weil sie viele Vergünstigungen des Staates nicht mehr erhalten können. Besonders heftig bestraft sie die römisch-katholische Kirche, wenn sich diese Menschen staatlich wieder verheiraten. Am Ausschluss von wieder verheirateten Geschiedenen sieht man die Löchrigkeit ihrer Argumentation: Für die Kirche gibt es keine Wiederverheiratung. Da die Ehe im Himmel gestiftet wird und der Mensch sie nicht auflösen kann, ist der Verheiratete immer verheiratet. Ob er, nach der Trennung mit jemandem anderen zusammenlebt oder diesen vor staatlichen Autoritäten heiratet, ist unerheblich. Er wird immer in einer außerehelichen Beziehung leben, die Ehe ist aus der Sicht der Kirche aufrecht, solange die beiden Menschen leben. Manchmal trifft hier der Satz „Man trägt sein Kreuz" als grundsätzliche Lebensaufgabe, als Sinnespflicht so sehr zu, dass der Gedanke an Liebe oder Freude wie eine ferne Illusion, eine Vision, erscheint. Für die Kirche ist es unerheblich, ob verheiratete, aber von ihren Partnern getrennt lebende Menschen mit neuen Partnern ohne Trauschein zusammenleben und Kinder haben oder den Staat ersuchen, sie zu trauen. Diese amtlichen Handlungen existieren in den Augen der Kirche nicht. Trotzdem nimmt sie davon Notiz und schließt diese Menschengruppe von der heiligsten Handlung der Messe, von der Speisung der Menschen mit dem göttlichen Leib und Blut nach der Wandlung, aus.

Es überrascht nicht, dass dieser Ausschluss heute nicht mehr gefürchtet wird – viele Menschen lassen sich dennoch scheiden, heiraten nach der Trennung wieder. Sie tun das, weil sie feststellen müssen, dass ihre Liebe sie verlassen hat. Und die Kirche muss diese Trennung verurteilen und verfolgen, weil sie durch deren Akzeptanz und die Aufgabe des Lebenskonzepts der Einehe Macht über die Menschen verlieren würde, ihre Position aufgeben und sich letzten Endes aus der Regelung der Partner- und Elternschaft zurückziehen müsste.

Solange das so ist, werden die Menschen Schuldgefühle haben, werden sie glauben, dass es ihnen und ihren Kindern schaden kann, wenn sie sich trennen. Denn der der Einführung der Liebesehe folgende Schritt ist noch nicht gemacht: dass man nämlich die Liebesehe nicht zwingt, dauerhaft zu sein, und den Menschen nicht mehr sagt, dass sie Versager sind, wenn ihre Ehe nicht ein Leben lang währt, ihnen nicht mehr vermittelt, dass sie ihre Kinder schädigen, wenn sie sich trennen, und dass sie nur dann in den Himmel kommen und Anteil haben können an den Stärkungen der Religion, wenn sie für immer zusammenbleiben.

Dass das noch nicht geschehen ist, bringt vielen große Nachteile. Sie probieren keine neuen Lebensformen aus, sie streiten sich um die Kinder und vor allem ums Geld, sie können sich nach der Trennung und den dabei zugefügten Beleidigungen nicht mehr leiden. Letzten Endes strafen sie sich und ihre Umwelt durch die und nach der Trennung wirklich, indem – wie in diesem Buch beschrieben – die Kinder zwischen den Eltern hin und her gerissen werden und sich immer wieder entscheiden müssen, wen sie lieber haben, sie Koalitionen eingehen müssen, die sie nicht eingehen wollen, gegen oder für Papa/Mama. So werden sie tatsächlich zu scheidungsgeschädigten Kindern, die ihre Eltern verachten, nicht mehr lieben können und diese Verzweiflung entweder an die nächste Generation weitergeben oder erst gar keine nächste Generation entstehen lassen, indem sie kinderlos bleiben.

Was wir in und mit diesem Buch eigentlich fordern, ist, dass man den Kindern, aber auch den Erwachsenen, ihre eigenen Lebensformen lässt. Dass man den Preis für die Liebesheirat – ihre Instabilität – zahlt, aber den Menschen das Schuldgefühl wegen Trennungen nimmt, das sie gegen Kinder handeln lässt: Sie geben beim Rechtsanwalt enorme Summen aus und bleiben als soziale Leichen zurück, die sich schämen, sich in der Öffentlichkeit zu zeigen, weil die Schuldgefühle über die gescheiterte Ehe sie niederdrücken.

Was wir wollen, ist, dass man sich und den Kindern Lebensformen ermöglicht, die sich ergeben und die längst gelebt werden, wenngleich dies hier und heute mehr auf die oberen, wohlhabenderen Schichten zutrifft. Für die Kinder sind unterschiedliche Lebensformen dann bereichernd, wenn sie merken, dass die Erwachsenen sich so weit mögen, dass sie miteinander reden. Für die Kinder sind solche Lebensformen dann in Ordnung, wenn sie merken, dass sie in verschiedenen Familien willkommen sind und dass nicht als Erstes darauf geschaut wird, welchen genetischen Code sie haben. Für die Kinder sind solche Lebensformen dann attraktiv, wenn sie eine Vielfalt an Möglichkeiten, freundlichen Erwachsenen und Spielgefährten bringen.

Ebenso verhält es sich mit den Erwachsenen: Für sie sind diese Lebensformen dann ein Gewinn, wenn sie merken, dass man sie leben lässt, real, finanziell und emotional. Für sie ist es dann in Ordnung, wenn sie sich nicht immer streiten oder sich an ihre Verletzungen erinnern, wenn sie den eigenen Expartner oder den des neuen Partners sehen. Für die Erwachsenen ist es dann okay, wenn sie in dem Kind, das dem anderen Partner oder zum Beispiel dem „Neuen" der Ex ähnlich schaut, nicht immer den Feind sehen, der sie einstens verletzt hat. Für die Erwachsenen stellen neue Lebensformen dann eine Bereicherung dar, wenn es ihre Freiheit, sich zu bewegen, ihr Netz an Menschen, die ihnen helfen können, erweitert und wenn sie sich in tagtäglicher Toleranz dazu bringen, dem Verlust der Liebe keine größere Bedeutung beizumessen, als sie der Ankunft der Liebe gewidmet haben.

Man sieht, neue Lebensformen wie die Patchworkfamilie sind offensichtlich lebbar. Viele probieren es aus – aber sie schämen sich oftmals noch dafür. Von staatlicher Seite werden derartige Lebensformen nicht so gefördert wie die „Idealfamilie": Eine derartige Unterstützung widerspräche der Religion, die dann wiederum dem Staat nicht mehr als Partner in der Gängelung der Menschen zur Seite stünde. Das führt jedoch leider zu einer immer zunehmenderen Abwendung der Menschen von der Religion und auch von deren Wertmaßstäben und ethischen Prinzipien. Die Welt wird gottlos. Und man kann von der Religion auch nicht erwarten, ihre Werte und Dogmen hinsichtlich der derzeitigen Lage der Menschen zu ändern. Eine solche Überanpassung nähme ihr auch ihren Nimbus, ihre Mystik, ihren Anspruch auf zeitlose Wahrheit. Es ist aber zu fragen, ob es im Sinne der Menschen und vor allem der Kinder ist, die Ehe als Sakrament weiterhin beizubehalten.

Wir zeigen in diesem Buch auf, dass es viele Möglichkeiten zu leben gibt und dass es möglich und sehr wichtig ist, Toleranz zu erlernen und zu leben. Nicht zu glauben, im Besitz der Wahrheit zu sein und zu wissen, wie man es richtig macht; immer einen Spalt in das eigene Innere offen zu lassen, in den man hineinsehen und seine Ängste, Verletzungen und Sorgen wahrnehmen kann, die man dann für sich be- und verarbeitet und nicht im Streit mit dem ehemaligen Partner oder dessen Kind; ein Streit, der dort endet – oft mit einem gerüttelt Maß an Zerstörung –, wo er begonnen hat: in Sinnlosigkeit.

Viele Lebensformen sind noch nicht wirklich erprobt. Vieles ist noch ungewiss. Bekannt ist jedoch, dass Ehe auf Dauer und Liebe nicht zusammengehen. Bekannt ist, dass in Zeiten des Überflusses kein äußerer Grund besteht, ein Leben lang zusammenzubleiben. Und klar ist auch, dass es neue Lebensformen gibt. Und zuletzt weiß man, dass die Ablehnung neuer Lebensformen mit dazu beiträgt, dass die derzeitige Wohlstandsgesellschaft ausstirbt (egal, ob man das als Vor- oder als Nachteil ansieht).

Daher ist es nötig, diese neuen Lebensformen zu akzeptieren, den Menschen nicht einzureden, dass diese Arten zu leben schlecht seien, und vor allem den Kindern wieder einen Ort zu geben, an dem sie sich sicher fühlen können, und nicht einen, an dem sie sich hin und her gerissen fühlen. Es muss erlaubt sein, den echten Vater vor dem Stiefvater zu loben, es muss möglich sein, dass man auf die abwesende Mutter stolz ist, und es sollte vielleicht sogar gelingen, dass man sie trifft, Feste feiert und Freude daran hat, wenn sich die Kinder gut miteinander verstehen. Denn die Patchworkfamilie funktioniert vor allem dadurch, dass man sich gegenseitig leben lässt, im besten Fall sogar mag und Abstand nimmt von den herkömmlichen Familienhierarchien und -idealen.

Dazu laden wir Sie allenthalben ein.

DIE „NEUE" FAMILIE

Das Patchworkmodell als neue Familienform

VIGNETTE | Tina (9 Jahre alt): „Mama, was heißt eigentlich Patchwork? Ich dachte, das sind so zusammengeflickte Teppiche, die in Amerika genäht wurden. Aber was hat das mit uns zu tun? Die Lehrerin sagt, ich lebe in einer Patchworkfamilie? Ist das was Schlimmes?"
Mutter: „So eine blöde Kuh, die soll sich um ihren eigenen Salat kümmern! Was geht sie das an? Die soll mir mit ihren Vorurteilen nur aufpassen!"
Tina: „Aber Mama. Ich habe ja nur gefragt, was Patchwork heißt!"
Mutter: „Weiß ich eigentlich auch nicht wirklich, halt wahrscheinlich so wie beim Teppich, wenn eine Familie aus verschiedenen anderen Familienanteilen entstanden ist. Dass du jetzt einen kleinen Bruder bekommen hast und sein Papa nicht auch dein Papa ist. Aber das macht doch nichts, oder?"
Tina: „Nein, es macht nichts, ist halt nur komisch, wenn die Familie nach einem Teppich benannt wird!"

Als eines der wenigen Kapitel dieses Buches ist dieses, wie es ursprünglich für das gesamte Buch geplant gewesen ist, von uns beiden geschrieben worden. Dies deshalb, weil wir beide dazu Meinungen, Auffassungen und Beobachtungen einbringen wollen, die sich jedoch nicht immer decken.

Der Mann leitet seine Rolle in der klassischen bürgerlichen Familie aus einer historisierenden Sichtweise ab. Eine Sichtweise, die einerseits eher zu kurz greift und andererseits nicht unumstritten ist. Er sieht die bürgerliche Familie als eine nicht mehr vorhandene Lebensform an, die lediglich als Vorzeigeobjekt oder als Idealbild vorkommt, im täglichen Leben jedoch eher die Ausnahme als die Regel ist.

Die Frau betrachtet die Familie in einem Hier und Jetzt, in einer Sichtweise, die manche der momentanen Symptome erklärbar macht und den enormen Vorteil hat, emotional nachvollziehbar zu sein. Diese Art der Beschreibung und Interpretation ist wesentlich lebendiger und froher, vor allem aber ist sie positiver und zukunftsgewandt.

Die beiden Betrachtungsweisen sind ebenso berechtigt wie unzählige andere. Gleicher Meinung sind wir in Bezug darauf, dass das Ideal der Zwei-Kinder-zwei-Eltern-Familie so bestimmend ist, dass sich alle Menschen, die es nicht erreichen, als Versager fühlen. Wir sind der Meinung, dass es nicht gut ist, wenn durch dieses Ideal ein schlechtes Gewissen erzeugt wird. Welche Gründe man auch immer dafür anführt, warum dieses Ideal heute kaum mehr verwirklicht wird – sicher ist, dass diese Familienkonstellation eben selten ist. Und ebenso sicher ist, dass dieses Ideal hauptsächlich dazu verwendet wird, den Menschen, die es nicht erreichen, das Gefühl zu geben, versagt zu haben.

Die Lebensformen haben sich aber geändert. Es können dafür die Befreiung der Sexualität, der Wegfall bestimmter ökonomischer Zwänge in den Ländern der Ersten Welt, die Frauenemanzipation oder die Möglichkeit der Geburtenregelung als Ursachen angeführt werden. Und jeder, der eine dieser Theorien vertritt, kann sich im Besitz der Wahrheit fühlen. Ebenso wie der, der meint, dass die allgemeine Gottlosigkeit die Ursache dafür ist. In jedem Fall ist es aber überraschend zu sehen, dass die jeweils andere Theorie genauso viel erklären will wie die eigene. Glücklicherweise sind die meisten von der Richtigkeit und vor allem der alleinigen Richtigkeit ihrer Theorie so überzeugt, dass sie die anderen Theorien nur dazu verwenden, um zu zeigen, wie falsch und dumm diese sind.

Daher haben wir zum bereits weit verbreiteten Phänomen der Patchworkfamilie selbst keine neue Theorie hinsichtlich ihrer Entstehungsbedingungen entwickelt. Wir sind auch nicht sicher, dass es eine seriöse Möglichkeit gibt, einen der genannten Faktoren wirklich als den entscheidenden anzusehen. Schön wäre es zwar, aber bald würde jeder Leser unsere Ideologie kennen, und es kann sich dann danach jeder entscheiden, ob ihm gerade diese Theorie zusagt oder nicht.

So leicht wollen wir es Ihnen und uns nicht machen. Denn wir haben uns vorgenommen, die Phänomene eher zu beschreiben und mögliche Interpretationen anzubieten.

So gehen wir auch mit der Beobachtung um, dass die „ideale" Familie eigentlich nicht mehr besteht. Die gedankliche Vorstellung von Familie als solche, ist immer von bestehenden und historischen Elementen und Kofaktoren geprägt. Wir erkennen sie als uns beeinflussende, internalisierte Vision an und versuchen Beobachtungen und Einfälle zum Phänomen der neuen Familienform zu skizzieren und Interpretationen und Hilfestellungen dort anzubieten, wo es leider noch zu wenig Hilfestellungen gibt. Denn Forscher im Bereich der Psychologie und der Psychiatrie und der angrenzenden helfenden Berufe wissen schon seit langem, dass die Familie in ihrer „idealen" Form kaum mehr existiert. Auch die lebendigen und betroffenen Menschen spüren es immer wieder, aber das hindert weder den Staat, noch die „schöne" Literatur, noch den Film daran, immer wieder dieses Ideal vorzuführen und für alle, wie einen Wunschtraum, den man nicht erreichen kann, erstrebenswert zu machen. Auf diese Art entstehen oft Verunsicherung, Selbstzweifel, Hass, und Verwirrung, weil fast jeder das intensive Gefühl hat, falsch zu leben und seinen Kindern nicht die entsprechenden Chancen im Leben zu geben, die er ihm doch einräumen will.

In den letzten hundert Jahren hat sich die Familie in den westlichen Ländern geändert. Die Familie an der Wende vom 19. zum 20. Jahrhundert bestand in der Regel aus einem Paar, das viele Kinder hatte. In den ärmeren Schichten mussten alle, sofern es ihnen möglich war, arbeiten, um zu überleben, auch die Kinder, wobei die Eltern meist schwere körperliche Arbeit verrichten mussten. In den bürgerlichen Schichten, auch den niedrigen, hatte man Dienstboten, die Mutter war zu Hause, der Mann arbeitete. In allen Fällen fand sich aber die Struktur der Einehe und der ehelichen Kinder wieder. Der Moralkodex und die Anstandsregeln, insbesondere auch und vor allem hinsichtlich der Sexualität, waren für alle Schichten gleich, wenngleich sie immer verschieden interpretiert wurden. In den ärmeren Schichten war der Zwang zur Prostitution immer wieder ein Thema, vor- und außereheliche Beziehungen in der Stadt und am Land waren aus Not und Armut an der Tagesordnung, ohne jedoch gesellschaftliche Billigung zu finden. In den bürgerlichen Schichten hatte der Mann vor der Ehe „Erlebnisse", die ihn erfahren machten, und er heiratete dann als reiferer Mann, der nun auch schon seinen beruflichen Platz gefunden hatte, eine Jungfrau aus gutem Hause. Dieser Doppelmoral und Scheinanpassung hat Arthur Schnitzler ein Denkmal gesetzt. In der adeligen Familie war Treue die Pflicht der Frau und Untreue das Vorrecht des Mannes. Hier wurden auch außereheliche Beziehungen geduldet, wenngleich sich unter dem Einfluss der restriktiven Sexualmoral auch hier die Idee der treuen und auf Dauer angelegten Beziehung durchsetzte.

Von diesen Strukturen ausgehend entwickelte Sigmund Freud die Psychoanalyse, seither werden sie der Interpretation familiären Zusammenhalts zugrunde gelegt. Das Problem ist nur, dass es diese Strukturen kaum mehr gibt. Sie sind im Wesentlichen verschwunden – nicht jedoch in den Träumen der Menschen und in ihren Vorstellungen vom richtigen Leben. Galt zur Jahrhundertwende noch die arrangierte Ehe als Garant für eine dauerhafte Beziehung, so entwickelte sich nach dem Ersten Weltkrieg die Liebesehe als allgemeine Institution, wobei damit adeliges Vorrecht, das aus der Literatur der Minnezeit stammte, Allgemeingut wurde. Es wurden aber keine Strukturen geschaffen, die den Menschen helfen konnten, auch mit der Liebesehe ein auskömmliches Dasein zu finden. Eine Zeit des Übergangs folgte: Zuerst wollte man - vor allem in der Zeit zwischen dem Ersten und dem Zweiten Weltkrieg - einen Mittelweg finden, die alten Moralvorstellungen der langzeitigen, monogamen Ehe und die Idee der Liebesheirat miteinander verbinden. Davon geben uns Filme wie Hans Albers' „Die große Freiheit", aber auch die Träume des aufstrebenden Hollywood-Kinos einen guten Eindruck. Man führte gerne die Unmöglichkeit, diese beiden Ideen unter einen Hut zu bringen, auf die stürmischen Zeiten zurück: Der Krieg, der Überschuss an Frauen und die große Not führten dazu, dass es unmöglich wurde, Beziehungen so zu leben wie früher. Und jede Trennung wurde als ein Versagen interpretiert, und die Kinder wurden als Opfer dieser Fehlentwicklungen betrachtet. Manche Entwicklungen wurden auch positiv gesehen. So wurde im Berlin der 1920er-Jahre die beginnende sexuelle Libertinage begrüßt, und es fanden sich zum Beispiel in Künstlerbewegungen, wie dem Monte Verità, Strömungen, die gegen die Sexualmoral des vorangegangenen Jahrhunderts polemisierten. Auch in der Psychoanalyse machte sich eine Gegenbewegung breit: Die Sexpol-Bewegung, die einen starken politischen Anspruch hatte und in der Befreiung von den Zwängen der Sexualmoral die sozialistischen Ideale verwirklicht sah. Wilhelm Reich fasste in seiner „Massenpsychologie des Faschismus" die Rede Dimitroffs vor dem Komintern-Kongress zusammen und interpretierte sie in Richtung einer unterdrückten Sexualmoral. Die österreichische Autorin Sofie Lazarsfeld („Wie die Frau den Mann erlebt", 1931) betrachtete in diesem Zusammenhang vor allem die unterdrückte Stellung der Frau und sah in der gemäßigteren sozialdemokratischen Bewegung eine Notwendigkeit, um die Rolle der Frau zu verändern. Sie fasste diese Notwendigkeit auch sexualmoralisch auf und negierte das einseitige Recht der Männer, ihre Frauen zu betrügen, sie zu verlassen und mit anderen Frauen Kinder zu zeugen.

Wie die Geschichte immer Kapriolen schlägt, so war es gerade das Land der Freiheit, die USA, das die strengste Sexualmoral nach Europa exportierten. Nach dem Zweiten Weltkrieg war die Welt plötzlich anders. Niemand bekam mehr acht bis zehn Kinder, niemand wollte mehr die faschistische Vermehrungstheorie verwirklichen, und die Besatzungsmächte lebten ein neues Leben vor. Mit dem Wiederaufbau kam ein neuer Reichtum, die Gesellschaft war allerdings immer noch von der alten Sexualmoral geprägt. Alles war grau, schwarz und weiß, die Knaben gingen in Anzügen zur Schule, die Mädchen in Röcken. Aber mit dem zunehmenden Reichtum begann sich manches zu ändern: Die Sexualmoral wurde wieder lockerer. Und dann kamen die großen Veränderungen: die Erfindung der Antibabypille durch Carl Djerassi und die Bekämpfung der bis dahin bekannten Geschlechtskrankheiten durch die generelle Verfügbarkeit von Penicillin. Was wie die Erfüllung der Sexpol-Träume der Dreißigerjahre aussah, nämlich die sexuelle Befreiung durch die Studentenbewegung, wurde einfach durch diese einmaligen und bis heute nie wiederholten Umstände, dass sexuelle Freiheit weder mit Ansteckungsgefahr noch mit Kinderkriegen verbunden war, ermöglicht.

Kurz war die Zeit, und sie wurde von Studentinnen und Studenten in der ganzen Welt genutzt. Schlagworte wie Woodstock, freie Liebe, Kommune und das der sozialistischen deutschen Studentenbewegung: „Wer zwei Mal mit derselben pennt, gehört schon zum Establishment" markierten einen Zeitabschnitt, in dem Treue plötzlich ganz aus der Mode gekommen zu sein schien. Aids machte dem allen ein Ende. Treue wurde wieder modern, Safer Sex markierte das Ende dieser Epoche. Heute ist sie Geschichte, ebenso wie die Perücken der Adligen lang vergangener Zeiten.

Geblieben ist, dass es die „alte Familie" oft nur mehr in der Fantasie gibt, die Idee der Liebesheirat ist bestimmend, die arrangierte Ehe in unseren Breiten ein Phänomen der Vergangenheit. Festzustellen ist heute, dass sich die Familie nicht wieder so konstruieren konnte, wie sie einmal war. Die ökonomischen Zwänge, aus denen sie entstanden war und die sie zusammengehalten hatten, waren verschwunden. Liebe wurde zur Forderung, sie sollte das Zusammenleben garantieren. Dadurch wurden neue Familienformen sichtbar, die sich aus dieser Forderung zwingend ergaben.

Von vielen dieser Phänomene handelt dieses Buch.

Es ist in unserer Zeit durchaus möglich, auch nach der Trennung sich gut zu verstehen und miteinander den Kindern gerecht zu werden, ihnen die erweiterten Erfahrungsmöglichkeiten zuzugestehen und ihnen die Möglichkeiten zu geben, ihre Eltern glücklich zu sehen, auch wenn diese nicht mehr zusammenleben. Denn die Statistiken machen deutlich, dass die Wahrscheinlichkeit, unter den Auspizien der Liebe ein Leben lang zusammenzubleiben, sehr gering ist. Da der ökonomische Zwang, dauernd zusammenzubleiben, weggefallen ist, kann man nicht verlangen, eine Ehe, in der die Liebe verschwunden ist, aufrechtzuerhalten. Und wenn man den Kindern auch so gerecht werden kann, dann stellen auch sie kein Hindernis dar, neue Lebensformen auszuprobieren.

Die neue Familie ist anfangs gekennzeichnet von zwei verliebten Erwachsenen und einem rundherum herrschenden Chaos ! Die bisherigen Partner sind sauer, gekränkt, sie toben, sind ahnungslos oder bestenfalls verunsichert. Die Kinder sind auf alle Fälle verunsichert und spüren die Ungleichheit in der emotionalen Bindung der Eltern zueinander genau. Die neuen Liebenden sind – aus der Perspektive der Kinder und Jugendlichen – noch im möchtegern-pubertären Heimlichkeitsstadium mit leicht peinlichem Touch oder in einer Beweisnot nach ihrem Entschluss, sich von ihren Expartnern zu trennen. Sie wollen ihre eingestandenen oder verdrängten Schuldgefühle mit dem Argument, dass jetzt alles besser wird, abbauen. Es ist eine für alle Beteiligten neue und nicht einfache Zeit. Die Kinder spüren die neue Liebesbeziehung und profitieren von ihr, sie werden verwöhnt, man organisiert lustige und neue Unternehmungen. Gleichzeitig tragen sie aber – je nach Alter und Geschlecht –, indem sie sich mit dem abwesenden Elternteil identifizieren, die Loyalitätsproblematik wie ein Brandmal. Sie wollen und wollen nicht. Sie finden – weil eben Kinder Neues lieben – das alles schon okay, gleichzeitig aber ist es für sie unerträglich. Sie ekeln sich oft vor ihren eigenen Gefühlen.

In der neuen Familie ist es schwer, besonders wenn Normalität geübt wird, wenn also Urlaube und Wochenendaktivitäten vorbei sind und der Traum vom bisherigen Familienglück als endgültig geplatzt erkannt wird. Es tut schrecklich weh. Und natürlich ist es schrecklich schwer, weil man ja nicht einfach trauern kann, wie beispielsweise beim Verlust eines Menschen durch den Tod. Kinder können in dieser Phase nicht oder nur sehr schwer mit beiden Eltern sprechen, mit Freunden auch meist nur bruchstückweise, da sie meinen, nur sie selbst seien in dieser peinlichen Lage. Alles, was anders ist als bei allen anderen Kindern, ist schlimm und peinlich. Es verletzt das natürliche Bedürfnis der Kinder nach Angepasstheit, Stabilität und Sicherheit.

Die neue Familie trägt alle diese Lasten. Aber sie kann sie nicht offen tragen, sie möchte das neue Liebesglück nicht durch die Banalitäten des Alltagslebens beschmutzen. Es verletzt die Illusion und das Reinheitsgefühl der Liebenden, dass sie sich gegenseitig mit Altlasten belasten sollten. Und die Kinder revoltieren meist ganz ordentlich. Introversion, emotionaler Rückzug und stille Überangepasstheit sind bequemer, aber für das Kind psychohygienisch schlecht. Extroversion, Trotz, kindliche und pubertäre Tobsuchtsanfälle, schlechtes Benehmen und lästige Unangepasstheit sind störend, aber gesund.

Diese Zeilen könnte den Leser veranlassen, ganz verschreckt Abstand

zu nehmen von seinem als so positiv erlebten Projekt! Nicht immer aber geht es in der neuen Familie so dramatisch zu; sind das Glück und die Freude gegenüber dem bisherigen, meist verkrampften und stressigen Zustand für alle spürbar, können auch die Kinder wirklich emotional profitieren, kann es auch deutlich ruhiger und einfacher abgehen.
Motto: Denn die Liebe macht blind, und es ist so schön, blind zu sein!

TRENNUNG UND VERBINDUNG

Das Entstehen der Patchworkfamilie oder der Übergang vom „Weiß nicht mehr, wo ich bin"- ins „Weiß noch nicht, wohin"-Land!

VIGNETTE| Die junge Frau erzählt, sie ist aufgelöst und verunsichert. Sie wollte mit ihrem Mann zu einer Abendeinladung, einer Geburtstagsfeier bei guten Freunden. Sie war gerade dabei, sich hübsch zu machen, damit sie bald gehen zu könnten.

Am selben Tage hatte Paul, ihr neuer Freund, angedeutet, dass er mit ihr mit dem neuen Auto nach Prag fahren wollte. Sie hatte weder zu- noch abgesagt. Paul wollte etwas Spontanes und Aufregendes machen. Ein guter Freund hatte ihn überraschend aus Wien besucht, und eine kleine Spritzfahrt mit dem neuen Auto schien das Richtige für den warmen, schönen Sommerabend. Sie hatte ihm auch erzählt, dass der Tag ungünstig sei. Bis zuletzt hoffte sie, er würde nicht kommen. Bis zuletzt glaubte sie, er hätte ihre halbherzige Absage verstanden und würde gemeinsam mit dem Freund fahren. Dann könnte sie wie geplant zur Geburtstagseinladung gehen. Es sind noch etwa zehn Minuten, bis sie und ihr Mann wegfahren wollen, als sie plötzlich Pauls Auto, seitlich und etwas versteckt hinter dem Baum vor dem Hause, sieht. Ihr Mann sieht es nicht. Sie läuft hinunter, nimmt ihre Tasche, in die sie für alle Fälle den Reisepass gesteckt hatte, und geht hinaus zum Auto. Dort ist Paul mit dem ihr unbekannten Besuch aus Wien. Beide sind bestens aufgelegt und übermütig. „Steig ein!", sagt Paul. „Aber, er ... wir ... !" Sie steigt ein. Sie ist wie ferngesteuert, verhext. Sie findet sich gemein, die ganze Sache ist vollkommen verrückt, alles dreht sich. Bei der Ausfahrt bleiben sie noch kurz bei Freunden stehen. Es sind eigentlich eher Freunde von ihr und ihrem Mann, aber Paul kennt sie auch. Paul stellt den Wiener Besuch vor und meint ganz lustig: „Wollt ihr nicht mitkommen? Platz hätten wir noch!" Die beiden sind von der spontanen Idee ganz begeistert, sie laufen ins Schlafzimmer, um ein paar Dinge einzupacken Nach ungefähr fünf Minuten sagt Paul plötzlich: „Das reicht aber jetzt, dann halt nicht!" Alle drei verlassen ebenso unerwartet, wie sie hereingeplatzt sind, das Wohnzimmer, klettern über das Tor, das wegen der Hunde verschlossen ist und fahren wie Einbrecher nach einem Überfall los. Paul kichert wie ein kleiner, böser Bub, sein Freund ist schockiert, und der jungen Frau ist schlecht. Sie fahren wirklich nach Prag. Sie findet die Fahrt so lala, er fährt für ihr Gefühl zu schnell, sie sitzt hinten und weiß überhaupt nicht, warum sie eigentlich mitgekommen ist. Immer wieder überlegt sie, ihren Mann anzurufen, aber es fällt ihr einfach nichts ein, das sie ihm sagen könnte. Sie schämt sich furchtbar und will gleichzeitig keine Spielverderberin sein. Die ganze Fahrt ist aus ihrer Sicht ein Horror; im Hotel nimmt Paul mit dem Wiener ein Doppelzimmer und steckt sie buchstäblich in irgendein Einzelzimmer. Sie schäumt, ist gekränkt, sauer, stinksauer sogar, und sie ist sich sicher, im absolut falschesten aller Filme zu sein. Am nächsten Morgen besucht man noch die Burg, die Heimfahrt ist ein Albtraum, da sie sich von den Stadtmauern bis nach Österreich immer wieder erbrechen musste. Ihr ist hundeelend, ihrem Mann gegenüber ist sie voller Schuldgefühle und Selbstvorwürfe, Paul gegenüber empfindet sie gar nichts, außer Empörung. Aber am miesesten geht es ihr mit sich selbst, sie ist ja selbst an allem schuld, sie weiß nicht mehr, was sie will.

In dieser Phase weiß sie irgendwie schon, dass ihre Ehe am Zerbrechen ist, zu viele Dinge sind in den letzten zwei Jahren schief gegangen. Sie hängt an ihrem Mann und den Kindern und der Familie, die sie zusammen sind; aber oft meint sie, dabei verrückt zu werden. Alles ist viel zu berechenbar. Alles läuft wie am berühmten Schnürchen, aber sie fühlt sich tot, so tot wie ein schönes Möbelstück. Es gibt Nachmittage, wo sie Dächer anschaut und nicht weiß, was sie von den Dachziegeln auf den schrägen Dächern trennt. Sie fühlt sich nicht in sich selbst, sie fühlt sich oft mehr in unbeseelten Dingen als in ihrem eigenen Körper; sie denkt oft, dies könnten Frühsymptome von Wahn sein. Sie kann mit niemandem sprechen. Nicht mit ihrem Mann, nicht mit Paul, nicht mit ihrer besten Freundin, nicht mit den Eltern. Diese Gedanken sind so seltsam, dass sie nicht aus ihrem Munde rutschen, sie bleiben im Kopf stecken und machen sie verrückt. Auf die Idee, mit einem professionellen Helfer zu sprechen, wäre sie niemals gekommen. Dieser Gedanke kommt erst Jahre danach. Sie weiß gar nicht, ob sie mit dem richtigen oder falschen Mann zusammen ist, sie weiß nicht, was oder wen sie liebt. Sie liebt ihre Kinder und hält sich an ihnen fest, als wären sie Anker, die sie vor dem Ertrinken retten. Sie weiß nur, dass es so nicht mehr weitergehen kann, dass dieses Leben seit einiger Zeit nicht mehr ihr Leben ist. Sie fährt mit, wie eine Autostopperin in einem fremden Auto ein Stück Weges mitfährt und nicht weiß, wo man sie aussteigen lassen wird oder wo sie selbst aussteigen wollen wird.

Die junge Frau erzählt und erzählt, viele Stunden lang. Viele seltsame Szenen sind noch passiert, ehe langsam, ganz langsam, alles für sie wieder etwas klarer wurde. Erst viel später ist sie ausgezogen, sie wurde von Paul schwanger, noch später zog sie zu ihm und noch viel später, am Ende dieser langen und mühevollen Reise, deren eine Haltestelle die Ausfahrt nach Prag gewesen war, spürte sie, dass sie angekommen war. Sie war nicht verrückt geworden, das Leben hatte sie ein Stück verrückt, aber nun hatte sie wieder festen Boden unter den Füßen und konnte Dachziegel anschauen, ohne sich in ihnen zu verlieren.

VIGNETTE | Die etwas andere Hochzeit eines Paares mit acht Kindern. Heiraten? Heiraten! Nach zehn Jahren in der neuen Partnerschaft in „wilder" Ehe im wörtlichen Sinne, der Geburt dreier gemeinsamer und dem Heranwachsen weiterer fünf, in die neue Beziehung mitgebrachten Kinder, reifte das Projekt Hochzeit spät, aber doch heran. Der Wunsch nach Legitimierung der Beziehung und vor allem die Sehnsucht nach einem großen Fest, eben einer richtigen Hochzeit, stand im Vordergrund. Auch wenn es für beide Partner das zweite Mal war, diesen Schritt zu wagen, wollten sie die Heirat nicht mehr missen. Er behauptete zwar, ihm sei es gar nicht so wichtig, er mache halt mit. Er war ein Mensch, der sich oft als der Manipulierte sah und sich im Zweifelsfall gerne als das Opfer ihrer vitalen und unwiderstehlichen Durchsetzungskraft definierte. Sie wollte die Hochzeit wirklich, das stimmt, aber nach den vorangegangenen Ehen hatten beide Angst, und sie hatte eine geradezu hysterische Allergie gegen Ehebetten und das Klischee der Ehe. Auch Angst, dass der Traum noch einmal platzen könnte. Auch Angst, wie es auf die Kinder wirken würde. Da sie jedoch den Ruf hatte, die Zügel in der Hand zu halten und als die Aktive angesehen wurde, sie selbst aber ihn als den Macho und den Macher erlebte, meinte sie, dass sie zwar Schritte in Richtung Hochzeit setzen würde, aber sehr feinfühlig beobachten werde, welche der gesetzten Schritte er ohne ihr Zutun mitgehen würde.

So wurde die Hochzeit geplant, diesmal als ein wirklich großes Fest, das drei Tage dauern sollte, mit einem sozialen Teil, in dem sich die Hochzeitsgesellschaft zusammenfinden würde, einem religiösem Teil, der streng und zugleich hochromantisch sein würde, und einem zivilrechtlichen Teil, der im historischen Arvenzimmer eines schweizerischen Gemeindeamtes in den Schweizer Bergen zelebriert würde. Die Unschuld und Nervosität wie bei der ersten Hochzeit fehlten weitgehend. Weder war sie Jungfrau, noch er der Prinz auf weißem Schimmel.

Als der Rabbiner zu der Stelle kam, wo dem jungen Brautpaar üblicherweise der Segen für viele gesunde Kinder gegeben wird, schaute er in die Runde der acht strahlenden Kindergesichter und lächelte. Nu? Sollte er da wirklich noch mehr wünschen? Er wünschte!

Diese beiden Vignetten sind, wie Sie wahrscheinlich erraten können, recht persönliche Geschichten zum Thema Trennung und Verbindung aus der Sicht der Autorin. Zwischen der ersten und der zweiten Vignette liegen ganze zehn Jahre. Wir springen mit der ersten Geschichte in eine Zeit, welche den Übergang der bisherigen in die neue Lebensform eingeleitet hatte.

Dieses Kapitel soll nicht - eingeleitet von diesen beiden kleinen Geschichten - dasselbe Thema wie das vorherige behandeln. Neu und Alt sind Werte im zeitlichen Kontinuum. Sie richten die Aufmerksamkeit des Betrachters, wie eben im vorherigen Kapitel, auf ein Vorher und demzufolge ein Nachher. Mit dem Neuen wird auf das Alte Bezug genommen.

Hier ist die Perspektive eine andere: Die Trennung führt zur neuen Verbindung, die neue Verbindung ist die Folge der Trennung oder auch der Anlass zur Trennung, oder einfacher: Die Trennung folgt meist der neuen Verbindung etc. Wir können Trennung und Verbindung aus jeder erdenklichen Perspektive betrachten, sie gehören zusammen, sie schaffen einander, und zugleich zerstören sie einander. Ohne pathetisch werden zu wollen, ist es fast so polar wie Leben und Tod; ist das Leben schön und intensiv, ist der Tod weit weg und doch oft ganz nah zugleich! Sind wir gerade intensiv mit Lösung und Tod beschäftigt, rückt uns das Leben in seinen unterschiedlichen Daseinsformen oft ganz nahe. Etwas weniger pathetisch mag die Assoziation der menschlichen Existenz an sich mit der Reflexion der ihr inhärenten, lebenslangen labilen Balance von Nähe und Distanz, von Autonomie und Exploration, von Bindung und Lösung sein, auf welche der Bindungstheoretiker John Bowlby im vergangenen halben Jahrhundert hinwies.

Trennen und Verbinden sind keine Erfindungen der neuen Liebe. Auch in der „alten“ Beziehung, in den schönsten Zeiten der alten Beziehung, gab es Trennendes und Verbindendes. Die Frage ist immer, wann, warum und wie „kippt“, plötzlich oder langsam, der Daseinszustand der bisherigen Beziehung? Wie verläuft dieser Prozess der anfangs inneren, später meist auch äußeren Trennung für den einen oder für beide Partner?

Modelle aus der Wirtschaft können hier helfen, emotionale Fakten weniger emotional zu begreifen: Jede Liebesbeziehung lebt vom Bilanzieren, vom Wahrnehmen von Schönem und Gutem und vom Wegschauen bei störenden Details. In glücklichen Zeiten ist die Tagesbilanz dieser Betrachtungen bei beiden Partnern positiv. Die Glücksmomente überwiegen jegliche Erschwernisse, Liebe macht ja, wie es heißt, blind. Doch plötzlich gerät diese Bilanz ins Rutschen. Meist ganz langsam, anfangs kaum spürbar, kippt die Tagesbilanz einmal, später immer öfter in die roten Zahlen. Plötzlich war es gerade noch wunderschön und herrlich, aber Ärger oder Kränkung über oft kleine Dinge schleicht sich ein und verschleiert das Glück.

Keine Begegnung mit einem neuen potenziellen Partner und keine neue Verbindung bahnt sich aus einer intensiven, lebendigen, emotional gut ausbalancierten Beziehung heraus an. Eine Krise in der bisherigen Beziehung wird mal offener, mal weniger offen deklariert, ist mal bewusster, mal weniger bewusst. Retrospektiv betrachtet, finden sich jedoch immer leise Hinweise und Ankündigungen eines Veränderungswunsches – „der Blick zurück ist oft kalt und klar". Es geht in den bisherigen Beziehungen oftmals ganz normal zu, oder eben so lala, insgesamt aber ist es oft gar nicht so schlimm. Nicht immer ist eine Beziehungskrise spürbar, nicht immer wird gestritten und gezankt. Es kommt also vor, dass sich zwei Menschen begegnen und ineinander verlieben, ohne dass einer von ihnen, oder sogar beide, sich bewusst in einer offensichtlich kaputten Beziehung erlebt hätte.

Wie verliebt man sich? Weshalb verliebt man sich? Wie geschieht dieser oft leise Übergang in eine neue Beziehung, die letztlich zur Patchworkfamilie führen wird?

Plötzlich betritt ein neuer Mensch die imaginäre Bühne der bisherigen Beziehung; ein an sich tägliches Geschehen. Wir begegnen ständig neuen, außerhalb der Partnerschaft stehenden Menschen. Aber plötzlich tritt einer ganz besonders hervor, stellt sich in einem ganz ungewöhnlichen Lichte dar, sagt ungewöhnliche Dinge und erzeugt ganz ungewöhnliche Gefühle.

Die neue Beziehung beginnt oft versteckt. Die Heimlichkeitsphase intensiviert diesen Prozess, die Verliebten strahlen plötzlich, können ihre neue Liebe oft sich selbst oder auch anderen nicht eingestehen.

Plötzlich ist dieses Gefühl da, dass das Neue so wunderbar und das Alte ganz falsch und unwahr ist. Dass bisher im falschen Film gelebt wurde, und dies meist schon eine ganze Weile! Dass die Welt ja ganz anders und eben ganz neu zu erleben sei. Deutliches Symptom dieses Geschehens ist die Irritation in der alten Beziehung: Noch lange bevor sich Hass, Wut oder gar Trauer entwickeln, stört plötzlich alles. Der alte Partner selbst stört den frisch und noch heimlich Verliebten einfach, mit allem, was gesagt, getan und mit allem, was nicht gesagt, nicht getan wird.

Die Liebesbilanz ist gekippt, die alte Beziehung in Konkurs gegangen. Nichts kann den Prozess mehr aufhalten. Oft entsteht ein Gefühl der Hilflosigkeit, nichts vermag mehr zu helfen, zu kitten, zu retten. Der Konkurs in der alten Beziehung erscheint besonders den neu Verliebten unaufhaltbar und irreversibel. Rettungsversuche werden getätigt, sie erscheinen meist lächerlich und entwürdigend. Die noch vorhandenen Energien können nur mehr zur Minimierung des Schadens eingesetzt werden.

Hier kann der Satz zitiert werden: „Wie mans macht, macht mans falsch." Sich auf keine vorgefertigten Wunschvorstellungen von Frieden und Harmonie festzulegen, hilft, das komplexe Geschehen zu begleiten. Empfehlenswert ist es, in der Phase des Überganges von einem Familienmodell in eine noch unbekannte Zukunft keine allzu starren und noch mehr Druck auslösenden Vorsätze auszusprechen oder gar zu fordern. Subjektiv möchten besonders die neuen Liebenden gerne eine Garantie dafür, dass der große emotionale Aufwand der Lösung aus und die Krise in der alten Beziehung sich doch sicher lohnen werden. Dass es sich um einen Übergang von etwas Vergangenem und Verlorenem in etwas hundertprozentig Konkretes und Sicheres handelt. Dass sich also die Kraftanstrengungen und der Preis, der zu bezahlen ist, durch das gemeinsame Ziel einer schönen, gemeinsamen, neuen und viel besseren Zukunft lohnen werden. Solche Wünsche können sich auf die neue Liebesbeziehung negativ auswirken, sie machen Druck, sie produzieren ein Harmonie- und Sicherheitsbedürfnis, eine Konfliktscheuheit, was den einen oder oft beide wechselweise überfordert.

Denn in der Liebe herrscht oft, bei allem Chaos, eine innere Chronologie. Das Alte muss erst gelöst sein, bevor das Neue entstehen kann – ebenso richtig ist die Feststellung, dass es ohne wachsendes Neues selten zur Lösung kommt. Der gesamte Prozess ist abhängig von der Heftigkeit und Dauer der vorangegangenen Krise in der alten Beziehung. Er benötigt aber in der Regel einige Monate, manchmal zwei bis drei Jahre Zeit.

Manchen Beziehungen geht es schon lange schlecht; es gibt schon länger offenen Streit, die täglichen Begegnungen sind konflikthaft, man kritisiert einander in fast allem, und *faute de mieux* (aus Mangel an Besserem) ertragen die beiden Partner ihre Beziehung mehr oder minder als Status quo. Die Art der Austragung einer länger oder kürzer dauernden Beziehungskrise hängt auch stark vom Temperament und dem Persönlichkeitsstil der beiden betroffenen Menschen und von den gewohnten Konfliktaustragungsmustern ab. Man könnte nun glauben, dass es bei klarer Dysbalance im partnerschaftlichen Glück, also bei manifester Krise, leichter wäre, die Beziehung zu beenden und sich mit dem Aufbau einer neuen Partnerschaft zu beschäftigen: „Wenn es doch eh sonnenklar ist, dass es für beide seit längerem nicht mehr stimmt, dann müssten doch beide eine Beendigung nur begrüßen, dann kann es durch eine Trennung doch nur besser für beide werden?!“ Dies ist meist ein Trugschluss, die Energie der verlorenen Liebe ist in einer Beziehung mit sehr destruktiven Kommunikationsformen - Kränkungen, Gemeinheiten, Streit, Lügen und Betrügen - oft festgekittet. Obschon oft für beide unerfreulich bis unerträglich, scheint es so, als wenn beide einander eine positivere Alternative nicht gönnten oder einfach die Erfahrung einer liebevollen und aufeinander eingehenden, heiteren und zugleich behutsamen Beziehung wie unter Freunden gänzlich vergessen hätten.

Gerade Beziehungen mit chronischen, heftig ausgetragenen Krisen oder Hasslieben projizieren ihre Beziehungsprobleme aus Verzweiflung oft gänzlich auf die Kinder. Diese werden gehegt und gepflegt, nach dem Motto „Da wir ja wegen euch zusammenbleiben, soll es doch zumindest euch gut gehen“ wird am Wochenende und im Urlaub Familienidyll zelebriert und voreinander und vor sich selbst geleugnet, dass der Alltag nur mehr eine leere Hülle ist. In solchen Beziehungskonstellationen ist es viel schwieriger, die eingefahrenen und oft schwer wahrnehmbaren Verleugnungsmuster zu durchbrechen und sich einzugestehen, dass es einfach so nicht mehr weitergehen kann. Der Energieaufwand dafür, die Veränderung in Gang zu setzen, wird dabei vom anderen erwartet. In derartigen Beziehungen wird das Gefühl des Unwohlseins einander mit Worten wie „Ich bin, weil du ...“ vorgeworfen: „Mir gehts schlecht, weil du so gemein bist“, „Ich wollte ja gerne anders, aber wegen dir ...“. Die Gesprächsschleifen verlaufen nach dem Muster destruktiver und Konflikte verleugnender Art. Die Lösung wird immer vom anderen erwartet, der Anfang soll vom anderen getan werden. Diese Erwartung ermöglicht es, diesem auf geniale und elegante Weise - weil er ja den ersten Schritt macht oder machen soll - dann die Schuld an der gesamten Situation zu geben! Und diese Möglichkeit, ein Opfer für die Anmeldung des Gesamtkonkurses aller verlorenen Liebe und aller gemeinsamen Werte zu finden, erscheint gleichsam so erstrebenswert, dass das Schuldspiel über Wochen, Monate, ja bisweilen Jahre gespielt wird. In der Hoffnung, den anderen eines Tages schachmatt zu setzen, wird nicht losgelassen; die Ehe oder Partnerschaft besteht nur mehr aus Streit und raffinierten Matches gegenseitiger Vorwürfe und Schuldzuweisungen! Und genau diese Art destruktiver Kommunikationsspiele prägen die Partner mehr, als sie es wahrnehmen wollen. Sie werden auch nach außen starr, unheiter, verkrampft und unkreativ. In dieser Position ist natürlich die Chance für einen außen stehenden, neuen Menschen, attraktiv zu sein, deutlich vermindert. Die Frustration innerhalb der Streitbeziehung lähmt und vermindert also indirekt auch die Chance, einem neuen Menschen zu begegnen, und falls doch einer gefunden wird, beeinflusst sie auf alle Fälle die Qualität der Lösung aus der alten Beziehung und den Übergang in eine neue Zukunft.

Die psychologischen Wurzeln der unser ganzes Leben prägenden Bindungsmuster und Mechanismen können beispielsweise im Klassiker der bereits zitierten Bindungsforschung von John Bowlby, „Attachment, Separation, Loss", eindrucksvoll nachvollzogen werden. Hier können wir erkennen, dass die Schwere oder Leichtigkeit, mit welcher jeder Mensch mit Nähe und Distanz, mit Autonomie und Kontrolle, mit Binden und Loslassen umgeht, stark von den in der eigenen frühen Kindheit erfahrenen und erlernten Bindungsstilen und Kommunikationsmustern abhängt. Was ich kenne, ist mir vertraut. Was ich kenne, lasse ich schwerer los. Was ich kenne, kann ich gut, auch wenn es mir nicht gut tut!

Die Patchworkfamilie ist in der Phase ihrer Entstehung also stark von Variablen geprägt, wie etwa der Art und Dauer der vorherigen Beziehung und deren Trennungsdynamik. Ein Patchwork, welches sich auf dem Trümmerfeld zweier destruktiver und traumatischer Trennungsgeschehen aufbaut, hat es schwer. Entsteht das Neue, das Patchwork, jedoch auf dem Boden weitgehend vorher getrennter und gelöster Beziehungsstrukturen – seien diese nun innerlich oder auch äußerlich getrennt sichtbar – gibt es weniger Müll und Trümmerstücke wegzuräumen.

So sagte mir damals die Noch-Ehefrau meines späteren neuen Partners in der Phase des Übergangs: „Ich bin dir gar nicht so böse, wie du wahrscheinlich glaubst. Man kann einem Menschen nichts wegnehmen, was er nicht hat. Du hast mir nicht meinen Mann weggenommen, vielleicht hat er sich wegnehmen lassen. Ihr beide aber habt etwas Neues miteinander, was wir gar nicht hatten." Diese Sätze klangen für mich eher wehmütig als bitter oder traurig. Es war der Beginn einer Annäherung zwischen zwei sehr verschiedenen Frauen, deren Wege sich sehr zufällig gekreuzt hatten und die durch unerwartete Veränderungen nun plötzlich miteinander in Verbindung traten. Mit derselben Frau konnte ich mich allein und wir uns als Paar und auch als ganze Familie Jahre später entspannt und recht angeregt treffen, über die Kinder und das Leben sprechen und gemeinsam ein neues Stück Lebensweg miteinander teilen, das damals seinen Ausgang genommen hatte. Und diese Treffen konnten als gegenseitige Leistung genossen und wertgeschätzt werden und nicht nur unter dem Aspekt betrachtet und gelebt werden, dass es so besser für die Kinder sei!

EIN KIND WIRD GEBOREN, DAS UNSERE!

Die Ankunft eines gemeinsamen Kindes in der Patchworkfamilie

In diesem Kapitel möchten wir uns mit der spezifischen Form der Patchworkfamilie beschäftigen: Das heißt, die Beziehung zweier vorher mit anderen Partnern verbundener Menschen wird durch die Geburt eines oder mehrerer gemeinsamer Kinder - unabhängig vom rechtlichen Status einer Scheidung oder neuerlichen Verehelichung - scheinbar psychologisch oder beziehungsdynamisch „legitimiert".
Dies ist nicht von vornherein klar:

Die Tatsache, dass Elternschaft in unserer Kultur individuell organisiert ist, ist keineswegs selbstverständlich. So gibt es heute noch gut funktionierende Kulturen, wie beispielsweise in Polynesien, wo einem heranwachsenden Kind zwar bekannt ist, wer seine biologische Mutter ist, diese aber im Rahmen der Großfamilie keine wesentliche Rolle spielt, was emotionelle Bindung und Fragen der Kindeserziehung angeht. Die Klarheit über die biologische Vaterschaft ist meist gar nicht gegeben und wird auch von niemandem als wichtig erachtet. Bekommt also eine Frau mehrere Kinder, ist es einigermaßen wahrscheinlich, dass diese unterschiedliche Väter haben. Kinder und Jugendliche verschiedenen Alters bezeichnen sich alle gegenseitig als Brüder und Schwestern und gehen von einem gänzlich anderen Besitz- und Identitätsgefühl aus. Die Ausdrücke Halbbruder, Bruder des Cousins, Bruder des Onkels etc. werden durch den viel einfacheren Sammelbegriff „Bruder" ersetzt, welcher im Alltag auch zur Klärung der wichtigen Clangrenze dient.

In der christlich-abendländischen Kultur ist dies ganz anders. Hier wird seit der Zwischenkriegszeit die Liebesehe eines aufeinander bezogenen Paares als Basis für eine Familiengründung als selbstverständlich, normal und geradezu als Bedingung für Aufbau, Stabilität und Bestand angesehen. Bekommt das Paar Kinder, ist dies die Erfüllung gesellschaftlicher und meist auch individueller Träume. Zerbricht nun diese Beziehung, findet sich das „neue" Paar, bestehend aus Partnern, von denen zumindest einer aus einer früheren Beziehung kommt, in einer gänzlich anderen und neuen Situation. Unabhängig von etwaiger moralischen Bedenken, eine neue Beziehung auf dem Boden von zwei „gescheiterten" aufzubauen, sind zuvor geborene Kinder für die neue Familiengründung bisweilen belastend. Kinder als Belastung zu erleben, ist jedoch für niemanden angenehm; weder ist es der Entwicklung der Kinder selbst förderlich, noch ist die Spannung zwischen Elternschaft und neuer Partnerschaft auf Dauer erträglich, wenn die Kinder als Belastung, Konkurrenz oder gar Bedrohung gesehen werden.

Die Ankunft eines eigenen, gemeinsamen Kindes in dieser recht komplexen und zeitweise ambivalenten Ausgangssituation verändert wieder einiges.

Im Folgenden wird versucht, unterschiedliche Szenarien paradigmatisch zu reflektieren.

Das Paar bekommt kein gemeinsames Kind

VIGNETTE | Renate und Igor führen eine glückliche Beziehung. Es gibt zwar einige persönliche und kulturelle Differenzen, aber ihre Gemeinsamkeiten überwiegen. Die Frage nach einem Kind wird aber bei aller Gemeinsamkeit und Leidenschaft nach einigen Monaten zum Graben zwischen ihnen. Igor möchte ein Kind mit Renate, er hat mit seiner letzten Beziehung endgültig abgeschlossen, indem er seine erste Familie und sein Herkunftsland verlassen hat. Er möchte diesen Neuanfang mit Renate. Sie wiederum ist sich nicht so sicher. Sie hat eine vierjährige Tochter aus ihrer ersten Ehe und möchte nun endlich ihre abgebrochene Ausbildung wieder aufnehmen. Sie hat auch Angst davor, sich neuerlich wieder fix zu binden, Angst, mit einem kleinen Baby wieder sitzen gelassen zu werden, und sie genießt die zwanglose und unverbindliche Beziehung zu Igor, so wie sie jetzt ist, besonders, da ja die kleine Tochter nun schon aus „dem Gröbsten heraus" ist.

Doch das Resultat der immer wiederkehrenden Diskussionen, wie sie sich ihre Zukunft vorstellen, ist, dass ihre Projekte nicht vereinbar sind. Man trennt sich wieder.

Das Paar findet sich erst nach Eintritt einer Schwangerschaft

VIGNETTE | Seit zwei Jahren führen Michaela und Fritz nun schon eine weitgehend geheime Liebesbeziehung. Sie sind beide verheiratet, doch sind ihrer beider Ehen schon im Endstadium. Ihre Liebesbeziehung ist noch nicht offiziell bekannt, sie ist stürmisch, ja fast von studentischer Improvisationsfreude und Spontaneität im Verborgenen. Sie haben insgesamt bereits vier Kinder, jeweils zwei aus ihren ehelichen Beziehungen. Die Kinder kennen und mögen einander sogar. Es ist unklar, wie es weitergehen soll. Irgendwie geht das Leben nie rückwärts, aber vorwärts bewegt sich auch nichts. So flüchten die beiden in die Heimlichkeit und vermeiden Gespräche über die Zukunft. Die Liebesbeziehung wird aber immer inniger und vertrauter. Plötzlich merkt Michaela, dass sie schwanger ist. Sie weiß mit Sicherheit, dass Fritz der Vater ist, ist aber noch offiziell in ihrer Ehe zu Hause. Sie kann die Schwangerschaft jedoch bald nicht mehr verschweigen. Ihr Ehemann reagiert verhalten, willigt aber sofort in eine Scheidung ein. Diese geht glücklicherweise ohne schmutzige Szenen über die Bühne, wofür sie sehr dankbar ist. Im Gegensatz zu Michaela hat Fritz seiner Frau noch nichts über das noch unsichtbare Kind gesagt. Gegen Ende der Schwangerschaft trifft die Ehefrau von Fritz plötzlich die hochschwangere Michaela und ahnt etwas, vermeidet aber das Gespräch. Ein kleiner, herziger Bub wird geboren. Fritz weiß nicht recht, was er tun soll. Er liebt Michaela und freut sich auch über den Kleinen, seinen ersten Sohn. Gleichzeitig hängt er noch an seiner bisherigen Familie und möchte am liebsten das Oberhaupt einer orientalischen Großfamilie sein. Leider findet er aber für diese Option keine Mehrheit unter den Betroffenen. Nach und nach wird jedoch klar, dass sich die Distanz zur bisherigen Familie immer mehr vergrößert: Fritz gleitet immer mehr in ein neues Familienleben mit Michaela und dem Baby. Er lässt sich erst zwei Jahre nach dessen Geburt scheiden, als Michaela dann neuerlich schwanger ist. Fritz ist glücklich, aber immer noch etwas verwirrt und verwundert über den Lauf der Dinge.

Die Schwangerschaft entsteht als Folge der Paarwerdung

VIGNETTE | Heinrich und Gloria heiraten. Romantisch, innig, aber auch viel bewusster als bei ihren früheren Hochzeiten. Es ist für beide die vierte Ehe. Sie sind beide nicht mehr so blutjung, Gloria „bringt" drei, er drei Kinder in diese neue Verbindung mit. Fragen der Erziehung und der Organisation dieses Großfamiliensystems kosten viel Energie, Geld und führen zu aufwendigen, intensiven, aber effektiven Diskussionen. Beide sind sich im Klaren, dass ihre Ehe kein weiteres eigenes Kind „braucht" und dass sie sich erstmals beide die Freuden einer Liebesbeziehung ohne gemeinsames Kind gönnen möchten.

Nach drei wunderschönen, aber auch anstrengenden Jahren wächst aber besonders bei Gloria der Wunsch, noch ein Kind zu bekommen. Sie weiß, dass es mit großer Wahrscheinlichkeit ihr letztes Kind sein würde und entwickelt allmählich eine *idée fixe*. Heinrich ist sich unschlüssig. Die Schwangerschaftsbemühungen strengen ihn an, die diesbezüglichen psychologischen Belastungen und Reaktionen von Gloria findet er eher überflüssig, und als sie nach einigen Anstrengungen wirklich schwanger wird, ist er zwar erleichtert, aber auch etwas im Ungewissen, wie es weitergehen soll.

Nach einer anstrengenden Schwangerschaft kommt endlich das gemeinsame Kind zur Welt, ein großer, strammer Bub, der Ferdinand Maximilian genannt wird. Die neue Familie hat nun also drei Kinder „von ihr", drei „von ihm" und ein gemeinsames Kind! Doch während Gloria schwanger war, sind ihnen drei Enkelkinder geboren worden. Heinrich und Gloria reagieren auf die Gleichzeitigkeit von Elternschaft und Großelternsein glücklicherweise heiter und gelassen! Ferdinand Maximilian ist nämlich der Onkel eines knapp älteren und zweier knapp jüngerer weiterer Kinder und genießt dies sehr!

Gemeinsame Kinder sind noch keine Garantie

VIGNETTE Lilly und Achmed sind impulsive, junge Menschen. Sie haben beide schon einige Beziehungen hinter sich und schöpfen das gemeinsame Leben voll aus. Die Ankunft zweier knapp hintereinander geborener, gesunder und lebensfroher Kinder scheint das Glück anfangs vollkommen zu machen. Im zweiten Lebensjahr des jüngeren Kindes beginnt es jedoch heftig zu kriseln. Meinungsdifferenzen über Verantwortung, Erziehung und vor allem über den Umgang mit den aktiv involvierten Großeltern beiderseits führen zu zahlreichen Streitereien.

Lilly und Achmed versuchen diese an sich normalen Schwierigkeiten der frühen Elternschaft zu überwinden. Sie kämpfen und ringen, ihre Elternschaft ist leidenschaftlich und hochemotional, aber der Graben zwischen ihnen wird einfach größer. Es gelingt ihnen nicht, das ursprüngliche ungezwungene Verhältnis als Eltern zu rekonstruieren. Im dritten Lebensjahr des jüngeren Kindes zerbricht ihre Beziehung endgültig. In den folgenden Jahren gehen Lilly und Achmed jeweils neue Partnerschaften ein, in welche die Elternschaft jedoch sehr konstruktiv und positiv integriert werden kann. Glücklicherweise ist es also für die beiden Kinder möglich, eine sehr aktive Beziehung zu ihren Eltern zu leben, selbst als diese neue Partner haben. In diesen neuen Familien wachsen die Kinder aus der ursprünglichen Beziehung mit dem Gefühl auf, vier Eltern zu haben, was sie durchgehend als eine große Bereicherung erleben.

Die Ankunft eines Kindes aus der Perspektive der Geschwister

VIGNETTE Für die fünf Kinder aus den beiden fusionierenden Familien hatte sich das Leben nach einigen stürmischen Jahren wieder stabilisiert. Jedes Kind wusste Bescheid, die gemeinsamen Wochenenden, Geburtstagsfeiern und Urlaube waren wunderschön, und die normalen Rivalitäten, Eifersüchteleien und Konkurrenzkämfe waren weitgehend ausgestanden. Die Schwächen und Stärken jedes einzelnen Kindes waren bekannt, es waren und blieben dabei aber immer jeweils „die Ihren" und „die Seinen". Die Beziehung der Kinder zueinander wurde nach außen „Schwippgeschwisterschaft" genannt, weil der Begriff Halbgeschwister weder richtig noch wirklich attraktiv war. Als Gruppe waren sie stark und unternehmungslustig und legten Wert darauf, von außen als eine ganz normale große Familie betrachtet zu werden. Die Ankunft des ersten gemeinsamen Geschwisters war seltsamerweise nicht wirklich wahrgenommen worden. Dies wahrscheinlich deshalb, weil seine Geburt mitten in den großen Sommerferien in ihrer aller Abwesenheit erfolgt war und sie sein Ankommen deswegen irgendwie „verpasst" hatten. Dieses Kind wurde zwar als das gemeinsame Kind des neuen Paares betrachtet, es vergingen jedoch einige Jahre, bis wirklich geschwisterliche Gefühle aufkamen. Ganz anders wurde die Geburt des zweiten und dritten gemeinsamen Geschwisterchens erlebt. Die Geburt des zweiten erfolgte als geplante Hausgeburt in Anwesenheit aller sechs Geschwister, wobei die Mädchen später beim Erzählen dieses großen Moments immer betonten, dass sie während der Entbindungsnacht wach gewesen waren, während die Buben erst mit dem ersten Schrei des Neugeborenen aufgewacht waren! Die Geburt des dritten gemeinsamen Geschwisterchens erfolgte ambulant; das neue Familienmitglied wurde seinen sieben Geschwistern wenige Minuten nach Erblicken des Lichts der Welt einzeln in die Arme gelegt! Nun war wirklich etwas Neues entstanden. Die Differenzierung in „mein", „dein" und „unser" war spätestens mit der Geburt und dem Heranwachsen von drei gemeinsamen Geschwistern emotional im Alltag irrelevant geworden. Durch den Altersunterschied von insgesamt fast zwanzig Jahren zwischen dem ältesten und dem jüngsten Kind entstand eine Gruppe von acht Kindern, welche die Hürden und Hindernisse von Kindheit und Jugend deutlich heiterer, humorvoller, flexibler, zuversichtlicher und insgesamt sicherer meisterte. Auch die natürliche Angst aller heranwachsenden Kinder, was denn sein würde, wenn einem oder beiden Elternteilen etwas passieren würde, erschien durch das Entstehen dieser Großfamilie weniger bedrohlich. Es wurde möglich, über die Angst zu sprechen.

Fazit: Aus der Kinderperspektive kann die Ankunft eines neuen Geschwisterchens weitgehend als Bereicherung empfunden werden, wenn die eigenen Schutz-, Geborgenheits- und Identitätsgefühle zuvor und danach gesichert und geklärt sind.

NA, UND WAS NUN?

In der Zeit der Kinderplanung ist es fast anrüchig geworden, ein nicht geplantes Kind zu erwarten. Es ist eine moderne Errungenschaft der letzten fünfzig Jahre, Schwangerschaft und Geburt in den Lebenslauf als Projekt einplanen zu können - dessen sind wir uns heutzutage häufig nicht genug bewusst. Sicherlich ist die Möglichkeit einer Steuerbarkeit der Empfängnis sowohl für Männer als auch für Frauen grundsätzlich als positiv anzusehen. Betrachtet man jedoch die exzessiv sinkenden Geburtenzahlen in Europa und Nordamerika seit der Erfindung einer effektiven Empfängnisverhütung, stellt man verblüfft, besorgt oder gar verschreckt fest, das die so genannte zivilisierte Welt nämlich gerade dabei ist, sich selbst mit Plan und Anstand auszurotten. Diese Aussage mag provokant und übertrieben klingen, es ist jedoch die banale Einsicht zweier Kinderärzte unserer Zeit, die sich über die vorliegenden Geburtenstatistiken Gedanken machen. Und die Zahlen sprechen für sich. Als Anhänger einer multikulturellen Bevölkerung sehen wir diesem Entwicklungsphänomen nicht mit grundsätzlichem Bestürzen entgegen, es ist jedoch offensichtlich, dass sich die wenigen, meist erfolgreichen Paare westlicher Herkunft, die überhaupt das Wagnis einer Elternschaft eingehen, mit meist einem oder zwei Kindern „begnügen". Interpretationen dieser Fakten sind erlaubt, aber weitgehend sinnlos! Betrachtet man diese „nackten" Tatsachen, müsste die Wertung der Geburt jedes Kindes aus nicht konventionellen Beziehungen seitens der westlichen Gesellschaft erhöht und gesellschaftspolitisch prämiert und/oder sogar sozial belohnt werden! Soziologisch kann insofern die Zunahme neuer Familiensysteme mit dem Aufwachsen von Kindern verschiedener Eltern als unbewusste Anpassungsleistung der westlichen Kultur auf diese sicher nicht beabsichtigte Folge der Erfindung der Empfängnisverhütung interpretiert werden!

Nun, solche allgemeinen soziologischen Betrachtungen sind nicht der eigentliche Fokus dieses Buches. Wir möchten dieses Kapitel trotzdem positiv und ermutigend beenden. Die Geburt eines Kindes sollte immer als Bereicherung und niemals als Problem oder Belastung gesehen oder gefürchtet werden. Nach dem Volksspruch: „Wem Gott ein Lämmchen gibt, dem gibt er auch ein Gräschen“ sollten wir allen Menschen, ob jung oder etwas älter, Mut auf das Erlebnis Elternschaft machen. Wir könnten noch viel von so genannten weniger hoch entwickelten Kulturen lernen, die noch keine Empfängnisparanoia und kein so massives Problembewusstsein gegenüber dem Werden des Lebendigen entwickelt haben.

In vielen Fällen ist Trennung Vergangenheit; Schwangerschaft und das Entstehen eines neuen Lebens ist Zukunft. Die Erfahrung zeigt, dass sich glücklicherweise meist das Leben durchsetzt und sich in seiner Entfaltung durch Gedanken oder Wünsche einzelner Menschen nicht behindern lässt.

Der Alltag

MAMA, HAST DU MICH AUCH LIEB?

Die Frage des mitgebrachten Kindes

VIGNETTE Siegfried wird mir in der psychosomatischen Ambulanz vorgestellt. Er ist elf Jahre alt. Seit dem Eintritt in die Hauptschule geht es in der Schule nicht mehr gut. Er ist bereits recht schlimm, denn die Mutter wird immer wieder von den Lehrpersonen in die Schule bestellt.

Ich führe als Arzt das Interview mit den üblichen Fragen: „Hast du Freunde? Wie heißen sie? Wer ist dein bester Freund?“ Dieses Erstinterview dient dazu, zu sehen, ob sich ein Kind in seinem sozialen Umfeld wohl fühlt und sich in seiner Gemeinschaft von Gleichaltrigen als angenommen empfindet. Deshalb heißt das Interview „Peer-Interview“. Seine Erfinderin, Paulina Kernberg aus New York, konnte damit nachweisen, was an sich selbstverständlich ist: dass Menschen, die seelische Probleme haben, diese immer auch im sozialen Kontakt mit Gleichaltrigen haben müssen. Psychische Probleme ohne soziale Äußerung derselben gibt es nicht.

Siegfried zeigt nun ein sehr auffälliges Gleichaltrigeninterview. Alle Kinder, die er nennt – und es sind nur drei Buben –, kennt er aus der Schule. Zwei Buben gar aus der neuen Schule, die er erst seit ein paar Monaten besucht. Auf die Frage: „Woran würde ich erkennen, dass das ein guter Freund von dir ist?“ kann er nicht antworten. Sein angeblich bester Freund sitzt in der Schule nicht neben ihm. Als besonderen Spaß, den er mit seinem Freund hat, erwähnt er, dass er mit ihm nach der Schule, bevor er nach Hause fährt, am Busbahnhof Fangen spielt.

Mein erster Eindruck: ein einsames Kind.

Ich frage Siegfried nach seinen Eltern. Dadurch erfahre ich etwas über die subjektive Realität und die persönliche Sichtweise des Kindes. Die Eltern werden gebeten, während dieses Teils des Gesprächs ruhig zu sein, da ohnehin schon ihre Anwesenheit das Gespräch veränderte. Dies geschieht dann umso mehr, wenn sie in das Gespräch, meist korrigierend, eingreifen.

„Wie ist dein Papa?“, will ich wissen.

„Böse, der mag mich nicht!“, antwortet Siegfried.

Die Mutter greift in das Gespräch ein: „Aber er meint doch nicht den Papa, mit dem du lebst“, sagt sie aufgebracht, „er fragt dich doch nach deinem richtigen Papa!“

Nichts dergleichen ist wahr. Ich habe weder nach dem einen noch nach dem anderen Vater gefragt. Ich weiß ja zu diesem Zeitpunkt nicht einmal, dass der Herr, der mir gegenübersitzt, nicht Siegfrieds Vater ist. Diese Annahme hat die Mutter selbst getroffen. Siegfried versteht die Mutter nicht. Er schüttelt den Kopf. Kinder verstummen häufig, wenn sie merken, dass sie ihre Eltern unabsichtlich kränken. Sie glauben dann, dem Arzt etwas Falsches gesagt zu haben, und wollen weder ihre Eltern kränken, noch etwas Dummes sagen.

„Den Kurt magst du doch", sagt die Mutter. „Nur deinen wirklichen Vater, der dich immer einen Trottel schimpft, den kannst du nicht leiden, weil er dich nicht mag!"

„Ja", sagt Siegfried etwas erleichtert; er weiß nun, was die Mutter von ihm hören will.

Dem Arzt ist diese Art der Störung ebenso vertraut, wie er sie anstrengend findet. Jetzt ist es vorbei mit der subjektiven Sicht des Kindes, jetzt wird die Erwachsenensicht besprochen. Um dies zu vermeiden, könnte man die Eltern aus dem Raum schicken und es noch einmal versuchen, aber auch dann wird sich das Kind wahrscheinlich verschließen, weil es annimmt, dass alles, was es sagt, den Eltern erzählt wird.

Ich wende mich daher an den Herrn, der Kurt genannt wird und mir gegenübersitzt. Er schaut ein bisschen betroffen drein und wartet geduldig. „Wie sehen Sie das? Seit wann kennen Sie Siegfried?", frage ich ihn. „Seit er auf der Welt ist, wir haben uns kennen gelernt, da war meine Frau noch mit Siegfried schwanger."

„Und wie ist die Beziehung zwischen Ihnen und Siegfrieds Vater?"

„Eigentlich haben wir keine, wir sehen uns nie."

„Und wie ist Ihre Beziehung zu Siegfried?"

„Sehr gut, ich helfe ihm immer mit der Schule."

Nun beginnt die Mutter, sich in das Gespräch einzubringen: „Wissen Sie, ich unterstütze Siegfrieds Kontakte zu seinem Vater immer. Er soll doch Kontakt haben. Nur, in der neuen Schule ists sehr schwer für ihn. Er kennt die Kinder dort nicht und eckt immer an."

Was nun folgt, ist das psychosomatische Erstgespräch aus dem Lehrbuch. Es stellt sich heraus, dass die Mutter schon während der Schwangerschaft mit Siegfrieds Vater nicht mehr konnte und Kurt kennen lernte. Mit ihm hat sie zwei Töchter, die heute acht und neun Jahre alt sind. Beide Mädchen sind brav. Mit Siegfried hat es immer Schwierigkeiten gegeben. Im Kindergarten war er ein Einzelgänger und immer in Bewegung. In der Volksschule war es deshalb schwer, weil er nicht auf seinem Platz sitzen blieb. Jetzt, in der Hauptschule, kommen immer mehr Beschwerden. Die Familie wurde von den Lehrern hierher geschickt, weil Letztere wissen wollten, ob Siegfried an der so genannten Aufmerksamkeitsdefizit-Hyperkinesiestörung (ADHS) leide.

Manches spricht dafür: der frühe Beginn des übermäßigen Bewegungsdrangs, die nette Familie, der unterstützende Stiefvater, die normalen anderen Kinder. Manches spricht dagegen: Der psychologische Test zeigt keine Auffälligkeiten, der inzwischen durchgeführte Computertest, der die Aufmerksamkeit prüft, ist unauffällig. Und dann noch die Geschichte mit den zwei Vätern.

Ein wenig interessiert mich dieser Aspekt noch. Ich versuche nachzufragen, wie der „echte" Vater erlebt wird, wo er wohnt, was er so macht. Siegfried weiß von seinem Vater erstaunlich wenig. Nicht, was er beruflich macht, nicht, welche Interessen er hat. Und jedes Mal, wenn er von seinem Vater spricht, mischt sich die Mutter ein und sagt wie beschwörend, dass er nach jedem Besuch so unglücklich sei. Und außerdem klagt sie, dass niemand Siegfried mag, weder sein Vater noch seine Schulkameraden, schon gar nicht seine Lehrer.

Was Siegfried betrifft, sind die psychologischen Fragebögen, die die Familie durch die Spitalsambulanz zugesandt bekommen und dann zu dem Gespräch mit mir mitgebracht hat, auffällig. Meistens ist es so, dass die Lehrer, denen die Bögen auch vorgelegt werden, dem Kind ein schlechteres Zeugnis ausstellen als die Eltern, meistens beurteilen sie das Kind, das nicht das Ihre ist, strenger als die Eltern. Bei Siegfried ist es genau umgekehrt. Die Mutter, die die Fragebögen ausgefüllt hat, sieht Siegfried als viel kränker an, als dies die Schule tut, für sie ist sein Verhalten unerträglich.

Da beginne ich noch neugieriger zu werden. Mich interessiert, was ihr und Kurt an Siegfried denn gut gefällt. Immer wieder höre ich, wie Siegfried von der Gemeinschaft abgelehnt wird. Aber ich verstehe immer weniger, wie sein Platz innerhalb der Familie ist. Welche Stellung hat er dort? Mag man ihn, so wie er ist? Oder ist man scheinbar zu einem Vollzugsorgan der Schule geworden? Und beeinträchtigen die Beschwerden seitens der Schule Siegfrieds Akzeptanz in der Familie?

INTERPRETATION

Nun wird manches klar. Mag sein, dass ich das Gespräch aufgrund der mitgebrachten Fragebögen gelenkt habe, mag auch sein, dass das Gespräch so gelaufen ist, weil die Mutter schon am Anfang Siegfrieds „Versprecher" korrigiert hat.

Wie ist das mit Siegfried in seiner Familie? Mag man ihn? Und ist er eine Bereicherung? Hat man sich auf ihn gefreut? Und wie war das für die Eltern, als ein Kind kam, das nicht aus der Beziehung war?

Kurt ist da eindeutiger: Er hat sich immer besonders um Siegfried bemüht und ihm immer zu helfen versucht. Er ist ein eher ruhiger Mann, der Siegfrieds Lebhaftigkeit zwar nicht verstehen kann, sie aber doch irgendwie auch als Bereicherung empfindet. Und die Mutter? Sie hat sich immer gefürchtet, dass Siegfried so wie sein Vater werden könnte: sehr lebendig, aber auch sehr leicht zornig und zu lebhaft. Wie kann die Welt Siegfried mögen, wenn er schon zu Hause unbeliebt ist? Und wie kann Siegfried Anerkennung in der Schule und bei seinen Kameraden finden, wenn er schon bei seiner Familie keine findet?

Es kann sein, dass Siegfried an einem ADHS leidet. Die Befunde sprechen aber dagegen. Möglich ist auch, dass Siegfrieds Vater ihn nicht mag, vielleicht auch generell Kinder nicht mag. Es kann auch sein, dass Siegfried in der falschen Schule ist. Bei all diesen Überlegungen bleibt jedoch offen, wie die Familie mit Siegfried umgeht.

Viele Ansätze könnten dazu dienen, Siegfried zu helfen. Man könnte ihm Medikamente verschreiben, man könnte eine Familientherapie machen, man könnte mit den Lehrern sprechen und so weiter. Ich entscheide mich für einen anderen Ansatz. Die Familie bekommt zwei Aufträge:

1. Siegfried so zu mögen, wie er ist. Er ist über zehn Jahre alt, es ist anzunehmen, dass er – was seinen Charakter betrifft und seine Verhaltensweisen – im Wesentlichen ausgewachsen ist. Änderungen, die man durch Strafen herbeiführen will, werden wahrscheinlich nur seine Stimmung stören und dämpfen, ihm aber nicht helfen.
2. Der Schule mitzuteilen, dass die Familie nicht mehr das Erfüllungsorgan von berichteten Verhaltensschwierigkeiten ist, die in der Schule auftreten. Die Familie muss sich jetzt darauf konzentrieren, Siegfried einfach so zu mögen, wie er ist. Und sich umzustellen von einem als problematisch empfundenen Buben auf ein Kind, auf das man stolz ist. Dabei helfen negative Mitteilungen nicht. Man ersucht daher die Schule um Mitarbeit. Kurt wird Siegfried auch nur mehr bei Aufgaben helfen, wenn der ihn darum fragt.

Denkt man diese Gedanken weiter, kommt man zur Erkenntnis, dass Siegfried ein Kind ist, das immer wieder wissen will, ob es gewollt ist. Ob es auf dieser Welt willkommen ist und ob seine Familie, vor allem Mutter und Stiefvater, es mag. Siegfrieds Mutter hat ihn anfangs freudig erwartet, musste aber während der Schwangerschaft die Schattenseiten seines Vaters kennen lernen, die zur Trennung führten. Als das Kind da war, konnte sie sich nicht richtig freuen. Es ist doch immer noch ungewöhnlich, während der Schwangerschaft den Partner zu wechseln. Und sie war sich unsicher, ob der neue Partner mit dem Kind eine Freude haben würde. Jede Mutter möchte ihr Kind stolz herzeigen und möchte vom Partner dafür Lob und Anerkennung, was sich ja in vielen Bräuchen zeigt: Der Wöchnerin wird Schmuck geschenkt, oder sie bekommt Amulette, das Kind oft ein Schutzengerl, das es vor Bösem bewahren soll. All das gab es bei Siegfrieds Geburt nicht. Die neue Beziehung entwickelte sich danach schnell, und es bildete sich eine normale Familie heraus. Zwei Töchter, der Vater Beamter, die Mutter zu Hause. Aber Siegfried blieb der Störenfried. Niemand lehnte ihn bewusst ab. In seinen Kontakten zur Welt stieß er immer wieder auf Ablehnung, die man zu bekämpfen versuchte. Sie versuchten ihn besonders zu lieben, egal, was der Kindergarten über ihn sagte, egal, wie die Kinder in der Schule auf ihn reagierten.

Am Ende des Gesprächs berichtet die Mutter von einer Aushilfslehrerin in der Volksschule, die nur kurze Zeit in der Klasse unterrichtete und die Siegfried sehr gern hatte. In dieser Zeit hätte es keine Schulprobleme gegeben, alles sei glatt gegangen, und Siegfried sei immer entspannter geworden.

Ist Siegfried nun ein Kind, das über sein Verhalten fragt, ob man es mögen kann, auch wenn es, vom „falschen" Vater gezeugt, zur „falschen" Zeit geboren wurde?

Diese Überlegungen erklären meine Beratung, die darauf abzielte, Siegfried einen Raum zu schaffen, in dem er sich akzeptiert fühlt und in dem er Sicherheit hat. Beide Elternteile verstanden meinen Vorschlag sofort, erkannten aber auch, wie schwer ihnen das fallen würde. Aus ihrer Perspektive war bis jetzt ihre Welt in Ordnung gewesen, sie alle waren okay, und Siegfried war das Sorgenkind. Aus ihrer Sicht machten sie alles, um Siegfried zu fördern, nur erschwerte ihnen die Welt das. Bisher empfanden sie sich als Siegfrieds Freunde, standen vor sich selbst gut da und konnten auf die Welt schimpfen, die ihr Kind, weil es ein bisschen anders sei, nicht annehmen könne. Und jetzt wurde die Frage an sie selbst gestellt. War Siegfried wirklich das Kind, das sie immer schon zu Hause haben wollten? Wie gingen sie mit seinem Vater um, der in dieser eher kleinen Ortschaft in nächster Nähe wohnte? War er auch der Schlechte, so wie Siegfried, und wollten sie Siegfried vor seinem Einfluss schützen? Wieso aber vor allem war Siegfried innerhalb der Familie in dieselbe Situation gekommen wie in der Außenwelt?

Jedes Kind will angenommen und geliebt werden. Und nicht immer sind die Verhältnisse so, wie es wünschenswert ist. Manchmal sind es äußere Verhältnisse, die das Kind bedrohen. Immer wieder wurden Kinder in Umstände hineingeboren, in denen sie eher Anlass zu Sorge als zu Stolz gaben; in denen sie zwar dem Gesetz, die Art zu vermehren, gehorchten, gleichzeitig aber ungewollt waren. Manchmal sind die Verhältnisse in der Familie so, dass die Mutter sich auf das Kind nicht freuen kann. Solche Situationen führen auch manchmal zu Schwangerschaftsabbrüchen. In besonders verzweifelten Situationen können Mütter sogar ihr Kind töten. Im österreichischen Strafrecht wird der Kindsmord unmittelbar nach der Geburt milder behandelt als jede andere Tötung. Leos Janáček hat so einer Situation in der berührenden Oper „Jenůfa" ein Denkmal gesetzt. Die Pflegemutter Jenůfas, die ihrem Pflegekind eine gute Heirat ermöglichen will, ertränkt das Neugeborene, damit es Jenůfa nicht im Wege steht. Diese hört den letzten Schrei ihres Kindes und wird darüber fast verrückt.

Stiefväter und Stiefmütter haben es schwer. In vielen Märchen wird ihr Verhalten, vor allem auf ihre eigenen, ihre Gene weitertragenden Nachkommen zu schauen, gezeigt. Aschenputtel/Cinderella ist ein solches Beispiel. Die garstige Stiefmutter versucht alles, um ihren beiden Töchtern Vorteile gegenüber Aschenputtel zu verschaffen, doch – durch das Einwirken des guten Geistes der verstorbenen Mutter in diesem Märchen – vergebens. Die Märchen von den drei Männlein im Walde und vom Schneewittchen sind weitere, sehr ähnliche Geschichten. Auch hier ist trotz massivem Widerstand der Stiefmutter, die ihre eigenen Töchter bevorzugt, am Ende das Glück bei der Tochter der früh verstorbenen ersten Frau – sie bekommt den schönen Prinzen.

Shakespeare hat in einem seiner stärksten und aggressivsten Stücke, „Richard III.", einem Stiefvater ein Denkmal gesetzt. Richard III. lässt seine ihm anvertrauten Neffen im Londoner Tower erwürgen, damit sie keinen Anspruch auf den Thron erheben können. Auf beispiellos zynische Weise wird noch der Liebreiz der beiden Knaben beschrieben.

Heute ist vieles anders geworden. Dynastische Fragen spielen in der Normalfamilie keine Rolle, und die Änderung gesellschaftlicher Zwänge macht die Rolle von Stiefeltern beweglicher. Aber sowohl die Bevorzugung der eigenen Kinder, auch wenn man das Stiefkind – wie in Siegfrieds Geschichte – schon von Geburt an kennt, als auch die Schwierigkeiten, die sich daraus ergeben, dass das Kind Züge des Expartners des Partners trägt, an den man vielleicht nicht erinnert werden möchte, sind unvermeidlich. Denn selbstverständlich trägt das Kind Merkmale des abwesenden Vaters. Und wenn man diesen im Zorn verlassen hat, oder von ihm selbst verlassen wurde, jedenfalls nicht mit ihm versöhnt ist, wird man das dem Kind in irgendeiner Weise immer zu spüren geben. Man wird diese Eigenschaften ablehnen. Es spielt dabei keine Rolle, ob man es dem Kind sagt, dass einen diese oder jene Eigenschaft an den ehemaligen Partner erinnert. Das Kind bemerkt, dass diese Eigenschaften unerwünscht sind, und manchmal wird es sie zu verbergen suchen, manchmal sogar verstärken, um zu erfahren, ob es so, wie es ist, liebenswert ist.

Gerade in Patchworkfamilien ist es die Aufgabe der Stiefeltern, sich diesem Problem zu stellen. Es ist falsch, so zu tun, als gäbe es das Problem nicht. Jede Begegnung, jede Auseinandersetzung mit dem „fremden" Kind ist davon geprägt. Sei es, dass der „richtige" Elternteil glaubt, das Kind verteidigen zu müssen, sei es, dass man als Stiefeltern wirklich anders und häufig strenger urteilt. Die inneren Vorstellungsbilder vom fremden Kind sind andere, man kann sich in ihm nicht finden, nicht wiedererkennen. Manchmal ist das angenehm. Es erinnert einen auch nicht an Eigenschaften, die man an sich selbst ablehnt und die man nicht vererben will. Aber es trägt auch nicht die als gut erkennbaren Eigenschaften, die man gerne an ihm wiedererkennen würde. Und immer hat man den berechtigten Verdacht, dass man ihm nicht alles, was es im Hause gibt, zur Verfügung stellen will. Oft wird der genetisch „richtige" Elternteil das wollen, der andere aber genau jenen Teil einer Sekunde zögern, an dem das Kind erkennt, dass er eben doch nicht der richtige Elternteil ist.

Und wenn das auf Siegfried nicht unbedingt zutrifft, so ist es jedenfalls ein Problem, wenn sich eine Familie darauf einigt, einen Außenseiter zu haben.

Das Schwerste für eine Mutter ist, sich einzugestehen, dass das Kind ungelegen gekommen ist, dass sie vielleicht einen Fehler in der Auswahl des Kindesvaters gemacht hat und sie sich neu zu orientieren hatte. Ebenso schwer ist es für den neuen Partner, sich einzugestehen, dass er lieber ein eigenes Kind aufzöge. Und obwohl er zu der Frau stehen will, die er gewählt hat, ihr auch helfen will, das fremde Kind aufzuziehen, wird er einbekennen müssen, dass er in seiner Zuwendung nicht stärker als sie sein kann und dass er die Stimmung, die das Kind erwartet, nicht wesentlich verbessern kann. Bereits das Bedürfnis der Mutter, ihren jetzigen Partner – dies wird im Gespräch mit dem Arzt deutlich – besser zu machen und Siegfrieds Vater schlechter, und dazu das Einverständnis Siegfrieds anzustreben, macht die Sache nicht leichter.

Siegfried ist nun zu einem schwierigen Kind geworden. Fast alle seine Energie wendet er dafür auf, Nein zu sagen. Nein zu seinem Schicksal. Nein zur Schule. Und Nein zu seinem Zuhause. Und nun wird die Schuld hin und her geschoben. Oft sagt die Schule, dass sie nur die Bühne ist, auf der die häuslichen Konflikte ausgetragen werden. Und oft sagt die Familie, dass die Probleme der Schule zu Hause erlebt werden. Beides ist wahr und falsch. Jemand, der nichts anderes will in der Welt, als die Frage beantwortet zu bekommen, ob er in dieser Welt willkommen ist, hat es schwer. Wer noch nicht weiß, ob man ihn so liebt, wie er nun einmal ist, wird immer Schwierigkeiten machen und wird immer wieder – meist durch besonders unangenehmes Verhalten – diese Frage stellen, denn er will in seiner vielleicht sogar unangenehmsten Form geliebt werden, wie das Baby, das, mit Schmiere und Kindspech bedeckt, in den Arm genommen und geliebt werden will.

Wer Schwierigkeiten hat, macht welche. Und so hat sich auch Siegfried entschlossen, seine Karriere als Schwieriger zu beginnen. In vielem wird er tatsächlich bereits schwierig sein. Und der Beschluss, ihn so zu mögen, wie er ist, wird schwer durchzuhalten sein.

Dieser Beschluss ist aber die Voraussetzung dafür, Siegfried helfen zu können.

Die Familie besuchte die Beratungsstelle noch insgesamt dreimal; zweimal kam Siegfried mit nur einem Erwachsenen: einmal mit Kurt und einmal mit seinem Vater. Beim letzten Besuch kam die ganze Familie, einschließlich seiner beiden Halbschwestern, die ganz stolz berichteten, dass Siegfried in letzter Zeit viel netter zu ihnen sei und ihnen sogar erlaubt habe, mit ihm Fußball zu spielen. Diese Ehre hätten sie vorher noch nie gehabt; sie schienen sehr begeistert davon zu sein. Siegfried bekam also keine Medikamente und hatte auch kein ADHS. Er hatte verstanden, worum es ging, und die, die mit ihm lebten, schienen ihre Einstellung auch stark verändert zu haben. Als Arzt betrachtete ich das Ergebnis mit Zurückhaltung, da zu viel Aufmerksamkeit das kleine Wunder vielleicht wieder zerstören könnte.

PAPA, WARUM ERZIEHST DU MICH DAUERND?

Die anderen Kinder und der neue Papa

VIGNETTE Ein Ehepaar kommt zur Beratung: Das fünfjährige Mädchen isst immer schlechter. Die Eltern erzählen, dass das Kind aus der ersten Ehe der Mutter stammt. Die Mutter hat es mit einem griechischen Mann bekommen, wollte aber dann das Kind nicht in Griechenland aufziehen, weil – nach griechischem Recht (so hat man es ihr gesagt) – das Kind nach einer Trennung beim Vater bleiben würde.

Der jetzige Partner der Mutter kennt das kleine Mädchen schon, seit es ein Jahr alt ist. Das Mädchen glaubt seit jeher, dass er der „richtige" Vater ist. Seit einem Jahr haben die beiden nun ein gemeinsames Kind.

Während wir sprechen und mir die beiden das erzählen, geht das Mädchen allein in das daneben gelegene Spielzimmer, nimmt sich das Lego und spielt alleine.

Ich frage den Vater, wie er die Essenssituation erlebt. Er erzählt, dass er das Mädchen immer erziehen wollte, immer wollte er ihm Manieren beibringen, vor allem beim Essen, aber auch sonst, weil es immer so an der Mutter klebe und weder ihn noch die kleine Schwester an sich heranlasse.

Dabei seufzt die Mutter hörbar. Es ist ihr peinlich. Sie sagt, dass es kein Wunder sei, dass von ihr so viel erwartet werde, wenn sie einen um so viel jüngeren Partner hat.

Sie erwartet, so kommt es mir vor, dass ich sie frage, wie alt sie sei. Ich unterlasse es aber, sie zu fragen.

Stattdessen gebe ich den Rat, keine Essensregeln mehr zu geben, die Erziehung zum Essen nicht über das Essen selbst zu machen, und außerdem ersuche ich, bis zum nächsten Mal die positiven Seiten des Mädchens und seines Vaters aufzuschreiben.

Ich spreche auch noch das Paar als solches an, das mir vor lauter „Aufzuchtsaufgaben" verkümmert erscheint. Was sie so miteinander machen, wie es ihnen dabei geht und so weiter. Mein erster Eindruck wird von den Eltern geteilt: Sie kümmern sich seit längerem nicht um ihre Beziehung, stattdessen streiten sie über die Erziehung.

Es ist schon fast banal: Als sie das nächste Mal kommen, ist das Problem wie weggeblasen, und der Vater erzählt, dass ihm aufgefallen sei, dass er das Kind so streng erziehen wollte, wie er selbst erzogen worden sei, woran er sich allerdings nicht gern erinnere. Es wird dann auch über andere Themen gesprochen: die körperlichen Beschwerden der kleineren Tochter, die Probleme zwischen den Geschwistern und auch die gemeinsamen Interessen des Paares.

Das Mädchen ist gar nicht mehr mitgekommen, es ist zu Hause und isst.

WAS IST HIER GESCHEHEN?

Es war eine besondere Situation: Der Stiefvater hat das Kind fast wie ein eigenes angenommen. Fast, denn ganz ist es nie gelungen, sonst hätte im Gespräch nicht immer wieder die Frage aufkommen können, ob man den „echten" Vater wegen der Alimentationszahlungen klagen solle.

Dann hat er begonnen, das Kind zu erziehen. Solange das Mädchen aber das einzige Kind war – und seine Mutter auch die Auswahl des Partners danach getroffen hat, ob sich Kind und neuer Partner verstehen –, so lange war er für es wie ein richtiger Vater.

Nun ist das neue Kind da, eine kleine Schwester, welche die Emotionen des Vaters auf neue Weise bindet. Nun hat sich – psychobiologisch gesprochen – das Lebensziel jeder Beziehung verwirklicht: Ein Kind ist entstanden. Und da der Vater kein Unmensch, sondern, ganz im Gegenteil, ein sehr netter und bemühter junger Mann ist, will er weiterhin auch der Vater seines Stiefkindes sein. Aber seine Gefühle haben sich verändert: Seine positiven Gefühle, seine Aufmerksamkeit und auch sein Interesse gelten nun seinem biologischen Kind. Ist es doch dieses Kind, das seine Gene weiterträgt, während das andere Kind, indem es ebenso Aufmerksamkeit und Interesse, Liebe und Zuwendung der Mutter beansprucht, die Chancen seines Kindes reduziert. Denn die Menge an Aufmerksamkeit, die ein Kind bekommt, ist das einzige Steuerungsmittel, das die Eltern haben, um die Chancen ihres Kindes zu beeinflussen.

Vieles stimmt an dieser einfachen Idee von Fortpflanzung so nicht mehr: Denn einerseits ist dieser Mann ein netter und gebildeter Mensch, der die Rückführung seines Interesses an dem Kind auf reine Biologie mit einem gewissen Recht sogar heftig zurückweisen würde, andererseits ist der Mutter das Ziel der Beziehung, wieder ein Kind zu bekommen und so den Mann an sich zu binden, nicht so bewusst – ganz im Gegenteil hat sie die Aufgabe, auch die Aufzucht des ersten Kindes zu garantieren, auch um den Preis, sich allenfalls vom Vater des jetzigen, zweiten Kindes zu trennen, sollte der die erste Aufgabe gefährden. Durch die Unterhaltsvorschusszahlung, die der Staat bietet, wird er zum virtuellen Vater, der Aufgaben übernimmt, die eigentlich der Vater zu übernehmen hätte, wodurch die Mutter des Kindes in den Stand gesetzt wird, die Erziehung des Kindes auch ohne Väter gewährleisten zu können.

In diesem Konvolut an Überlegungen, die so natürlich nicht angestellt werden und wohl auch nicht angestellt werden sollen, bleibt für die reale Interaktion des Vaters mit seinem Stiefkind nur mehr jener Anteil an Erziehung übrig, den er aus seiner eigenen Erziehung in schlechtester Erinnerung hat: die Erziehung zu guten Tischmanieren.

Aber da dieser Erziehung nun der biologische Anteil der Liebe fehlt und die Stieftochter das spürt, verhält sie sich sinnvoll: Wenn man nicht will, dass ich so bin, wie ich nun einmal bin, dann verhalte ich mich so, dass man an mir nichts aussetzen kann: Da mein Verhalten beim Essen das Problem ist, esse ich eben einfach nicht mehr. So einfach könnte die kindliche Logik mit dem Problem umgehen. Das Mädchen fordert von der Mutter, mit ihm allein zu leben, so wie früher. Vor allem aber will es keine Erziehung, die nicht zumindest gleichermaßen Liebe und Strenge miteinander kombiniert.

GRUNDSÄTZLICHES

Die Geburt eines gemeinsamen Kindes verändert die Gefühlswelt der bisherigen Familie. Der Vater verändert, oft von ihm selbst unbemerkt, seine Einstellung gegenüber dem Kind, das er bisher wie sein eigenes behandelt hat und für das er wie ein Vater gewesen ist. Vor sich selbst hat er sich dabei oft sogar als der „bessere" Vater gefühlt, vor der Frau wollte er seine Beziehung zu ihrem Kind deutlich machen. Nun ist aber das Ziel dieser Partnerschaft erreicht: ein gemeinsames Kind. Natürlich kann und will man nun das angenommene Kind nicht verstoßen. Also wird man sich ihm weiter widmen und es weiterhin aufmerksam betreuen. Aber da die Gefühle anderweitig gebunden sind, ist das nicht mehr auf die frühere Art möglich. Was bleibt, sind „herzlose" Erziehungsvorschläge, was letzten Endes die Mutter des Kindes in eine Entscheidungssituation bringen muss. Die Mutter kommt in eine für sie ausweglose Lage: Denn sie kann sich nicht zwischen den beiden entscheiden und muss daher allen gerecht werden. Da das nicht geht, pendelt sie nun emotional und real zwischen ihrem eigenen Kind und dem neuen Partner hin und her, erschöpft sich dabei selbst, macht beide unzufrieden und wird auch selbst immer unzufriedener.

Das Eingeständnis, dass sich mit der Geburt eines eigenen Kindes die Gefühlswelt verändert hat, ist heute schwer zu akzeptieren: Niemand will eingestehen, dass er das Kind, das er bisher so geliebt hat und für das er wie ein Vater gewesen ist, nun weniger mag, weil er seine Liebe anders gebunden fühlt. Niemand will zugeben, dass auch die Liebe zu einem Kind den Gesetzen der Teilbarkeit der Liebe unterliegen könnte. Niemand will eingestehen, dass er für sein eigenes Kind mehr empfindet und dass dieses das andere Kind aus seinem Herzen verdrängt. Und dass einem plötzlich Dinge negativ auffallen, die man vorher so nicht bemerkt hat, die einen vorher nicht gestört haben. Man macht andere Umstände für diese Veränderung verantwortlich, etwa den nunmehrigen Zeitmangel der Mutter, eine eifersüchtige Reaktion des Kindes oder sogar den Umstand, dass das Kind wächst und dadurch eben andere Probleme aktuell werden.

Die Voraussetzungen für eine Änderung wären hier – dies ist fast immer der Fall – Selbstreflexion und Ehrlichkeit. Beides kommt nur sehr selten vor und ist auch nicht einzuklagen. Eine Standortbestimmung würde ergeben, dass man auf das „alte" Kind eifersüchtig ist, dass es einem plötzlich im Wege steht und dass man es eigentlich aus dem Weg räumen wollte, wie es in den englischen Königsdramen von William Shakespeare so gut zum Ausdruck kommt. In dynastischen Fragestellungen ist die Absicht klar: Nur das eigene Blut soll an die Macht kommen können, nur der eigene Spross die Macht übernehmen und weitergeben. Alles andere würde als ein Versagen der eigenen Fähigkeiten empfunden werden, alles andere gilt nicht und wäre das Ende dessen, wofür man gelebt hat.

In „Macbeth" tötet der Freund den Freund, um zu verhindern, dass dessen Sohn an die Macht kommt, und trachtet selbst diesem Kind – Fleance – nach dem Leben, um es an einer zukünftigen Machtübernahme zu hindern.

In der Bibel obliegt dieselbe Aufgabe der späten und großen Liebe König Davids, Bathseba, die ihren Sohn auf dem Thron sehen will. Sie muss alle Kinder Davids, die er mit in die neue Beziehung gebracht hat, töten. Sie fädelt eine Intrige ein, die darin besteht, dass sie den Bruder Tamars bittet, bei deren morgendlicher Waschung im Hof aufzupassen. Dann führt sie David ans Fenster, um ihm zu zeigen, dass sein Sohn die nackte Schwester in der Früh beobachtet. Beide Kinder fallen dieser Intrige zum Opfer, das dritte schickt sie in ein Himmelfahrtskommando. David versagt in dieser biblischen Geschichte. Er kann seine Kinder nicht schützen, dies einzusehen erlaubt ihm seine Weisheit noch, nicht jedoch, es besser zu machen.

EMPFEHLUNGEN

- In Liebesdingen gibt es keine Fairness. Liebe ist weder logisch noch begründet oder gerecht. Deshalb sollte man erst gar nicht Schuldgefühle aufkommen lassen, wenn man verschiedenen Kindern gegnüber ungleich empfindet.
- Diese Ungleichheiten sind nicht spezifisch Probleme oder Konstellationen in Patchworkfamilien. Bei mehreren Kindern in einer Familie sind die wohlwollenden und weniger wohlwollenden Gefühle situativ und kindbezogen häufig ungleich und deshalb - aus der Sicht der Kinder - ungerecht verteilt.
- Erlauben Sie sich unterschiedliche Gefühle, betrachten Sie sie differenziert und interessiert und versuchen Sie, die Art dieser Gefühle etwas differenzierter zu benennen als nur „gut" oder „schlecht" oder „normal/abnormal". Sie werden häufig erkennen, dass die Qualität einer Gefühlsempfindung mit dem Kind selbst, mit der spezifischen Situation, aber auch mit eigenen Erinnerungen und Assoziationen zusammenhängt, die mit dem Kind kaum in einem Konnex stehen.
- Je differenzierter diese Analyse gelingt, desto mehr können Gefühl und Übertragung voneinander getrennt werden, desto mehr wird das Kind selbst - sofern es sich um ein negatives oder problematisches Gefühl handelt - entlastet.
- Verquicken Sie nicht Liebe und Erziehung. Erziehung geschieht am effektivsten durch Vorleben, Liebe ist ein Geschenk.
- Wenn Sie sich von einem Kind „enttäuscht" fühlen, versuchen Sie wiederum den Anteil des Kindes und der realen Situation von der eigenen Geschichte und den damit verbundenen Erinnerungen und Gefühlen zu trennen.
- Nutzen Sie konflikthafte Situationen als Chance, über sich selbst etwas zu erfahren, und nicht als Signale des Unheils.

WER WILL MICH – UND WILL MICH ÜBERHAUPT WER?

VIGNETTE Franz ist heute 13 Jahre alt. Bis zu seinem achten Lebensjahr hat er in Deutschland gewohnt, in der Nähe von Hamburg, mehr zur Lüneburger Heide hin. Dann hat sich seine Mutter in den neuen Mann in Österreich verliebt. Eigentlich ein netter Kerl. Der Vater war schon lange weggezogen, und zu zweit war das Leben auch nicht immer so einfach. Obwohl die Jahre mit Mama allein auch sehr schön waren. Niemand hat da je geschrieen, Franz ist zur Schule gegangen und danach in den Schülerhort. Die Leute waren eigentlich nett zu ihm und zu seiner Mutter. Sie ist arbeiten gegangen, und Franz hat dann am Abend mit ihr zusammengegessen, dann hat sie ihm eine Gutenachtgeschichte vorgelesen, und er ist eingeschlafen. Die Wohnung war klein, und als der Vater nicht mehr kam, ist Franz ins Schlafzimmer übersiedelt. So hatten sie ein kleines Wohnzimmer, wo sie fernsehen konnten; an den vielen verregneten Sonntagen konnte Franz dort spielen, und Mama machte mit oder las die Zeitung.

Dann kam Otto, ein Monteur aus Österreich, der auf Montage zu ihnen in den Ort gekommen war. Irgendetwas am E-Werk hatte er da zu tun. Und die kauften eben alle in dem Laden ein, in dem Mama arbeitete, und so kam es. Er kam anfangs nur ganz selten nach Haus, und Franz zog dann in sein früheres Zimmer, schlief auf der Couch – sein Bett war bereits vor langem verkauft worden, sie hatten es ja nicht gebraucht.

Otto kam immer öfter, und Franz kam ganz gut mit ihm zurecht. Otto nahm sich auch viel Zeit für Franz, brachte immer was mit und spielte gern mit ihm. Wenn im Fernsehen ein Fußballspiel war, kamen Otto und natürlich Mama in Franz' Zimmer, und sie schauten zu dritt. Manchmal konnte es da schon passieren, dass Franz sich auf Ottos Schoß setzte und mit ihm kuschelte, während das Spiel im Fernsehen lief. Wahrscheinlich gefiel das seiner Mutter, die dann immer ganz froh zu ihren beiden Männern, wie sie sagte, hinüberschaute. Mit dem Papa von Franz hatte es so was nie gegeben. Der war kein Familienmensch. Immer unterwegs, und wenn er mal da war, dann wollte er schlafen, vielleicht noch essen, aber das wars dann schon.

Mama wurde jedoch bald immer müder und wollte – auch wenn Otto nicht da war – lieber fernsehen als spielen. Franz fand das zwar langweilig, aber er dachte sich nichts dabei. Machte eben was anderes, was solls. Bald darauf setzte sich seine Mutter mit ihm zusammen, an einem der sonst so angenehmen Sonntage, wenn es draußen regnete und drinnen so nett warm und trocken war, und sagte ihm, dass sie schwanger sei. Sie fragte ihn, was er davon halte, mit ihr zu Otto nach Österreich zu ziehen, weil sie doch so gern mit Otto zusammen und er auch der Vater ihres Kindes sei. Franz hasste die Idee von Anfang an. Er kannte dort niemanden. Er fands hier so nett. Er wohnte gern mit seiner Mutter zusammen. Wozu wegziehen? Und alle Freunde verlieren. Er hasste es. Und weinte, aber nichts half.

Im Sommer zwischen der zweiten und dritten Schulstufe zog Franz mit seiner Mutter nach Österreich in eine kleine Gemeinde. Ringsum nur Grün, nichts zu sehen, ein paar Häuser, zwei neue Großeltern (er hatte das Phänomen Großeltern bisher nicht gekannt) und Hausbau. Ständig Hausbau. Otto baute nur mehr. Nie mehr schaute er Fußball mit Franz, wenn er einmal Zeit hatte, sich ein Spiel anzuschauen, ging er zu seiner Mutter und seinem Vater (zu denen Franz jetzt Opa und Oma sagen musste), trank dort ein Bier, und Oma stellte ihm eine Jause hin. Wenn Franz mitkam, schickten ihn alle weg, weil er „so viel Lärm macht", wie Oma sagte.

Jetzt kam alles anders, als er und Mama gedacht hatten. Otto war fast so viel weg wie Papa in Deutschland. Die Zeit, die er früher mit ihnen verbringen hatte können, verbrachte er jetzt wieder in Deutschland, eben auf anderen Baustellen und vielleicht in anderen Familien. Und Mama bekam ein Kind nach dem anderen: nach Max, dem ersten, noch Sophie und drei Jahre später auch noch Robert. Komisch, er hatte alle seine Geschwister gern, auch wenn sie ihn manchmal nervten. Aber Papa wurde immer schwieriger. Wenn er kam, sollten alle Kinder ruhig sein, weil er die ganze Woche über so schwer gearbeitet hatte. Und außerdem musste er immer wieder was am Haus reparieren, dann war er viel bei seiner eigenen Mutter im Haus nebenan, und manchmal half er auch Nachbarn, die ihnen beim Hausbau geholfen hatten, wenn die jetzt bauten. Wie das eben so üblich ist und von jedem eingehalten werden muss, wenn er in der Gemeinschaft leben will.

Franz zog sich immer mehr zurück. Seine Mutter hatte jetzt kaum mehr Zeit für ihn. Immer drei kleine Kinder, nie mehr arbeiten, immer eine Oma im Haus, die Franz sowieso nie leiden konnte. Eine falsche Person, immer so nett, wenn andere Leute da waren, ja sogar, wenn Otto kam, aber sonst gabs nichts für Franz. Alles nur für seine Geschwister. Er war immer der Fremde, der aus Deutschland kommt, eine andere Sprache spricht und eine andere Art des Umgangs hat und auch niemanden im Ort kennt. Und nicht einmal den Namen des Vaters kann man genau sagen – so einer ist das. Manchmal, wenn Otto auf Montage war und die drei Kinder schon schliefen, durfte er sich, wie in alten Zeiten, neben Mama ins Bett legen und so einschlafen. Mama war furchtbar lieb. Sie schlief fast immer vor Franz ein. Irgendwie klar, nach einem Tag mit drei kleinen Kindern und dieser Oma, die immer alles besser wusste, und wenn man mal etwas anders haben wollte, als sie sich das vorstellte, dann lief sie gleich weg und schrie: „Macht euren Dreck doch allein, ich brauch die Kinder nicht. Sollen heute zu Hause bleiben und brauchen gar nicht zu mir kommen.“ Dann lag er oft lange wach und sehnte sich nach Deutschland zurück, in ihre kleine Wohnung, ohne Geschwister, ohne Oma und vor allem auch, ohne ein Außenseiter zu sein, den immer alle auslachen, wenn er seinen Mund aufmacht.

Mama wurde immer schwächer, man konnte das richtig sehen, und Franz wurde vor lauter Sorge richtig traurig. Am Abend war die Mama meist so müde, dass sie gar keine Gutenachtgeschichte mehr vorlas. Weder ihm noch den Geschwistern. Und Mama kam mit Oma ganz schlecht aus. Nicht dass Oma nicht immer nur das Beste von ihr erzählte, wenn Otto nach Hause kam und fragte. Nicht dass sie sie nicht allen Menschen im Ort vorstellte, vor und nach der heiligen Messe. Aber wenn sie mit Mama allein war, allenfalls die Kinder dabei waren, dann konnte Oma ganz schön bösartig sein. Über die Küche, über die Reinlichkeit, über die Windeln und wie die entsorgt werden können, über alles gab es verschiedene Auffassungen. Mama dachte, dass Kinder vor allem eine anwesende und verfügbare Mutter brauchen, sonst brauchen sie sie gar nicht. Also räumte sie nicht so auf, wie Oma sich das vorstellte, und so weiter. Mama wurde immer müder, wenn man das so überhaupt sagen kann.

Papa kam auch immer seltener, und wenn er kam, ließ er sich alles von Oma berichten, die immer Franz beschuldigte, über seine Mama klagte und die anderen Kinder lobte. Die waren nämlich Otto so ähnlich, wie Oma immer sagte. Und Opa nickte nur dazu. Sicher, Oma kochte vorzüglich, und Franz aß das auch gern. Aber die Reden, die er sich immer dazu anhören musste, die waren schon furchtbar. Und Mama versuchte es immer allen recht zu machen. Sie war einfach noch immer die Mama, die immer zu den Kindern gut war und mit allen kuschelte und schmuste, vor allem, wenn Oma am Abend endlich aus dem Haus war.

Eines Tages war Mama ganz komisch. Nur mehr müde. Sie war schon ein paar Mal beim Doktor gewesen, der hatte ihr immer wieder ein Medikament verschrieben. Franz konnte nicht sagen, was es war, aber Mama wurde davon nur noch müder, als sie es ohnehin schon war. Und Oma nörgelte noch mehr, immer mehr, die Stimmung war schon fast nicht mehr auszuhalten. Weder für Franz noch für Otto, der immer seltener im Haus war. Immer mehr ging er zu seiner Mutter, wenn er da war, eigentlich war er den ganzen Tag drüben, wenn er einmal kam. Franz spielte mit seinen neuen Freunden, dem Gerhard und dem Thomas, Fußball, im Wald Verstecken und Computer bei Gerhard. Also, an diesem Tag nahm Mama ziemlich viele Tabletten ein, und Franz nahm sich vor, zu schauen, ob sie das auch richtig genommen hatte. Bevor er schlafen ging, schaute er noch einmal zu Mama rein. Die lag ganz komisch in ihrem Bett, sie hörte ihn gar nicht, wie er ins Zimmer kam. Auch das Schreien der kleinen Schwester hörte sie nicht. Franz weckte sie, aber Mama wachte nicht so richtig auf. Sie sagte immer nur: „Ich hab dich lieb, Franz, das musst du immer wissen!" Neben ihr lag ein Brief, den sie an Otto zu schreiben begonnen, aber nicht abgeschlossen hatte. Franz wusste sofort, was los war: Mama hatte versucht, sich umzubringen. Er lief zur Oma, die rief die Rettung, und Mama kam ins Spital. Franz besuchte sie dort ein paar Mal, irgendwie war es ihm unheimlich, die vielen kranken Menschen und seine liebe Mama dort. Er fuhr mit Oma hin und einmal mit Otto. Alle waren sehr stumm und wussten nicht, was sie mit Mama reden sollten.

Heute erfuhr er, dass Oma am Jugendamt war und dort gesagt hat, dass er mit seiner Mama Geschlechtsverkehr gehabt haben soll und dass sie, Oma, das selbst gesehen haben will. Franz wusste nun: Oma wollte sie beide loswerden. Mama sollte im Spital bleiben und dann ins Gefängnis kommen, und Oma und Otto würden im Haus gemeinsam seine Geschwister aufziehen. Und er würde ins Heim kommen, damit man ihm helfen kann, über dieses Problem hinwegzukommen.

VERSCHIEDENE SICHTWEISEN

Dies ist eine grässliche Geschichte aus dem Klinikalltag. Ein bisschen, soweit das möglich ist, aus der Perspektive von Franz erzählt. Manchmal ist das schwieriger, manchmal einfacher. Aber immer ist Franz das Kind, das die neue Familie stört oder stören könnte, das Kind, das von der Mutter seines Stiefvaters eher abgelehnt wird, das seine Mutter zu schützen versucht, die in eine zunehmende Erschöpfung gerät, sich vielleicht nach Schutz und Anerkennung sehnt, sich in eine subjektiv aussichtslose Situation gebracht hat, in der sie als „Zugreiste" keinen

Ausweg sieht. Sie kann weder ihre Kinder der Schwiegermutter überlassen, noch kann sie mit Franz allein wieder nach Deutschland gehen und so tun, als ob ihre anderen drei Kinder sie nichts angingen. Und sie sieht natürlich, dass Franz leidet und dass er aus dieser Übersiedlung keinen Vorteil gezogen hat. Auch, dass sie selbst keinen echten Vorteil hat. Sicher, sie hat die drei Kinder, die Landschaft ist schön, aber das Leben mit der Schwiegermutter, deren Vorstellungen von einer anständigen Hausfrau sie nie entsprechen kann und die sich sicher ist, dass nur sie selbst in den Augen ihres Umfelds alles richtig macht – dieses Leben war es nicht, weshalb sie Otto gewählt hatte. Sie hat sich alles ganz anders vorgestellt. Dass nämlich Otto Franz wirklich mag und ihr das nicht nur vorspielt, um sich ihr besser nähern zu können; dass es in Österreich wirklich schöner und netter sein würde als in der Kleinstadt in Deutschland; und dass sie mit dem Geld besser auskommen würden, wenn sie bei den Kindern ist und Otto auf Montage. Dass aber Otto gleich ein Haus bauen würde, sodass fast kein Geld übrig blieb und sie jeden Euro dreimal umdrehen müssten, bevor sie ihn ausgaben; dass sie fast keine Zeit für sich und ihre Kinder haben würde, weil sie dazu vier Hände bräuchte statt zwei; dass Haus- und Gartenarbeit ihre Hauptbeschäftigungen sein würden; und dass sie eine Schwiegermutter bekommen würde, die glaubt, immer alles besser zu machen und besser zu wissen als sie selbst – all das hätte sie sich nicht im schlimmsten Albtraum vorstellen können.

Es war sicher ein großer Fehler zu versuchen, es allen recht zu machen; aber so war sie aufgewachsen, und sie verstand es nicht besser. Sie konnte nie verstehen, warum die Menschen so schlecht zu ihr waren, und sie konnte Franz daher nie schützen. Das Ende dieser Art des Zusammenlebens durch ihren Selbstmordversuch war sicher ein Fehler, aber sie sah keinen anderen Ausweg mehr.

Die Familie Ottos hat die Integration von Franz nicht gewollt, nicht geschafft oder einfach abgelehnt. Ottos Verhalten am Anfang der Bekanntschaft mit Franz war vielleicht gar nicht berechnend. Er fand den Buben wirklich nett. Selbst hatte er noch keine Kinder, und Franz war einfach ein netter Bub, und er war in seine spätere Frau wirklich verliebt. Die plötzliche Übersiedlung nach Österreich, auf den Nachbargrund neben seinen Eltern, erfolgte einfach deshalb, weil sie schwanger war. Und für ihn kam nie etwas anderes infrage, als mit seiner Frau ein Haus zu bauen. Dass seine Mutter von Anfang an dagegen war, dass er eine Frau nahm, die schon ein Kind von einem anderen Mann hatte, nahm er nicht so tragisch. Er kannte seine Mama - sie würde sich schon mit der Situation abfinden und ihm in allem helfen. Auch dann, als er noch zwei weitere Kinder bekam und Mama immer mehr helfen musste. Einfach deshalb, weil seine Frau nicht fertig wurde mit all den Putz- und Haushaltsarbeiten. Mama erzählte es ihm ja jedes Mal, wenn er nach Hause kam. Und er merkte es auch selbst: Sie wurde einfach nicht fertig. Sie wurde immer schwächer, sie freute sich immer weniger über ihn, wenn er nach Hause kam, und auch, dass sie, wie alle Häuselbauer, wenig Geld hatten, schien sie sehr zu bedrücken. Immer kleiner kam sie ihm vor, und er wollte sie nicht belasten, wenn er kam. Also ging er zu seiner Mami, die ein warmes Essen auf dem Tisch hatte, und unterhielt sich mit seinem Vater über Fußball. In der Nacht schlief seine Frau sowieso meistens bei den Kleinen im oberen Stock. Wozu sollte er also nach Hause kommen, wenn er die Kinder und sie ohnehin mehr störte, als eine Hilfe zu sein? Also blieb er manchmal gleich bei Mama in seinem früheren Kinderzimmer, was dann am nächsten Morgen prompt zum Streit führte. Da war es schon besser, er machte noch mehr Überstunden, manchmal sogar mehr, als das Gesetz erlaubte, und kam seltener nach Hause. Franz war ihm fremd geworden oder geblieben - wer weiß?

Die Integration eines Kindes aus der ersten Beziehung ist in dieser Patchworkfamilie aus dem ländlichen Bereich nicht gelungen. Stattdessen hat sich die Familie Ottos entschlossen, einen Krieg gegen die Frau Ottos zu beginnen, vor allem aber gegen Franz. Dadurch wird Franz zunehmend in eine Vater- und Partnerersatzrolle gedrängt, sodass er zu Recht das Gefühl hat, auf seine Mutter aufpassen zu müssen. Das macht ihn zwar reifer, aber es verhindert auch eine normale Kindheit. Vor allem die Kontakte zur Stiefgroßmutter und deren Beziehung zu seiner Mutter zwingen ihn fast dazu, sich auf die Seite seiner Mutter zu stellen, um sie zu schützen. Leider versagt er - aus seiner Sicht - dabei. Dafür, dass er ihr das Leben rettet, erhält er keinen Dank. Stattdessen wird nun der Versuch gemacht, die beiden Personen ganz aus der Familie zu drängen. Und die Behauptung, dass sie inzestuösen Geschlechtsverkehr miteinander gehabt hätten, kann am besten dabei helfen. Eine solche Behauptung ist in einer Gesellschaft, die Kindesmissbrauch als einer Form perverser Sexualität ein derart großes Interesse entgegenbringt, besonders geeignet, Franz und seine Mutter aus der Familie zu verstoßen und die Kinder Ottos auf der heimatlichen Scholle behalten zu können. Interessanterweise ist das Thema Kindesmissbrauch zu einer Zeit aktuell geworden, da es immer weniger Kinder in unseren Gesellschaften gibt – als ob das perverse Subjekt der Begierde sich auf das Seltene stürzt, auf das, was schwer zu erreichen ist. Kinder werden so zu einem attraktiven Sexualobjekt, und die Anschuldigung des Kindesmissbrauchs wird auch zu einem beliebten Mittel, um familiäre Konstellationen im eigenen Sinn zu beeinflussen. So wird sie bei Scheidungs- und Sorgerechtsverhandlungen genutzt, so wird sie eben auch bei Franz genutzt. Selbstverständlich soll damit nicht der Eindruck erweckt werden, dass die Autoren es gutheißen, wenn Kinder und Jugendliche sexuell ausgebeutet werden. Ganz im Gegenteil: Beide haben Jahrzehnte im Kampf gegen diese Ausbeutung gelebt. Aber damit, die sexuelle Ausbeutung von Kindern und Jugendlichen als Argument für eine verstärkte Sicherheitspolitik im Rahmen einer Law-and-Order-Politik zu verwenden, und vor allem mit immer häufiger werdenden Strafverschärfungen ist den Kindern weniger geholfen als noch vor Jahren, als eine Liberalisierung des unmittelbaren Anzeigegebots die Möglichkeit gab, zu helfen, statt gleich die Exekutive einzuschalten. Vor allem aber hat diese „Sensibilisierung" der Bevölkerung zu einer perversen Lust an der Bekämpfung des Kindesmissbrauchs geführt und zu einem zunehmenden Versuch, diesen zu instrumentalisieren und letzten Endes für andere Zwecke zu benutzen. So wie dies bei Franz und seiner Mutter der Fall war.

Betrachtet man nun die ganze Geschichte aus der Perspektive der Patchworkfamilie im Allgemeinen, so ist es hier nicht gelungen, die Flicken zu einem Teppich zu vernähen. Franz und seine Mutter sind immer fremd geblieben, und obwohl die Mutter versucht hat, alles recht zu machen, und Franz Freunde in der neuen Umgebung gefunden und auch eine Schule besucht hat, sind die beiden in ihrem neuen Zuhause nicht „angewachsen". Vielleicht hat das die Umgebung verursacht, vielleicht die häufige Abwesenheit des Vaters, der auch nicht wusste, dass man in Beziehung und Familie Gefühle investieren muss, sondern dachte, dass das so richtig sei, wenn man die Frau nach Hause bringt und die sich dann mit seiner Mutter und den Kindern beschäftigt – so, wie er es gelernt hat. Er hat vielleicht auch Franz aus den Augen verloren, hat von seiner Mutter, der er vertraut hat, auch nichts Gutes über Franz gehört – wer weiß? Jedenfalls ist keine Beziehungsarbeit geleistet worden, das Paar hat sich nicht gegen die Umwelt abgegrenzt und keine eigene Identität gefunden. Sie sind in einen „Familienverband" hineingeraten, der nur in manchem unterstützend war und die Interaktion des Nicht-Blutsverwandten nicht gefördert hat.

LÖSUNGEN

Zuerst ist zu fragen, ob das Paar sich noch eine Chance geben kann/will. Denn die finanziellen und kinderbezogenen Aufgaben sind derzeit so groß, dass sehr viel an Energie zu investieren sein würde. Andererseits aber haben die beiden noch vor 17 Monaten ein gemeinsames Kind gezeugt: Vielleicht ist das ein Hinweis darauf, dass die Beziehung noch funktionsfähig ist. Dann ist der Wahrheitsgehalt der Aussagen der Großmutter genauestens zu überprüfen: Dazu sind Gespräche mit Franz, seiner Mutter und den Großeltern zu führen. Schließlich ist Otto einzubeziehen. Und zuletzt muss auch gefragt werden, ob man nach einer solchen Anschuldigung noch gemeinsam weiterleben kann. Denn die Situation schaut jetzt unveränderbar aus, und was soll noch alles geschehen, damit diese Frage für die Familie aktuell wird? Ein Selbstmordversuch, eine Inzestanschuldigung - kaum eine andere existenzielle Krise könnte noch mehr zerstören.

Vor allem geht es bei der Lösung des Problems darum, eine funktionsfähige Familie aufzubauen, die - wo auch immer sie ist - sich gegen die Umwelt so weit abgrenzt, dass die Großeltern nicht mehr bestimmend sind und die Mutter unterdrücken können. Denn auch für Otto ist es letzten Endes unerträglich, zwischen den Fronten zu stehen, und auch er wird sich einmal dezidiert entscheiden müssen, ob er mit seiner Frau oder seiner Mutter verheiratet sein will.

DEIN SOHN IST KRANK

Beobachtungen aus der Sicht des „anderen" Partners

VIGNETTE Er hat sich verletzt. Unabsichtlich – no na. Wie denn sonst? Beim Handball ist er gestürzt. Unglücklich. Und hat sich den Knöchel umgebogen. Bänderriss – außenseitig. Der Knöchel ist geschwollen, er kann nicht auftreten. Er wohnt jetzt ganz bei uns. Wo ist „bei uns"? „Bei uns" ist dort, wo seine Mutter mit ihrem neuen Mann wohnt. Der Sohn ist manchmal etwas schlechter gelaunt. Allerdings ists auch fein. Weil er jetzt mit allen spricht, weil er nämlich zwei Wochen lang mit ausgestrecktem Bein liegen muss. Mit den anderen Kindern, mit seiner Mutter, sogar mit seinem Stiefvater, wenn auch wenig. Aber immerhin spricht er. Ja, er nimmt sogar am Familienleben teil, und man kann seine Freundin kennen lernen. Vorher wusste man nicht einmal, dass er eine Freundin hat. Jetzt weiß mans. Eine ganz nette sogar.

Heute früh sagt seine Mutter: „Was willst du essen?" – „Ich hols mir schon, Mama!" – „Lass dich verwöhnen, du weißt, du sollst nicht auftreten." – „Eine Buttersemmel, bitte." Sie hat ihm doch tatsächlich eine gebracht. Der Sohn isst: „Bitte nicht so viel Butter, ich nehm eh schon zu, wenn ich nur liege." Darauf die Mutter: „Tut mir Leid!"
Schwer zuzuhören. Warum?

INTERPRETATION

Warum vermag man bei Gesprächen mit den eigenen Kindern besser zuzuhören als bei solchen mit den Kindern des Partners? Oder trifft das gar nicht zu? Vielleicht kann man immer gleich gut oder gleich schlecht zuhören. Dann stimmen allerdings die Theorien nicht. Aber in dem Fall war alles ganz anders. Die Theorie besagt, dass es dem Stiefvater nur deshalb so schwer fiel zuzuhören, weil es nicht sein eigenes Kind war. Es störte ihn, weil die „angeborene" Beziehung fehlte, dass das - manchmal richtig unverschämt wirkende - Kind so verwöhnt wurde.
So jedenfalls die schon oft gehörte Theorie.

Also schweigen, das ist noch das Beste, was er machen kann. Aber stimmt diese Theorie überhaupt? Kann es nicht auch sein, dass es einen zu einem bestimmten Zeitpunkt stört, jemanden nur zu Gesicht zu bekommen, weil er wegen seiner Fußverletzung nicht wegkann? Kann es nicht auch sein, dass es einen stört, wenn man sieht, wie die eigene Frau schlecht behandelt wird, so schlecht, wie man sie selbst nie behandeln würde? Und kann es einen nicht auch stören, wenn es ihr eigenes Kind ist, das sie schlecht behandelt, ohne dass man den Vorwurf an den Kopf geworfen bekommt, man sei bloß eifersüchtig?

All das ist möglich, aber da es unwahrscheinlich erscheint, wird es sofort verworfen.

Also, was dann? Wieso ist das so schwer mitanzusehen?

Es kann ganz einfach auch so sein, dass es den Mann stört, wenn sich seine Frau so mit einem Kind beschäftigt.

Und jetzt kommts: Wenn es in einer Patchworkfamilie zu einem derartigen Vorfall kommt, gelten ganz andere Regeln als in einer „normalen" Familie. Denn jedes Wort, jede Äußerung wird anders aufgenommen, wird in einen anderen Theorierahmen eingebettet und vor einem anderen Hintergrund gesehen, nämlich dem von Trennung und Familienneugründung. Ist man nicht der leibliche Vater oder die leibliche Mutter, dann wird einem leicht unterstellt, dass einen das Kind mehr nervt, weil es nicht das eigene ist. Es wird immer damit argumentiert, dass man dieses Kind nicht von Anfang an in seiner Entwicklung miterlebt hat, dass hier nicht die Stimme des Blutes spricht und dass man daher auf dieses Kind anders reagiert als auf das eigene. Die archetypische Rolle und Idee der „Stiefelternschaft", die Zurückweisung von Erziehungsgedanken nichtleiblicher Eltern - egal, wie lange der Partner in der Familie ist - spielt immer eine Rolle. Denn sofort wird sich der andere, nicht in diesem Haushalt wohnende Elternteil einschalten, und wenn er es nicht tut, dann wird er - eventuell sogar durch das Kind - quasi virtuell einbezogen. Auf jeden Fall wird der leibliche Elternteil nun zwischen dem Kind und seinem Partner hin- und hergerissen, weil er plötzlich einem Loyalitätskonflikt ausgesetzt ist, auch wenn der Stiefvater bzw. die Stiefmutter des Kindes einen solchen nie provozieren wollte.

Das trifft schon auf Familien zu, in denen Kinder leben, die nicht von beiden Partnern sind, noch mehr aber auf solche, in denen mehrere Kinder aus mehreren Beziehungen vorhanden sind. Dann werden die Kinder untereinander verglichen: die gemeinsamen mit den nichtgemeinsamen, die Seinen und die Ihren, und zuletzt wird immer wieder abgewogen und darüber befunden, ob alle gleich und gerecht behandelt werden.

Und das ist nie der Fall. In jedem Fall führen Eigenschaften des Kindes sowie seine individuellen Beziehungen zur Umwelt, zu seinen Geschwistern und zu seinen Eltern oder auch seine eigene Entwicklung zu immer neuen Ungerechtigkeiten, die niemals auszumerzen sind und immer als schmerzlich empfunden werden.

Daher darf der andere Elternteil, der „fremde", auch keine Bemerkung machen, die er vielleicht in einer anderen Familie unbedenklich machen könnte. Er wird nie das Richtige sagen. Denn immer wird unterstellt, dass er damit die ohnehin vorhandene Ungerechtigkeit verstärkt. Es wird immer angenommen werden müssen, dass er schon wieder einmal auf die zu schützenden Kinder aus der vorherigen Beziehung eifersüchtig ist. Und es werden dem anderen Elternteil immer Geschichten einfallen, die diese Annahme stützen.

War es nicht so, dass der Sohn immer schon verschlossener war, weil er die neue Beziehung seiner Mutter nicht schätzte? Weil er sie innerlich ablehnte? Ist das arme Kind nicht eine Scheidungswaise? Und drükkt der junge Mann durch seine Verschlossenheit nicht aus, dass er innerlich nicht so mitkonnte, wie es die Mutter von ihm gewünscht hätte? Und wird ihm nicht bitter Unrecht getan, wenn man sagt, dass er sehr normal auf einen wirkt, dass er die Schule gut absolviert hat, dass er eine nette Freundin hat und außerdem jetzt erfolgreich studiert? Dass es also gar keine Hinweise darauf gibt, dass er traurig sein könnte, sondern eher schon darauf, dass er, im Gegenteil, aus der Situation einen großen Vorteil gezogen hat und immer gern auf wunderschöne Familienurlaube mitgekommen ist und sich sehr, sehr gut mit seinen angeheirateten Geschwistern verstanden hat.

All das nützt nichts, denn der Verdacht bleibt bestehen. Und es ist auch nie sicher, ob er nicht doch berechtigt ist. Denn im Sozialen kann es eine objektive Wahrheit nie geben. Schon gar nicht, wenn Emotionen überprüft werden sollen und Schuldgefühle eine Rolle spielen könnten, oder gar Eifersucht unterstellt werden kann. Und es ist sogar für den Betroffenen selbst unüberprüfbar, ob dieser Verdacht zu Recht besteht. Er weiß es nicht. Er wird seinen eigenen Akt nie kennen lernen, so wie Herr K. in Kafkas „Prozess". Dieser wird nie wissen, warum man ihn verurteilt hat. Er ist verurteilt ohne Prozess, er ist dem Recht anheim gefallen, ohne seine eigenen Rechte zu kennen. Und so ergeht es einem auch in einer solchen Familiensituation: Der Nichtblutsverwandte ist immer schon verurteilt, bevor er seine Rechte kennt. Denn würde er darüber nachdenken, wüsste er: Er hat keine Rechte, er kann diese Kinder lieben oder auch nicht; er kann ihnen Gefälligkeiten erweisen und von ihnen Zuneigung und Geschenke zum Geburtstag erhalten; er kann sie aufwachsen sehen und sie in den Kindergarten und in die Schule führen; er kann mit ihnen leiden, wenn sie schlechte Noten haben, und er kann versuchen, ihnen zu helfen, wenn sie Schulprobleme haben; er kann Rücksicht nehmen, wenn sie in der Nacht etwas brauchen, und er kann mit ihnen zum Arzt gehen, wenn sie krank sind und die Mutter keine Zeit hat – nur eines kann er nicht: daraus Rechte ableiten. Er kann keinen Ärger ausdrücken, wenn sie ihre Mutter ausnutzen; er kann sie nicht beschimpfen, wenn sie ihre Sachen nicht wegräumen; er kann keinen Einwand vorbringen, wenn sie mehr Geschenke bekommen, als ihnen gut tut; er kann nicht schimpfen, wenn im Vorraum kein Platz mehr für seinen Mantel ist; und er kann nicht fluchen, wenn sie den Kühlschrank leer essen – er kann sie lieben oder nicht lieben – was er aber nicht kann, ist: daraus Rechte ableiten.

Denn immer wird er dabei einen Streit provozieren, der immer wieder in neuer Gestalt auftreten wird: Einmal wird er zwischen den Partnern stattfinden; ein anderes Mal wird es um Erziehungsprinzipien gehen, die hier berücksichtigt werden sollen und dort nicht berücksichtigt werden (wenn das alles so stimmt, wie es gesagt wird); und ein drittes Mal wird Unfrieden in der Kindergruppe auftreten, weil Ungerechtigkeit in der Verteilung von Aufmerksamkeit angenommen wird. In jedem Fall wird es aber so sein, dass nach dem Streit keine neue Lösung gefunden wird. Denn dieser Streit ist archaisch: Es geht darum, dass Blut dicker ist als Wasser und dass die Prinzipien der Psychobiologie doch Recht haben. Diese sagen, wie schon an anderer Stelle erwähnt, dass das einzige Ziel der Emotionen der Mutter- und Vaterschaft die Aufzucht der Brut und somit die Ermöglichung der ununterbrochenen Kontinuität des Genoms sind. Die Erzeugung von Nachkommenschaft, könnte man etwas weniger geschwollen sagen, ist die einzige Antwort auf die Sterblichkeit, sie ist unsere Art der Unsterblichkeit seit der Vertreibung aus dem Paradies.

Also bleiben zwei Möglichkeiten. Erstens: die Psychobiologie hat Recht. Dann hat der Stiefvater bzw. die Stiefmutter nichts zu sagen, denn er/sie ist an dem Kind biologisch nicht interessiert, und alle Wünsche, Vorstellungen und Emotionen, die sich im Laufe der Zeit entwickelt haben, sind nur Selbsttäuschung und vorgespielt.

Zweitens: Selbst wenn das nicht stimmt, wird es sich immer wieder so darstellen. Denn selbst in Familien, in denen der leibliche Elternteil nicht mehr real vorkommt, weil die Kinder und auch die Eltern keinen Kontakt mehr zu diesem haben, selbst in diesen Familien wird jede Einmischung des Stiefelternteils immer wieder abgewehrt.

LÖSUNGEN

- Es ist die Aufgabe des Stiefvaters bzw. der Stiefmutter, die Betreuung der Kinder so mitzuübernehmen, als wären es die eigenen.
- Sie/Er darf daraus keine Rechte hinsichtlich der Erziehung ableiten.

- Sie/Er darf daraus keinen Anspruch erheben, etwas besser zu wissen oder sich in die Art und Weise einmischen, wie mit dem Kind umgegangen wird.
- Er/Sie kann und soll immer zusehen und da sein, wenn Hilfe benötigt wird.
- Vor allem gilt es auch, Aufforderungen wie „Jetzt sag doch du auch mal was!" abzuwehren und immer in einer Art Warteposition zu sein und zu bleiben.
- Wenn es auch schwer fällt, man soll oder muss immer freundlich bleiben und interessiert den Entwicklungsprozess des anderen Kindes beobachten und besonders darauf achten, dass es zwischen dem Kind und dessen eigenem Elternteil zu keinen Zerwürfnissen kommt und dass es innerhalb der Kindergruppe zu keinen Zwistigkeiten einfach aus dem Grund kommt, weil sich jemand benachteiligt fühlt.
- In allen Fällen muss sich der Stiefelter zurückhalten – jede Einmischung richtet sich gegen ihn, und er muss mit sich selbst sehr, sehr ehrlich sein, denn es kann immer wieder sein, dass er gegenüber dem „fremden" Kind ungerecht ist, auch wenn er das an sich nicht will.

DEIN KIND TROPFT!

Vom impliziten und expliziten Umgang mit Kritik und Lob im Kontext der Kommunikation über gemeinsame und nichtgemeinsame Kinder

„**Das Kind** hat wieder ins Bett gemacht."
„Welches Kind?"
„**Dein Kind** hat wieder ins Bett gemacht!"
„Was heißt hier ‚mein Kind'? Ist ja auch deines!"
„**Unser Kind** hat wieder ins Bett gemacht!"
„Was meinst du mit ‚wieder'? Und in welches Bett?!"

Mögliche Fortsetzungen dieser fiktiven Gesprächseröffnungen könnten zu einem Gespräch über Bettnässen im Allgemeinen oder im Speziellen führen. Mit dem Zusatz „dein" Kind werden jedoch persönliche Involvierung, mögliche Schuldzuschreibung und Betroffenheit ausgedrückt. Je nach Befindlichkeit der Gesprächsführenden und der Art ihrer Beziehung zueinander wird das Gespräch freundlich oder aggressiv verlaufen, womöglich sogar in einem Streit enden, welcher inhaltlich mit dem Thema des Bettnässens nicht notwendigerweise zusammenhängen muss.

Kommunizieren bedeutet Senden und Empfangen von Botschaften, bedeutet Mitteilen und Zuhören, bedeutet Geben und Nehmen, bedeutet Austeilen und Einstecken, bedeutet Loben und Kritisieren: also Umgang mit Nähe und Distanz, mit Akzeptanz und Distanzierung, letztlich auch oft mit Liebe und Hass.

In diesem Kapitel soll über die Art und Weise des verbalen Umgangs mit gemeinsamen und nicht gemeinsamen Kindern aus der Perspektive der Eltern nachgedacht werden.

VIGNETTE Die Eltern telefonieren miteinander, übers Handy natürlich. Seit es in der Familie neun Mobiltelefonbenützer gibt, ist das Festnetztelefon fast überflüssig geworden. Die Mobiltelefone der Kinder werden bis auf das ihrer ältesten Tochter von den beiden Eltern bezahlt. Ihre älteste Tochter, eine Studentin, bezahlt sich ihr Telefon von ihrem selbst verdienten Geld. Sie ist stolz darauf und geht sorgsam mit der Benützung um. Bei den anderen drei erwachsenen Kindern zahlen aber noch die Eltern. Diese Rechnungen klettern monatlich immer weiter in die Höhe. Irgendwann ist es dem Vater zu bunt geworden. Er hat aufgehört, die Mobiltelefonrechnungen der beiden Töchter zu bezahlen. Seltsamerweise hat sein Entschluss nicht das Besitzen und Benützen des Mobiltelefons an sich beendet, sondern nur sein Zahlen. Beide Töchter haben sich ein neues Handy organisiert, die ältere benützt das Telefon des Freundes, die jüngere bezahlt es sich wahrscheinlich selbst. Er weiß es nicht einmal. Weil es ihn nicht wirklich interessiert.

Ihrem Sohn bezahlt die Mutter noch das Mobiltelefon. Um zu vermeiden, dass sie sich über zu hohe monatliche Ausgaben ärgern muss, versucht er eben, das Festnetz zu Hause anstatt des Mobiltelefons zu benützen, welches wiederum vom Stiefvater bezahlt wird. So wird auch klar, dass das „Mein, dein, unser"-Match in einer Familie in vielen Fällen aus einem letztlich gemeinsamen Pool von Lebensenergie, Liebe, Zuwendung, Anerkennung, Geld, Besitz, Zeit etc. genährt wird. Die Eltern telefonieren also – wegen einer beruflich bedingten Trennung übers Wochenende – und es kommt zu folgendem Dialog:

Er: Er (dein Ältester) benützt unser Haus praktisch nur mehr zum Telefonieren! (Etwas verärgert, impliziter Vorwurf.)

Sie: Ich freue mich, dass er Freunde hat. Erinnere dich doch nur an früher, da waren wir doch oft besorgt, dass er sich völlig zurückzieht! (Beschwichtigend, möchte das Thema wechseln.)

Er: Und die Türe hat er zugesperrt, das macht er nie, wenn du da bist. (Implizite Kritik: Wenn du nicht da bist, ignoriert er mich völlig.)

Sie: Bist du trotzdem ins Haus gekommen? (Möchte neuerlich das Thema wechseln.)

Er: Ich merke schon, du willst das Thema wechseln. Also gut, wie war eure Fahrt?

Sie: Schön! Hatte während der Fahrt ein langes Telefonat mit deiner Ältesten.

Er: Oh, habe schon seit Wochen nichts von ihr gehört, wahrscheinlich hat sie wieder einmal kein Guthaben! (Impliziter Vorwurf an die abwesende Tochter: Sie liebt mich eben nicht ausreichend, um ihr Geld dafür auszugeben!)

Sie: Weiß ich nicht, jedenfalls gehts ihr gut, sie wird im Herbst für zwei Semester nach Norwegen ziehen. Wusstest du das?

Er: Ist ja noch nicht sicher, ich glaube es erst, wenn sie dort ist. Jedenfalls werde ich das nicht unterstützen. Sie soll endlich mit dem Studium fertig werden. Danach kann sie machen, was sie will. (Impliziter Vorwurf an die abwesende Tochter: Faulpelz, in ihrem Alter war ich schon längst mit dem Studium fertig! – Zugleich impliziter Vorwurf an die mit ihm telefonierende Frau: Was plagst du mich schon wieder mit dem dubiosen Studienfortgang meiner Tochter!)

Sie: Sei nicht so streng, sie sagt, sie habe sich ein Stipendium organisiert. Aber die Wiese gemäht hat sie hier nicht! Ich habe aber gleich gemäht! (Impliziter Wunsch nach Lob, kombiniert mit dem Wunsch, den Vorwurf der Nachbarin abzuwehren, die Stieftochter habe die Wiese in diesem Frühjahr noch gar nicht gemäht!)

Er: So lass mich doch in Ruh mit ihr! Du weißt, ich kann das nicht leiden.

Sie: Was kannst du nicht leiden?

Er: Dass du mich mit blöden Storys von ihr quälst! (Die Sache mit dem Studium der Tochter und ihrer Bequemlichkeit, was die Wiese angeht.)

Sie: Ich auch nicht!

Er: Was?

Sie: Dass du mich mit blöden Storys von ihm quälst! (Die Sache mit ihrem Sohn und dem Festnetz und der abgesperrten Tür.)

(Beide lachen.)

Sie: Wieso kann man nie normal von „den anderen" (also seinen oder ihren Kindern aus den früheren Beziehungen) reden? Wieso gehts hier nie um Inhalte, sondern immer um unsere Gefühle? Wieso geht das viel leichter im Gespräch über die gemeinsamen Kinder?

Er: Weiß ich nicht, du findest sicher irgendeine Psychoerklärung! Ich muss jetzt aufhören, ich geh ins Theater, alleine! (Vorwurf, gepaart mit den Wunsch nach Begleitung.)

Sie: Viel Vergnügen! Wäre gerne mit dir gegangen, gute Nacht!

INTERPRETATION

Aus diesem fingierten Gespräch wird Verschiedenes ersichtlich. Das Telefonat beinhaltet einerseits den Wunsch, Kontakt zwischen zwei Menschen herzustellen, andererseits hat es aber auch die Funktion, ein psychisches Ventil zu sein, also für gegenseitige Kritik und Lob der Partner herzuhalten. Diese Kritik oder dieses Lob richtet sich an den Kommunikationspartner in seiner Rolle als Mitmensch, als Partner oder als Elternteil. Und somit verläuft ein Teil der Wertschätzung und Anerkennung füreinander in der Kommunikation dieser Wahrnehmung der jeweiligen Rolle als „guter" oder problematischer Elternteil. Jeder Angriff oder jedes Lob ist somit auch an das narzisstische Ich des anderen gerichtet und kann deshalb kränken oder aufbauen.

In einer Patchworkfamilie fällt die Elternrolle in zwei Teile: Einmal sind da die gemeinsamen Kinder und dann die „früheren" oder „externen" – also nicht gemeinsamen – Kinder. Aussagen über gemeinsame Kinder können meist inhaltlich ausgewertet werden. „Er (das gemeinsame Kind) hat seine Schularbeit verbockt!" Hier wird einerseits Information ausgetauscht, andererseits, wie bei der Übermittlung jeglicher Botschaft, auch eine Absicht, ein Ziel verfolgt; durch den Tonfall wird auch die Qualität der emotionalen Konnotation übertragen. In diesem Beispiel herrscht also deutlicher Unmut vor. Der nonverbale und verbale Anteil der Botschaft trifft in diesem Fall aber, im Gegensatz zum nicht gemeinsamen Kind, beide Elternteile zwar sicher auf unterschiedliche Weise – der Inhalt trifft bei beiden auf unterschiedliche Persönlichkeiten, Einstellungen und Wertungen –, aber die Gemeinsamkeit der Elternschaft lässt die Botschaft auf beide wirken, und der Inhalt bleibt in seiner impliziten wie auch expliziten Aussage nur Inhalt.

Ganz anders ist die Analyse derselben Botschaft, wenn nicht das gemeinsame Kind gemeint ist: „Er (sein/ihr Kind) hat die Schularbeit verbockt!" Hier sind Sender und Empfänger nicht ein gemeinsames Elternpaar. Hier ist also ein Partner eher „drin" und der andere eher „draußen". Hier schwingt mit demselben Inhalt eine Fülle impliziter und expliziter Botschaften, Suggestionen, Assoziationen, Fantasien mit. „Willst du damit sagen, ich hätte mich zu wenig gekümmert? Meinst du, dass er wegen der Trennung so schlecht in der Schule mitkommt? Willst du mir über diese schlechte Nachricht irgendetwas anderes sagen?"

In der Balance zwischen Partnerschaft und Elternschaft hat sich selbstverständlich jeder Elternteil mit dieser verbalen Metaebene auseinander zu setzen. Der Unterschied scheint nur darin zu bestehen, dass wir beim eigenen Kind nachsichtiger bezüglich Kritik, weil durch die Biologie geschützter, sind, während wir beim fremden Kind schärfer im Kritisieren sind. Die Kritik kann hier durchaus auch als versteckte Form zwischenmenschlicher Aggression gewertet werden.

Wie eben das erste Beispiel im Dialog über ein gemeinsames Kind zeigt:

„Dein Kind hat heute wieder ins Bett gemacht!"

„Wieso meines, was hast du heute schon wieder gegen mich?"

„Mein Kind hat heute wieder ins Bett gemacht!"

„Schatz, was hast du nur heute, gehts dir nicht gut?"

„David hat heute wieder ins Bett gemacht!"

„Nu! Mele!" (Jiddisch für: Nun gut, kann man nichts machen.)

THEORETISCHES UND EINIGE LÖSUNGSANSÄTZE

Beginnt man, die Metaebene (das „zwischen den Zeilen" Gesagte) gesprochener Kommunikation zu analysieren und explizit zu beachten, wird es ganz schön kompliziert! Selbst schuld, könnte man da sagen: Warum muss man schon alles hinterfragen und analysieren auf mögliche meta-, para-, supra-, intra-, intropsychologische Neben- und Hauptbedeutungen hin! Nun, ob wir uns dieser Komplexität bewusst sind oder eher unbekümmert mit ihr umgehen, es ändert nichts an der Tatsache, dass wir als aktiv Sprechende wie auch passiv Zuhörende täglich mit ihr konfrontiert sind. Kommunikation gehört nun mal zum Komplexesten, was es in Beziehungen geben kann. Weiters gibt es kaum einen Lebensbereich, in welchem Kommunikation unwichtig ist. Bezogenheit und Beziehung hängen eng mit Kommunizieren zusammen. Wer nicht kommunizieren will, isoliert sich. Wer gar nicht kommunizieren kann, wird oder ist Autist, wird oder ist ein Mensch, der mit sich, in sich und für sich kommuniziert, aber die Schale des Selbst dabei nicht verlässt. Diese Unfähigkeit zu kommunizieren kann so groß sein, dass ein selbstständiges Leben undenkbar wird und Autisten als behinderte oder kranke Menschen definiert werden, dies auch deshalb, um damit die Legitimierung einer Unterstützung von außen zu erhalten.

Versucht man aber, ganz alltägliche Kommunikationssequenzen wie „Bitte, gib mir die Butter" oder „Was machst du heute?" metaanalytisch zu differenzieren, werden einige Grundmuster und Grundregeln klar.

Kommunikation geschieht zwischen Menschen. Diese sind auf jeden Fall unterschiedlich. Sie können erwachsen sein oder sich noch im Kindesalter befinden, alle Kombinationen sind denkbar. Im einfachsten Fall kommunizieren zwei Personen miteinander. Das geht dann ja oft gut, manchmal aber ists auch schwierig. Zwischenmenschlicher Austausch findet immer verbal und nonverbal zugleich statt und enthält immer bewusst gesteuerte und auch nicht bewusst gesteuerte Anteile.

Wir können hier mehrere Aspekte unterscheiden:

Der inhaltliche Aspekt

Am Beispiel einer dialogischen Kommunikation – A zu B, B zurück zu A:
- Was sagt A zu B? (Gesendete Inhaltsebene der Botschaft aus Perspektive von A.)
- Was hört B von A? (B.s Perspektive der empfangenen Botschaft.)
- Was sagt B dann zu A? (Versuch einer Bearbeitung der empfangenen Botschaft.)

Diese inhaltliche Ebene ist meist kognitiv kontrolliert und gesteuert, sie betrifft die verbale Ebene, also die Wortwahl, die Satzlogik, die Syntax etc.

Der quantitative Aspekt

Je vielfältiger der Austausch ist, desto komplexer und störungsanfälliger ist er! Eine gelungene Kommunikation zwischen zwei Menschen (Dialog) ist ein Glück, zwischen drei Menschen ein großes Glück und zwischen vier und mehr Menschen kommunikationstechnisch eigentlich ein Wunder! Genauso verhält es sich mit dem nicht geglückten Austausch: Wenn zwei Menschen nicht miteinander kommunizieren können, ist es meist für beide unangenehm. Bei dreien kränkt sich zumindest einer, bei vier und mehr Kommunikationsteilnehmern wirds echt „gefährlich", denn da bilden sich Subpopulationen und Subkoalitionen, was die ganze Situation dann weiter kompliziert!

Der qualitative Aspekt

Damit ist der an die Beziehungsebene gerichtete Anteil der Botschaft gemeint. «C'est le ton qui fait la musique!»

Wie kommt wer wohin, was will wer? (Absicht der Botschaft, Beziehungsebene).

Was will also A von B und B von A? Gelingt es, einen gemeinsamen Weg zu beschreiten, um miteinander weiterzukommen? Meist nonverbal gesteuert - durch „die Botschaft zwischen den Zeilen" - ist die emotionale Ebene, die Körpersprache etc., Tummelwiese für Projektionen, Assoziationen, Missverständnisse und Fallen.

Ein einfaches Beispiel aus der Opernliteratur zeigt dies deutlich. In Giuseppe Verdis „Rigoletto" (letzter Akt, Quartett) geht es um die schönste Aussage zwischen zwei Menschen, nämlich sinngemäß: „Ich liebe dich." Der Austausch von Zuneigung und Liebe als Grundbotschaft fast jeden Austauschs reguliert Nähe und Distanz. Der allein erziehende Vater Rigoletto lebt mit seiner flügge werdenden Tochter Gilda. Ihre Mutter ist kurz nach ihrer Geburt gestorben, und Rigoletto versucht Vater und Mutter zugleich zu sein. Die in den Herzog frisch verliebte Tochter bettelt um Ausgang, der Vater will sie aber festhalten. Beide sorgen sich umeinander, Rigoletto klammert, und sie versichern sich gegenseitig ihre Liebe. Der liebeshungrige Herzog flirtet indes bereits mit einer anderen Frau, Maddalena.

Rigoletto: Ich liebe dich (du meine einzige Tochter, mein Glück)!
Metaebene: Das Schwein soll dich nicht haben, ich werde ihn töten! Ich bebe vor Zorn!

Gilda: Ich liebe dich (mein geliebter Vater)!
Metaebene: Bitte, lass mich zu ihm, er wird mich lieben, ich werde dich aber nie verlassen, ich liebe ihn ganz anders als dich, sei mir bitte nicht böse!

Der Herzog von Mantua: Ich liebe dich (oh Maddalena, du mein Mädchen)!
Metaebene: Leg dich hin, gib dich hin, glaub nicht, dass ich ewig bleibe, doch heute Nacht gehörst du mir! – Er macht Maddalena den Hof und singt schöne Worte, um sie zu verführen.

Maddalena: Ich liebe dich (Hoheit)!
Metaebene: Gib her das Geld! Vielleicht liebt er mich aber wirklich? Ach nein, es wird sicher wie immer sein! Oder doch?

Es bilden sich zwei Koalitionen, die historisch-genetisch determiniert sind: Das Paar Gilda/Vater besingt die wahre, reine, weil transgenerationale Liebe, in der jedoch Gildas Autonomiebedürfnisse unter des Vaters Kontrolle zu kurz kommen.

Im Gegensatz dazu besingt das Paar Herzog/Maddalena eine Liebe, die von Begierde und Lust geleitet ist.
Verdi gelingt nun das Meisterstück, alle vier gleichzeitig dasselbe Thema besingen zu lassen, und im Laufe des Quartetts eindeutig durch die Musik den weiteren Verlauf des Stücks anzuzeigen, der dadurch gekennzeichnet ist, dass Gilda wegen der überprotektiven, fast erstickenden Liebe ihres Vaters nicht lebend aus der Situation kommen kann, sodass nicht der Herzog, sondern sie sterben wird. Macht und Liebe sind unvereinbar; das Drama nimmt seinen Lauf ...

Die Kommunikationsanalyse der Szene ergibt bei den vier anwesenden Handelnden: elf Dyaden, neun Triaden und laufend wechselnde Subkoalitionen.

Ganz anders finden wir eine sehr ähnliche Konstellation von vier Liebenden in Mozarts „Entführung aus dem Serail“ dargestellt. Hier besingen auch vier Menschen, zwei Männer und zwei Frauen, die Liebe! In der Arie „Man sagt ...“ vermutet Pedrillo, dass ihm seine Freundin Blondchen untreu gewesen sein könnte.

Pedrillo (von Zweifeln geplagt): Ich liebe dich!
Metaebene: Hoffentlich ist es noch nicht zu spät! Du Früchtchen, was hast du wohl ohne mein Wissen getrieben?

Blondchen (verletzt, entrüstet, empört und in ihrer Ehre beleidigt): Ich liebe dich!

Metaebene: Der Kerl, was der sich einbildet, den werde ich zur Strafe schön auf die Folter spannen, der soll seine Fantasien über meine Untreue bitter büßen!

Konstanze (versucht als erfahrenere und reife Frau, Blondchen über die Schwierigkeiten im Umgang mit Männern zu trösten und ist zugleich unsicher, ob sie wohl von ihrem Belmonte nach der langen Trennung noch geliebt wird): Ich liebe dich!
(Sie sagt dies mit inniger Sehnsucht und meint auch, was sie sagt.)

Der so besungene Belmonte hat es aber wegen der bevorstehenden Flucht eilig und findet den Ort ungünstig, um Liebesrelationen zu diskutieren. Er singt auch: Ich liebe dich.

Er meint aber: Natürlich liebe ich dich, sonst wären wir doch nicht hier. Warum kapiert ihr denn nicht den Ernst der Lage und beeilt euch. Lassen wir uns nicht von dem eifersüchtigen Pedrillo aufhalten und noch den Fluchtplan vereiteln!

In Mozarts genialem Quartett aus der „Entführung aus dem Serail" glückt die harmonische Auflösung in emotionale Einigkeit, welche letztlich die weitere Verfolgung des gemeinsamen Ziels, die geplante Flucht, ermöglicht. Die Analyse zeigt eine deutlich ausgewogenere Balance der Dyaden und Triaden ohne Gleichgewichtsstörungen der Subsysteme.

So ergeben sich einige Grundannahmen, welche für Kommunikation im Allgemeinen wie auch für häufige Kommunikationsfallen in Familiensystemen prägend sind:

- Leben entsteht aus Beziehung, leben heißt kommunizieren. Wo Menschen, dort Konflikte. (Versuche also nie, es allen recht zu machen!) Beziehungen sind so gut wie die Konflikte, die sie bewältigen.
- In Beziehungen stellen sich Hierarchien ein. Sie können starr oder flexibel sein. Hierarchien sind natürlich und/oder Nebenprodukte von Ungleichheiten unterschiedlicher Individuen. Hierarchie schafft ein Oben und Unten, Kommunikation, die von oben nach unten fließt, wird als Kritik, von unten nach oben als Lob erlebt!
- Eltern sind nicht immer automatisch oben, Kinder nicht immer unten. In vielen Familien haben die Eltern die explizite Macht (Er-

wachsensein, Geld, Bildung etc.), das Kind beherrscht aber die emotionalen Kommunikationsmechanismen meisterlich. Macht heißt nicht automatisch Autorität, Autorität haben nicht unbedingt autoritär sein.

- Der Mythos von der konstruktiven Kritik: Kritik ist immer Reibung, Auseinandersetzung und eine Form von Aggression. Konstruktive Kritik schafft Neues und fördert Kreativität, destruktive Kritik tötet.
- Das Problem der unvermeidbaren Dynamik von Projektion, Assoziation, Übertragung und Gegenübertragung in jeder kommunikativen Szene: Die emotional-affektive Reaktion kommt immer vor der Reflexion! Ziel sollte die umgekehrte Reihenfolge sein!
- In Familiensystemen stellen sich immer wieder Täter-Opfer-Konstellationen ein. Sie sind blockierend und nie hilfreich!
- Not ist ein Moloch! Not drängt sich immer in den Vordergrund; existenzielle Not muss also beseitigt werden, bevor Details in Beziehungsstrukturen geklärt werden können.

REALISIERBARE ZIELE

- Kommunizieren heißt nicht Recht haben. Kommunizieren bedeutet respektvolles Austauschen von Informationen. Trennung von Inhalt, Absicht und Ziel!
- Training der gegenseitigen Wahrnehmung: Respekt vor den Signalen des anderen, Lernen von neuen „Fremdsprachen" durch „aktives Rückhören"; Erlernen von Ich-Botschaften! Ermutigung von Ich-Botschaften bei Konfliktthemen; Vermeiden von: „Ich bin, weil du ..." -Sätzen. Respekt vor Grenzen ohne Rückfragen oder Bedingungen!
- Ermutigung zur Selbstorganisation, deren Gelingen sich darin zeigt und beweist, dass die Loslösung der heranwachsenden und erwachsen werdenden Kinder ohne zu großen Reibungsverlust und unter Beibehalten des Axioms „Familie" auch danach über die Bühne geht.
- Wenn wir nun versuchen, die Kommunikation besonders im Bereich der erwachsenen und elterlichen Kommunikation über die und mit den Kindern - den Seinen, den Ihren und den gemeinsamen - qualitativ zu verbessern, ist dies meist von großer und sehr positiver Auswirkung auf alle Familienmitglieder.

«C'est le ton qui fait la musique.» Es ist der Ton, der die Musik macht: Dies trifft also nicht nur auf Opern oder Musikliebhaber zu. Gerade das Kommunizieren mit und über Schwierigkeiten, die „schwierigen“ Kinder oder die häufig als sehr schwierig erlebten Expartner kann auch eine Quelle neuer Kommunikationsformen und einer neuen und erfreulichen Kommunikationskultur werden, aus welcher auf die Dauer alle profitieren.

DAS KIND BRAUCHT UNS JETZT, DIE ECHTEN ELTERN!

Über Pannen-, Krisen- und Katastrophenmanagement in der Patchworkfamilie

Erwachsene fürchten sich, Kinder fürchten sich auch. Angst ist ein essenzielles, intuitiv gesteuertes Gefühl, das eine vitale Schutzfunktion hat. Angst und Ängstlichkeit sind nicht dasselbe. Angst ist eine notwendige, Ängstlichkeit eine fakultative Eigenschaft der Persönlichkeit. Kinder sind sehr sensibel in der Wahrnehmung realer oder irrealer Gefahren. Sie wittern und ahnen feinfühliger. Ihre Ahnungen sollten immer ernst genommen werden.

Die Befragung von Kindern und Jugendlichen über den Umgang mit komplexen Krisen im Rahmen der Familienstrukturen gibt Therapeuten Aufschluss über die Funktion eines Familiensystems in Ausnahmesituationen. Auch wenn diese Ausnahmesituationen nie auftreten, sind sie wichtig in der Planung und in der Fantasie der Kinder.

Besonders in der heutigen Zeit, in der wir alle, Kinder aber noch schutzloser, der Lawine medialer Katastrophenübermittlung durch Zeitschriften, Zeitungen, Medien und vor allem durch das Fernsehen ausgesetzt sind, ist ein Aufwachsen in der unschuldigen Idylle unmöglich. Die „behütete" oder „beschützte" Kindheit ist durch den unvermeidbaren und allgegenwärtigen Einfluss der Medien vorbei. Kinder sind weder unschuldig, noch können sie es sein. Trotzdem gibt es Familien, in welchen enorme Energie aufgewendet wird, um Kindern manche Tatsachen zu verschweigen, sie von manchen Meldungen fern zu halten, und das angeblich zu deren eigenem Wohle. Unvergessen ist mir der Nachmittag, an welchem ich mit einer Gruppe von zehn- und elfjährigen Kindern eine Chorprobe abhielt und plötzlich der Schrei meiner ältesten Tochter durchs Haus gellte: „Mama, komm sofort!" Alle rannten weg von der Probe ins Wohnzimmer, wo gerade die Bilder des 11. September aus New York im Fernsehen zu sehen waren. Wir starrten hin, niemand sagte ein Wort. Nach einer Minute des Schweigens wurde die Stille von der Stimme eines zehnjährigen Buben unterbrochen, welcher gefasst, aber völlig tonlos fragte: „Bricht jetzt der dritte Weltkrieg aus?" Ich war fassungslos, mit welcher Sicherheit allen vollkommen klar war, dass uns hier keine Fiktionen erreichten, sondern etwas ganz Außergewöhnliches und potenziell Bedrohliches passiert war. Die Probe wurde abgebrochen, und wir blieben die nächsten Stunden miteinander vor dem Bildschirm kleben, wo nach und nach weitere Tatsachen gemeldet wurden. Erstaunlicherweise wollte kein Kind seine Eltern anrufen, alle wussten, dass die Gefahr weit weg war und sie selbst momentan in Sicherheit waren. Trotzdem waren sie zum Teil in Tränen aufgelöst und in einer gemeinsamen Schocksituation, die in unterschiedlichem Ausmaß in allen Familien und Schulen tagelang anhielt.

Krieg, Tod, Unfälle erreichen unsere Kinder auf unterschiedlichste Weisen. So ist beispielsweise in jüdischen Familien die NS-Zeit noch immer lebendig. Zu viele Eltern und Großeltern waren selbst betroffen und transportieren ihre Erfahrungen vor allem nonverbal weiter. So scheint es erst die dritte und vierte Generation danach zu sein, die etwas distanzierter mit dieser Zeit umgehen kann und sich nicht bei jedem Akt der Gewalt – seien dies nun alltägliche, familieninterne Irritationen oder etwa Schießereien in einem Kriminalfilm oder einem Comic – automatisch an die Schrecken und Traumata von ganz anderen Dimensionen erinnert.

In Familien aus Gegenden mit viel kürzer zurückliegenden kollektiven und individuellen Traumata-Erfahrungen, wie sie am Balkan und im Nahen Osten gemacht wurden und werden, treten uns die Auswirkungen auf das Seelenleben der Kinder viel deutlicher vor Augen.

Nun gibt es neben diesen Traumata unvorstellbarer Ausmaße noch die Traumata des Alltagslebens. Beispiele dafür: Die Freundin ist weggezogen, die Familie ist übersiedelt, eine Katze wird überfahren, der Hund muss eingeschläfert werden, der Opa ist nach langer Krankheit verstorben, eine Schwangerschaft ist unerwartet zum Abbruch gekommen. Dies sind im Leben jedes Kindes nahezu natürliche Traumata des individuellen „Traumapools".

In Patchworkfamilien ist das vorangegangene Trauma der Trennung der Eltern bei den Kindern, ganz unabhängig davon, wie die Trennung vollzogen wurde und wie lange sie zurückliegt, für immer emotional gespeichert. Irgendwo ist eine Verletzung entstanden, wurde eine Wunde geöffnet, auf die das Kind nicht vorbereitet war, selbst wenn die Situation in der Familie während der Krisenzeit thematisiert wurde. Das Kind ist verwundet. Die atraumatischste und respektvollste aller erdenklichen Trennungen bleibt eben trotzdem Trennung und verursacht eine Wunde, die das Kind genauso lang begleitet wie eine physische Narbe. Daran soll nicht romantisch vorbeipsychologisiert werden!

Diese Wunde ist aber im sich neu strukturierenden Alltag des Kindes meist nicht oder kaum spürbar. Die Notwendigkeiten des Lebens lenken ab und beschäftigen das Kind, fordern es heraus, und es ist diesen unter-

schiedlichen Anforderungen auf unterschiedliche Weise und mit unterschiedlichen Mitteln besser oder schlechter gewachsen.
Wie bei jedem Kind ist eine Katastrophe ein mögliches Szenarium.

Was passiert, wenn der Papa auf der Autobahn verunglückt? Was passiert, wenn Mama nicht nach Hause kommt? Was passiert, wenn Mama in ein anderes Land zieht? Was wäre, wenn der Papa woanders einen neuen Job bekommt? Was wäre, wenn ...?

Dies sind ganz normale und gesunde Gedanken aller Kinder unserer Zeit. Der Unterschied zu Kindern in Patchworkfamilien ist der, dass die „Intaktheit" ihres neuen Lebensraumes anders ist, weil die neue Organisation nach der Trennung komplexer als die frühere ist.

Auch aus diesen Überlegungen heraus statten Eltern ihre Kinder in solchen Zeiten gerne mit Mobiltelefonen aus. Sie sagen: „Du kannst mich immer anrufen, wenn was ist. Du kannst immer anrufen, wenn du was brauchst!" Dies führt einerseits zu einem Missbrauch, wie dem ständigen Anrufen der im Spital arbeitenden Mutter: „Mama, darf ich das Bananenjoghurt nehmen?" Es kann aber auch in dringend erscheinenden Fällen benützt werden, wie beispielsweise: „Darf ich mit Susi heute ins Kino?" Nun, tritt aber eine wirklich unerwartete Notsituation, wie Krankheit oder Unfall, ein, ist das Handy meist auch eine große Hilfe. Das Kind ruft an: „Der Michael ist besoffen, kannst du uns holen?" Oder: „Manuela hat Schluss gemacht, ich muss beim Uwe bleiben, sonst macht der noch einen Blödsinn." Die Schule ruft an: „Bitte holen Sie Ihr Kind ab, ihm ist schlecht geworden." Oder: „Machen Sie sich keine Sorgen, aber es ist diesmal wahrscheinlich der Blinddarm!"

In „normalen" Familien führen Anrufe dieser oder ähnlicher Art zur Ausarbeitung unterschiedlicher Notfallsstrategien und zu raschen Lösungen. In Patchworkfamilien funktioniert es auch, aber etwas anders. Die sofortige Lösung der unerwarteten Situation trifft zufällig den einen oder anderen Elternteil bzw. involviert unerwartet den einen oder anderen Lebensgefährten.

VIGNETTE Bis der Papa heimkommt, ist Peter nach der Schule eine Stunde lang mit Sonja, der neuen Lebensgefährtin des Vaters, allein in seinem neuen Zuhause. Ihm ist übel, er muss brechen. Er scheint an einer intestinalen Verstimmung zu leiden. Sonja versucht, seinen Papa anzurufen, aber der hat sein Handy wegen einer Sitzung ausgeschaltet. Was soll sie tun? Soll sie die Exfrau ihres Lebensgefährten benachrichtigen, ist es so schlimm? Ist es überhaupt nötig? Sie ist überfordert, und diese Gedanken nehmen ihr Kraft und Energie und lenken sie vom leidenden Peter ab.

VIGNETTE Anja hat bereits mehrfach über Bauchschmerzen geklagt. Nun ist es deutlich schlimmer, und es scheint auch wirklich der Blinddarm zu sein. Die Mutter bringt sie ins Spital, der Arzt bestätigt die Verdachtsdiagnose eines akut entzündeten Wurmfortsatzes: Eine sofortige Operation wird empfohlen. Alles ist klar. Die Mutter organisiert rasch die Versorgung der Geschwister zu Hause, alles klappt ganz gut. Sie denkt, sie sollte es ihrem Exmann sagen. Aber der ist momentan nicht erreichbar. Soll sie mit der Nachricht dessen neue Frau betrauen, oder würde diese das als unnötige Belästigung empfinden? Obschon die medizinische Indikation eindeutig zu sein scheint, möchte sie die Entscheidung zur Operation eigentlich gemeinsam mit Anjas Vater, ihrem Exmann, treffen. Was soll sie tun? Die Zeit drängt, und Anja soll in einer Stunde bereits operiert werden. Einerseits ärgert sie der Umstand, dass sie den Exmann nicht erreichen kann, wenn sie und sein Kind ihn wirklich brauchen, andererseits kann sie nicht viel an der Situation ändern, es ist eben ein Notfall. Sie übergibt dem ältesten gemeinsamen Kind den Auftrag, ihn suchen zu lassen, und wendet sich der Tochter zu. Die Operation verläuft glücklicherweise ohne Komplikationen. Als Anja, noch in Narkose, gerade aus dem Operationssaal geschoben wird, kommt ihr Vater herein. Er ist sichtlich aufgeregt, aber gefasst und erleichtert. Er ist nun ganz präsent, umarmt seine Tochter und die Exfrau und widmet sich ihnen.

VIGNETTE Lola hat sich beim Skifahren den Kopf gestoßen. Sie hat Kopfschmerzen, und man befürchtet eine Gehirnerschütterung. Lolas Vater und der Stiefvater, ein Arzt, sind dabei. Lolas Mutter nicht. Lola ist das Kind einer modernen und glücklichen Großfamilie mit zwei Geschwistern und zwei Halbgeschwistern, die alle miteinander auf Skiurlaub gefahren sind.

Der Stiefvater, ein Arzt, glaubt nicht an das Vorliegen einer Gehirnerschütterung, empfiehlt aber zur Sicherheit den Besuch des örtlichen Krankenhauses zur Durchführung eines bildgebenden Verfahrens zum sicheren Ausschluss einer Blutung. Lolas Vater ist hin- und hergerissen zwischen seinen Gefühlen als Vater und dem Gefühl, dem neuen Mann seiner Exfrau als Arzt vertrauen zu müssen. Beide begleiten Lola ins Krankenhaus, wo sie zur Beobachtung über Nacht stationär aufgenommen wird. Trotz der Empfehlung des Stiefvaters wird aber kein bildgebendes Verfahren durchgeführt. Während der Nacht kommt es zu einer neurologischen Auffälligkeit, und die verantwortlichen Ärzte beschließen doch die Durchführung einer Magnetresonanztomographie.

Inzwischen sind Vater und Stiefvater wieder am entlegenen Skiurlaubsort, Lolas Mutter weiß von dem Vorfall noch gar nichts.

Dies ist, wie sich im Nachhinein ergibt, sicherlich ein Glück, da sie aus der Ferne nichts hätte beitragen können. Rückblickend war die ursprüngliche Entscheidung des Stiefvaters also richtig: Hätte die nachträglich durchgeführte MRT eine Komplikation im Sinne einer Blutung gezeigt, wäre ein Hubschrauberflug in ein Spezialzentrum zur weiteren Behandlung mitten in der Nacht eine unnötige und möglicherweise sogar gefährliche Belastung gewesen.

VIGNETTE Eine Großmutter stirbt ganz plötzlich. Es ist die Großmutter väterlicherseits.

Der Vater ist sehr betroffen, die Enkelkinder ebenso. Das Begräbnistermin steht fest, und die Trauergemeinde wird eingeladen. Im Trubel des Ganzen wird vergessen, die Exschwiegertochter der Verstorbenen einzuladen.

Diese ist sich nicht sicher, ob sie hingehen soll, da Begräbnisse immer sehr persönliche, aber auch öffentliche Ereignisse sind. Einerseits möchte sie alleine schon aus Respekt und wegen ihrer eigenen Beziehung zur Exschwiegermutter dort sein, andererseits will sie die neue Familie in ihrer Trauer nicht stören oder belasten. Sie möchte aber ihren Kindern beistehen, falls diese sie brauchen. Soll sie nun ohne Einladung hingehen oder nicht? Sie beschließt hinzugehen und hofft, dass sie schon vor Ort spüren wird, ob ihr Erscheinen angebracht ist. Sie geht hin und stellt fest, dass die Frage der Einladung eigentlich ganz unwesentlich, ja nahezu unsinnig war und dass das Abschiednehmen von Menschen eigentlich keiner Ein- oder Ausladung bedarf. Sie ist dort, sie nimmt auch Abschied, sie steht ihren Kindern bei und fühlt sich in der Trauergemeinde ganz normal integriert. Die Kinder, Enkelkinder der verstorbenen Großmutter, haben ihre beiden Eltern dabei, und dies erscheint allen richtig und angemessen.

INTERPRETATION

Für diese Arten von Situationen, wie sie hier exemplarisch vorgestellt sind, erweist sich für Kinder ein „Notfallsplan" als wichtig und beruhigend. Ein Notfallsplan bedeutet natürlich, dass zuerst ein Treffen stattfindet, bei dem sich die voneinander getrennt lebenden Eltern zusammensetzen und Strategien für das *worst case scenario* entwerfen: Wer wird angerufen, wenn sich dieses ereignet? Was soll in diesem Fall

geschehen? Wenn das Kind diese Szenarien kennt, ist sein Sicherheitsgefühl deutlich verbessert, was sinnvoll ist, selbst wenn der *worst case* niemals eintritt und die geplante Krisenintervention deshalb gar nicht stattfinden muss. Es ist gewissermaßen eine Investition in die Zukunft des Sicherheitsbedürfnisses des Kindes, welche nichts kostet, aber enorm angstvermindernd und deshalb entwicklungsfördernd ist.

Es muss aber nicht immer nur um Krankheit, Verlust oder Krise gehen, wenn Kinder ihre leiblichen Eltern auch nach einer Trennung gerne gemeinsam bei sich hätten.

Jeder Geburtstag stellt eine solche Gelegenheit dar, in der das Kind sich meist wünscht, dass „alles ganz normal", wie in anderen Familien, ablaufen sollte. Ereignisse wie Schulabschluss, Reifeprüfung, religiöse Feste im Kindes- und Jugendlichenalter, Taufen, Hochzeiten etc. stellen solche Gelegenheiten dar, in welchen das Konstrukt der „Familie" gleichsam als Symbol gefragt ist. Individuell und kollektiv.

Es gibt Paare, die nach einer Trennung in ihren kommunikativen Strukturen und Beziehungen so belastet und verfeindet verbleiben, dass keinerlei Kompromisse in dieser Hinsicht denkbar sind.

Sätze wie „Wenn die eingeladen wird, heirate ich eben nicht!" oder „Wenn der dort ist, geh ich nicht!" sind bekannt und selten attraktiv. Besonders aus der Perspektive heranwachsender Kinder, Jugendlicher und junger Erwachsener erscheinen diese Äußerungen, die oft noch Jahre nach der Trennung getätigt werden, absurd, beschämend oder peinlich. Vor allem blockieren sie die individuelle Lebensenergie auf eine völlig unnötige Art und Weise.

VIGNETTE Josefs Firmung steht bevor. Seine Eltern haben sich vor fast sieben Jahren getrennt. Er lebt mit seiner Schwester bei der Mutter. Seinen Vater, der inzwischen eine neue Familie gegründet hat, sieht er wöchentlich, aber zwischen seinen Eltern wird nichts gesprochen. Nach jahrelangen Streitereien und Beschimpfungen ist nun eine Art Waffenstillstand eingetreten, es wird nicht mehr gekämpft, es wird nur eisern geschwiegen, und jeder leugnet Josef gegenüber die Existenz des anderen Elternteils. Seine Mutter bereitet mit großem Aufwand ein Fest für die Firmung vor. Der Vater wird nicht erwähnt, so, als würde er gar nicht existieren. Auf die Einladungen an Verwandte und Freunde schreibt sie nur ihren eigenen Namen, so, als hätte Josef gar keinen Vater. Josef kränkt sich sehr darüber. Er ist seiner Mutter sehr böse und vermag trotzdem nicht mit ihr darüber zu sprechen. Wenn er mit der Firmung nun selbstverantwortlich und erwachsen werden soll, wieso verhält sich die längst erwachsene Mutter dann so kindisch? Er traut sich gar nicht, bei den wöchentlichen Besuchen mit seinem Vater die ganze Angelegenheit zu besprechen. Es ist für ihn schmerzhaft und unangenehm. Am liebsten wäre es ihm, einfach seinen Vater selbst zu seinem Fest einzuladen, aber er traut sich nicht.

Fünf Jahre später maturiert er; die Einstellung seiner Mutter hat sich nicht wesentlich geändert. Sie lädt auch zu Josefs Matura den Vater nicht ein. Diesmal aber lädt er seinen Vater selbst ein, dieser kommt auch zur öffentlichen Feier in die Schule. Josef ist überglücklich, sagt aber seiner Mutter nichts. Er fragt sie nicht einmal, ob sie den Vater bei der Feier bemerkt habe. Sie sagt auch nichts, wie immer, wenn es um das Thema Vater geht, und so weiß er nicht einmal, ob sie seinen Entschluss, den Vater selbst einzuladen, bemerkt hat. Weitere fünf Jahre später promoviert Josef. Er hat Medizin studiert und in sehr kurzer Zeit das Studium sehr erfolgreich abgeschlossen. Nun ist er wirklich erwachsen: Er lädt den Vater offiziell zur Feier an der Universität ein, wie auch danach zur Familienzusammenkunft in ein Gasthaus. So kam es, dass nach fast zwanzig Jahren nun beide Eltern erstmals wieder gemeinsam mit ihm in einem Raum waren. Sie grüßten einander förmlich und hielten Abstand. Er fand ihr Benehmen absurd, zumindest peinlich bzw. kindisch und unreif. Aber es war nun ihre Sache, er war schon sehr froh und nahezu begeistert, dass er es geschafft hatte, beide Eltern zusammen unter ein Dach zu bringen, und dies an einem Tag, an dem sie beide stolz auf ihn waren. Jeder rühmte sich natürlich, wie sehr er das Studium Josefs unterstützt hätte. Josef fand eher, dass keiner der beiden ihn wirklich unterstützt hatte, aber so waren Eltern nun eben mal.

VIGNETTE Natascha hat in wenigen Wochen Matura. Sie ist bald erwachsen, fast 18 Jahre alt. Es wird eine große Familienfeier geplant. Der Vater ist stolz und macht viel, die Mutter ist ebenso stolz, wird aber in der Planung etwas an den Rand gedrängt. Plötzlich kommt die Meldung der Großeltern väterlicherseits, dass sie nicht teilnehmen würden, wenn die Exfrau des Sohnes, also die Mutter Nataschas, kommen würde. „Wenn sie es wagen würde, sich blicken zu lassen", ist die wörtliche Formulierung. Die Tochter ist aufgelöst, empört, tieftraurig und verzweifelt. Die ganze Freude über die bestandene Reifeprüfung ist dahin, weil die Familie schon wieder streitet. Sie sieht sich weder imstande, ihre Mutter auszuladen bzw. erst gar nicht einzuladen, noch zu feiern, wenn sie nicht dabei ist. Sie hasst und verachtet ihre Großeltern für diese unnötige Einmischung und meidet die Entscheidung. Natascha besteht die Matura letztendlich mit gutem Erfolg. Die ganze Maturafeier wird aber von der Ungewissheit überschattet, dass sie nicht weiß, ob ihre Mutter kommen wird, und falls ja, wie es ablaufen werde. Sie meidet jeden Kontakt mit ihren Großeltern.

Letztlich sind die Mutter und die Großeltern bei der Feier dabei, aber die frostige Stimmung zwischen ihnen vermiest Natascha die ganze Freude.

VIGNETTE Sandra feiert ihren 18. Geburtstag. Die Trennung ihrer Eltern liegt bereits zwölf Jahre zurück. Alles ist ganz gut verlaufen, aber ihre Geburtstage wurden in den vergangenen Jahren immer getrennt, also jeweils bei Mama und Papa, gefeiert. Der Vorteil war, dass es jedes Mal zwei Feste gab, der Nachteil jedoch, dass sie immer daran erinnert wurde, voneinander getrennt lebende Eltern zu haben.

Damals, vor zwölf Jahren, war sie das einzige Kind in ihrer Klasse gewesen, bei dem das der Fall war. Es war schwierig für sie gewesen, denn sie wusste gar nicht, wie sie damit umgehen sollte. Die anderen Kinder wussten gar nicht recht, was Trennung war, sie konnten sich das gar nicht vorstellen. Also erzählte Sandra wenig bis gar nichts und bemühte sich, sich nichts anmerken zu lassen. In ihrer Mittelschulzeit war inzwischen mehr als ein Drittel der Eltern ihrer Klassenkameraden getrennt, ein weiteres Drittel praktisch in Trennung begriffen! Plötzlich war es Sandra selbst, die sich damit gut auskannte, die ihre Freundinnen trösten und aufklären konnte und die sah, wie viel schlimmer es offensichtlich in manchen anderen Familien ablief. Rückblickend war sie fast dankbar, dass es ihre Eltern so gut geschafft hatten. Sie hegte nun einen geheimen Wunsch für ihren 18. Geburtstag: Sie wollte am Ende ihrer Kindheit noch einmal die ganze große Familie, eben ihre ganze Familie, alle gemeinsam, um sich herum haben. Lange traute sie sich gar nicht, den Wunsch zu äußern – was würden die Eltern dazu sagen? Würde es sich erweisen, dass sie die Trennung eben doch nicht verarbeitet hatten? Was würden die Geschwister sagen? Würde sie ausgelacht werden, dass sie mit 18 Jahren noch so kindliche Wünsche äußerte? Nun, sie traute sich nach reiflicher Überlegung doch und war ganz erstaunt, dass sich keiner wunderte. Alle taten fast so, als habe man in den letzten Jahren immer schon Geburtstage gemeinsam gefeiert, sie wusste plötzlich nicht, warum sie sich dies nicht schon viel früher gewünscht hatte. Der 18. Geburtstag war wunderschön, sie bekam viele Geschenke. Beide Eltern mit ihren neuen Partnern, alle Geschwister und Halbgeschwister, sogar drei Großeltern und zwei Stiefgroßeltern waren dabei. Eine riesige Familie, eine riesige und frohe Familie, dachte sie sich, und war wirklich glücklich.

INTERPRETATION

Die drei hier soeben vorgestellten Geschichten werden aus der Perspektive der Kinder, später der Jugendlichen, dargestellt. In den beiden letzten Vignetten mit Sandra und Natascha sind beide 18 Jahre alt und feiern ein ähnliches Ereignis. Die Geschichten sind sehr typische und illustrative Beispiele, die in Variationen sehr häufig vorkommen. Sie zeigen verschiedene Arten der Reorganisation von Familienstrukturen, und zwar in qualitativ sehr unterschiedlichen Weisen. Bei Natascha herrscht der Schein der intakten, geordneten Großfamilie vor, aber der Schein trügt. Unter der Oberfläche der Anpassung ist Hass, Vorwurf, Ablehnung, Ausgrenzung, Unverständnis und Nichtversöhnung mit der weit zurückliegenden Trennung noch immer am Brodeln. In diesem Fall werden die Nichtverarbeitung und die daraus resultierende Nichtversöhnung auf der Ebene der Großeltern aufrechterhalten. Dieser Mechanismus ist recht häufig zu entdecken, auch wenn sich auf der Elternebene die Situation real und emotional stabilisiert hat.

Familienfeiern während der Kindheit und Jugendzeit werden von Familienfeiern der jungen erwachsenen Kinder abgelöst, von Verlobungsfeiern, Hochzeiten, Geburten etc. Hat sich nun das System „Familie“ nicht wirklich konsolidiert, treten Spannungen rund um die Kristallisationspunkte solcher traditionell familiären Feierlichkeiten auf. Die inzwischen erwachsen gewordenen Kinder der getrennten Eltern möchten letztlich ihr eigenes Leben in Frieden und Harmonie aufbauen und sind der Interferenzen der Eltern und ihrer Kapriolen überdrüssig. Sie haben nun ganz andere Interessen, Schwerpunkte und Bedürfnisse. Aber gegenüber den Eltern bleiben sie Kinder, auch wenn sie inzwischen zwanzig, dreißig oder gar fünfzig Jahre alt geworden sind. Die Familienstruktur als solche ist transkulturell stabiler als ihre aktuellen Erscheinungsformen. Die erwachsen gewordenen Kinder wünschen einfach, liebenswerte Eltern zu haben, unabhängig davon, ob diese zusammenleben oder sich voneinander vor langer Zeit getrennt haben. Sie wollen Eltern, auf die man sich im äußersten Notfall verlassen kann und mit deren Wertvorstellungen man sich so weit wie möglich identifizieren können möchte. Sonst möchte man sie lieben und geliebt werden, so wie es sich Kinder überall in der Welt zu allen Zeiten gewünscht haben.

MEIN EX MACHT ALLES FALSCH!

Umgangsformen nach der Trennung

VIGNETTE Der siebenjährige Markus kommt nach einem Wochenende bei seinem Vater zurück. Er trägt einen neuen Anorak. In der Hand hat er ein neues Spielzeugauto und einen Scooter. „Mama“, ruft er aufgeregt, „darf Papa mir morgen einen Gameboy kaufen? Papa hat gesagt, ich muss dich zuerst fragen! Aber du hast doch nichts dagegen?“

Kinderaugen bohren sich in Mutteraugen. Die Mutter weiß nicht, was sie tun soll. Markus kommt alle 14 Tage in so einem Zustand von seinem Vater heim: beladen mit Spielzeug und mit Versprechungen, noch mehr davon zu bekommen. Sie will aber einen anderen Weg der Erziehung gehen: Sie will Markus zu einer gewissen Bescheidenheit erziehen und ihm auch nicht alle Wünsche erfüllen. Einerseits ist sie selbst so erzogen worden und andererseits findet sie diese Art des Konsumterrors gar nicht gut. Aber im Moment weiß sie nicht, was sie machen soll. Sie will Markus nicht kränken, wie er so vor ihr steht und Angst hat, dass sie ihm den Gameboy verbieten könnte. Wo doch alle in der Schule einen haben. Und jetzt, wo er von seinem Vater einen bekommen würde, jetzt soll sie ihm den verbieten?

Sie beschließt, am Abend, Wolfgang, ihren neuen Partner, um Rat zu fragen. Inzwischen sagt sie zu Markus: „Warten wir, bis Wolfgang heimkommt, dann werden wir das zu dritt besprechen!“ Markus ist dagegen, weil er befürchtet, dass Wolfgang die Einstellung seiner Mutter unterstützt. Sie mag Computerspiele nicht, das Fernsehen nicht und eben auch Gameboys nicht. Wolfgang ist da nicht anders. Obwohl Wolfgang nett ist und viel mit ihm spielt, denkt er doch eher so wie Mama.

Am Abend kommt Wolfgang von der Arbeit heim. Eigentlich ist er nicht in Diskussionsstimmung. Markus spricht ihn gleich an: „Hast du was dagegen, wenn Papa mir einen Gameboy kauft? Mama will dich fragen!“ Wolfgang hat ein ungutes Gefühl. Wieso soll er sich da einmischen? Aber Christine kommt schon aus der Küche: „Na, was sagst du?“, fragt sie. „Muss das jetzt sein?“ Wolfgang will sich eigentlich erst einmal die Schuhe ausziehen. „Markus muss dann bald schlafen gehen, und wir beide wollen das noch mit dir bereden“, ist Christines Antwort.

Was nun folgt, ist furchtbar. Wolfgang will die Rolle des Richters vermeiden, aber die Situation verlangt es. Er weiß, dass Christine will, dass er den Gameboy verbietet. Er weiß, dass Markus das Gegenteil will. Und er will sich mit Christines Ex nicht bekriegen. Und außerdem weiß er, dass er nicht Markus' Vater ist und will dessen Rechte respektieren. Obwohl er noch immer eifersüchtig ist und immer wissen will, ob Christine ab und zu mit ihrem Ex telefoniert.

Er verweigert sich. Sowohl Markus als auch Christine wollen aber eine Entscheidung. Christine wird böse, dann auch Markus, weil seine Mutter sagt, dass, wenn es keine Entscheidung von Wolfgang gibt, auch morgen nichts gekauft werden kann. Denn schließlich, so Christine, muss Wolfgang dann auch den Gameboy ertragen. Da reichts Wolfgang. „Kauf dir deinen Gameboy!", schreit er. Markus läuft weg. „Jetzt hast du auch noch das Kind angeschrien!", schreit Christine und läuft zu Markus ins Kinderzimmer. Dort verbarrikadieren sich die zwei gegen Wolfgang. Der sitzt allein vorm Fernseher. Christine schläft heute bei Markus.

WAS IST GESCHEHEN?

Die Kommunikation zwischen der alten und der neuen Familie ist gestört. Das ist an sich normal und kommt häufig vor. Doch jetzt ist etwas dazugekommen: Die neue Familie soll eine Entscheidung bezüglich der alten treffen. Christine will ihren Wolfgang gegen ihren Ex benützen, sie will Werte der neuen Beziehung gegen Werte der alten ausspielen und dabei noch die väterliche Autorität Wolfgangs gegen ihren Ex in Anspruch nehmen. So, als ob er dann der neue Vater von Markus werden würde.

Es ist zu einer Vermischung mehrerer Systeme gekommen: Markus und sein Vater; Markus, sein Vater und seine Mutter, die nicht mehr zusammenleben und den Sohn als Geschoß zwischen sich verwenden können und manchmal auch genau dies tun; Markus, sein Vater, seine Mutter und Wolfgang, wobei Markus seinen Vater liebt und ihn irgendwie verraten muss, wenn er Wolfgang mag; er will aber nicht, dass er mit Wolfgang etwas anderes aufgedrängt bekommt als den neuen Lebenspartner der Mutter, mit dem er so gut wie möglich auskommen will; Wolfgang und Christine, die neue Beziehung, die andere Werte vertritt und die sich – auch gegen die alte Beziehung – profilieren muss; Christine und ihr Ex, der sie durch die Geschenke an Markus unter Druck setzt, der sie dadurch kränkt und alte Kränkungen wieder wachruft; und Wolfgang, der ein hilfloser, weil nicht realer, Vater ist, und daran scheitern muss.

So ist es also geschehen, dass Christine Markus nicht sagen wollte, was er schon wusste: dass sie Computerspiele nicht mag. Und dass sie es nicht ausstehen kann, wenn ihr Ex Markus solche anbietet. Und dass es sie hilflos macht, wenn Markus sie fragt, ob er das haben kann, weil sie ihm ja auch nichts wegnehmen will. Und weil sie weiß, dass er seinen Vater braucht und liebhaben will. Und dass sie sich an Wolfgang anlehnen will, aber weiß, dass das irgendwie falsch ist. Und dass sie ihrem Ex noch immer nicht wirklich in die Augen schauen kann, weil sie verletzt ist. Und dass Markus sie manchmal an ihn erinnert und dass dies nicht leicht für sie ist.

Als sie dann nach dieser unerfreulichen Szene mit Markus im Bett liegt, geht ihr so einiges durch den Kopf: Weil Markus ohnehin morgen seinen Gameboy bekommt, aber dann sagen kann, dass Wolfgang ihn angeschrieen hat. Sie hört schon, wie ihr Telefon klingelt und ihr Ex ihr sagt, er nehme das Kind gern zu sich, wenn es sie und Wolfgang behindere. Sie richtet sich schon darauf ein, darauf nichts sagen zu können und nur zu stottern. Da fühlt sie, dass es falsch ist, hier zu liegen, und dass sie lieber bei Wolfgang liegen will und dass sie ihn in eine unerträgliche Situation gebracht hat mit ihren widersprüchlichen Wünschen. Andererseits möchte sie sich auch anlehnen und nicht immer alles mit Markus allein entscheiden.

WAS KANN MAN TUN?

Das Wichtigste ist, dass man nicht allzu viel vermischt – was natürlich schwer ist. Denn die neue Familie soll sich konstituieren, und die alte kann man noch nicht loslassen. Aber genau darum geht es. Denn es kommt – wie wir im Kapitel „Ein Kind wird geboren – das Unsere“ noch weiter ausgeführt haben – nach der Geburt eines gemeinsamen Kindes sofort zu einer Veränderung. Jedenfalls sind alle Ideen und Handlungen verstehbar und berechtigt:

Markus' Wunsch, vom Papa ein Geschenk zu bekommen, das er im neuen Haushalt nicht mehr bekommen würde.

Christines Anlehnungsbedürfnis, auch in Fragen der Erziehung von Markus. Christines Versuch, Markus nicht allzu sehr unter der Scheidung leiden zu lassen.

Der Wunsch von Markus' Papa, seinen Sohn weiterhin an sich zu binden. Seine Idee, eventuell vorliegende Schuldgefühle damit auch gleich abzubauen.

Wolfgangs Wunsch, nicht hineingezogen zu werden. Wolfgangs Wunsch, eine bedeutende Rolle in der neuen Familie zu spielen.

Das Erste, was man tun kann, ist, alle diese Bedürfnisse als gut und richtig anzuerkennen. Dann hebt sich der Streit von der Gameboy-Frage ab und wird zu einer Frage, die alle beschäftigen muss. Die Frage lautet: Wie kann man etwas Neues schaffen, wenn das Alte noch so bedeutend ist? Und das ist historisch gesehen eine neue Frage. Denn früher waren solche Beziehungen undenkbar. Wenn eine Frau mit einem Kind einen neuen Mann geheiratet hat, dann, weil ihr Mann tot war. Oder der Mann hat Kinder mit in die Ehe gebracht. Aber der Expartner war nicht vorhanden. Das gibt es erst seit ungefähr hundert Jahren. Wir sind darauf nicht vorbereitet. Angst, Eifersucht, Schuldgefühle, Romantik, Wunsch nach Geborgenheit, alles mischt sich und erzeugt eine ungenießbare Melange.

Hat man aber einmal alle diese unterschiedlichen Wünsche akzeptiert, so kanns nur mehr besser werden. Man wird nun nicht mehr den Gameboy erlauben oder verbieten. Man kann eine neue Idee haben, also etwa, dass Markus beim Papa Gameboy spielen soll. So hat der Papa etwas Besonderes für Markus, und der Gameboy geht einem nicht auf die Nerven. Wenn das undurchführbar ist, dann könnte man die Gameboystunden einschränken. Auf die Zeit nach den Hausaufgaben zum Beispiel. Oder Wolfgang bitten, mit Markus nicht Gameboy zu spielen. Oder dass Markus immer nur seinen Papa anrufen soll, wenn mit dem Gameboy etwas nicht stimmt. Oder dass Wolfgang ein „fremdes“ Spielzeug akzeptieren lernt. Und so weiter: neue Lösungen auf Grundlage der prinzipiellen Akzeptanz der Bedürfnisse aller.

UND DIE LEHRE

Wie so oft gibt es hier kein Richtig oder Falsch. Die Regel lautet aber:

- Für Wolfgang: Misch dich nicht in die Vater-Sohn-Beziehung ein, dort hast du nichts verloren.
- Für Christine: Verleite Wolfgang nicht dazu, sich einzumischen, er kann in diesem Bereich nichts für dich tun und stört allenfalls die Vater-Sohn-Beziehung.
- Für den Ex: Kauf ihm, was du willst, und frag nicht blöd um Erlaubnis, denn du tust es nur, um zu kränken. Verwende das Kind nicht als Waffe gegen deine Ex und für deine Eifersucht.
- Für Markus: Spiel die Erwachsenen nicht gegeneinander aus, der Lohn, den du erhältst, ist Teufelsgeld.
- Daher: Kindererziehung bleibt Sache der Eltern. Neue Partner machen hier immer grundsätzlich alles falsch. Einerseits, weil sie nicht so lieben, und andererseits, weil sie immer überstimmt werden. Wenn Sie der neue Partner sind, mischen Sie sich nicht ein. Und wenn Sie gefragt werden, geben Sie keine Antwort. Sie können auf diesem Feld nichts gewinnen.

WEITERE EMPFEHLUNG

Machen Sie nicht zu viele neue Regeln! Waren die alten wirklich so schlecht?

Lassen Sie auch für Ihr Kind neue Regeln langsam entstehen. Beziehen Sie den neuen Partner nicht in Fragen der Kindererziehung ein, wenn es nicht sein Kind ist. Beschweren Sie sich nicht über Ihre Kinder, denn was machen Sie, wenn er Ihnen Recht gibt? Vergessen Sie Ihre hohen Ansprüche, wenn der Ex ein Geschenk anbietet. Wer weiß, was sich dahinter verbirgt? Ärger, Zorn, Wut oder nicht aufgearbeitete Gefühle? Betrachten Sie diese Ereignisse von allen Seiten, dann wirds gleich leichter.

DEIN/E EX WAR JA NICHT GANZ NORMAL!

Reflexionen über die so genannte Normalität der menschlichen Psyche – über Kinder mit Eltern, die als psychisch krank gelten

VIGNETTE Karl hat Sorgen. Er hat Mist gebaut, hat in der Schule durchgedreht. Er hat aus Langeweile und vielleicht auch aus Spaß eine Kreide verbröselt und die Brösel in ein Plastiksäckchen eingefüllt. Seine Klassenkameraden haben das gesehen und ihn verpetzt: Es könnte ja Rauschgift sein. Die Frau Direktor wird zugezogen und meint ihrerseits, es könnte ja auch das berüchtigte Anthrax sein. Der Bär ist los. Es riecht nach Gefahr. Die Gendarmerie kommt mit großem Aufgebot, und Karl wird von verschiedenen Beamten ausgefragt. Einmal ist er verärgert und fühlt sich nur unfair und ungerecht behandelt. Dann ist er eingeschüchtert und weint sogar. Am Ende ist er einfach nur mehr genervt. Während der Erhebungen kommt der Beamte drauf, dass Karl alleine bei seinem Papa lebt. Er habe seine Mutter seit 14 Tagen nicht mehr gesehen, ja, sie hätte jeglichen Kontakt abgebrochen, er wisse ja nicht einmal mehr, ob sie überhaupt lebe. Während des Erzählens fängt er wieder zu weinen an, er tut den Beamten leid. Der Anthraxverdacht entpuppt sich als unbegründet, ein einfacher chemischer Test weist Kreide nach. Alle sind sich einig: ein armes Scheidungskind.

Der Vater erzählt im Gespräch, dass die Mutter zumindest am Vortag noch gelebt habe, da sei nämlich Scheidungstermin gewesen, und da habe sie ziemlich gesund gewirkt. Jedenfalls nicht viel anders als sonst, psychisch gesund könne man dies aber nicht nennen. Aber er wolle Karl nichts davon erzählen, weil dieser sich darüber kränke, dass seine Mutter die Türe nicht aufmache und auf alle Kontaktversuche Karls in den letzten zwei Wochen überhaupt nicht reagiere.

Karl ist ein intelligenter und warmherziger Junge von zwölf Jahren. Er hat einen großen Wunsch nach Normalität und Anpassung. Seit nun bald einem Jahr kennt er sich aber überhaupt nicht mehr aus. Er macht wieder in die Hose, ohne dass er es merkt. Mama und Papa haben sich – solange er sich erinnert – nicht wirklich gut verstanden, aber das war damals eben normal. Im letzten Jahr kam es plötzlich zu einem furchtbaren Streit, und Mama sperrte den Papa aus der Wohnung aus. Seither ist alles anders. Er findet die Mama ungerecht und gemein, aber es zieht ihn gleichzeitig so sehr zu ihr, dass ihm oft ganz schwer ums Herz wird. Er möchte Gerechtigkeit, er möchte verstehen, warum sich alles verändert hat. Papa sagt, er kenne sich auch nicht mehr aus. Die

Ärzte sagen, Mama sei psychisch krank, es sei eine depressiv-paranoide Psychose. Das macht das Leben auch nicht einfacher; Karl weiß oft nicht, wie seine Mutter ihm lieber wäre, krank oder böse. Darum will er nicht mehr leben, er hat genug, er schlägt manchmal zu Hause beim Vater alles kurz und klein, was ihm danach auch wieder sehr Leid tut. Vor einigen Tagen sah er seinen Vater sehr fröhlich mit einer Dame sprechen, die er nicht kannte, und das war schrecklich. Er will ja keine neue Mutter, es soll einfach alles wieder normal sein. Zumindest so normal wie früher.

VIGNETTE Willi lebt nun alleine mit seiner Mama. Auch er ist zwölf Jahre alt. Die Trennung der Eltern zog sich ungefähr drei Jahre hin. Vor zwei Jahren kam es dann endlich dazu. Es war ziemlich schrecklich, er denkt nicht gerne an die Szenen zurück. Damals ist er mit Mama in eine neue Wohnung gezogen, während Papa mit seiner neuen Frau im alten Haus lebte. Er sieht den Vater regelmäßig, jede Woche, und hasst die neue Freundin noch immer, obwohl sie sich um ihn immer sehr bemüht hat. Nun schläft er mit Mama im neuen Bett, welches für zwei Erwachsene gedacht ist. Er will es nicht „Ehebett" nennen, da er ja nicht ihr Ehemann ist. Er will auch nicht, dass andere das wissen, und zeigt deshalb seinen Freunden immer stolz sein Kinderzimmer mit dem schönen Hochbett, in dem er aber in Wahrheit noch nie geschlafen hat. Auch vor der Trennung schlief er schon mit Mama im alten Ehebett, weil Papa das Bett im Kinderzimmer vorzog. Er möchte schon irgendwie alleine schlafen, aber er will einerseits Mama nicht kränken, andererseits traut er sich wahrscheinlich einfach nicht. Mama ist in Frühpension. Offiziell ist sie depressiv. Er findet das nicht unbedingt. Weil, so wie Mama ist, war das immer schon so. Seit er sich erinnern kann, ist Mama etwas zart und sozial etwas weniger widerstandsfähig als andere. Sie macht den Haushalt, und das erschöpft sie immer sehr. Aber sie beschützt ihn wie eine Löwin. Darauf ist er manchmal stolz, manchmal schämt er sich auch ein bisschen.

Willi dreht nie durch. Er baut auch keinen Mist. Er ist immer still, brav, höflich und pünktlich. Er ist auch intelligent, fleißig, gewissenhaft und ziemlich ängstlich. Er hat eben nicht gelernt, alleine zu schlafen, und kann deshalb nicht auf Schullandwochen mitfahren oder bei Freunden übernachten.

Er kann es seinem Vater bis heute nicht verzeihen, dass er die Mama einfach verlassen hat und sich einfach eine Neue und Jüngere genommen hat. Vater tut so, als gäbe es Mama nicht mehr. Er spricht nie von

Mama, er fragt nie nach ihr. Oft tut er so, als wäre Mama gar nicht mehr am Leben. Deshalb muss Willi besonders auf seine Mutter aufpassen, sie hat ja wirklich nur mehr ihn, und wenn ihm etwas passieren würde, wäre sie ganz alleine. Er merkt, dass dieser Gedanke sonst vonseiten der Eltern geäußert wird, wenn sie sich sorgen, was ihr Kind machen würde, wenn ihnen etwas zustieße. Bei ihm ist es eben umgekehrt. Am Abend denkt er oft, dass er heute versuchen möchte, in seinem Bett zu schlafen. Mit Mama hat er es auch schon besprochen, aber im letzten Moment macht er immer einen Rückzieher, weil es einfach schöner bei Mama ist. Irgendwann wird es vielleicht von selbst passieren.

VIGNETTE Rebekka und Ruthi sind ihrer Mutter nach einem vermeintlichen Suizidversuch weggenommen worden. Die Mutter sagte, es sei ein Unfall gewesen. Sie sei nach dem Tod ihres Lebensgefährten sehr, sehr traurig gewesen, aber sie habe sich nicht umbringen wollen. Nun war sie invalid und laut Fürsorge geisteskrank. Zwei Jahre lang stritten Ärzte und Gutachter und kamen zu dem Schluss, dass sie nicht geisteskrank sei. Das Urteil kam aber leider viel zu spät. In der Zwischenzeit hatten sich die Jugendwohlfahrt und Experten über das Kindeswohl die Köpfe zerbrochen. Etliche Tausend Aktenseiten hatten sich aufgetürmt. Beide Mädchen wollten dort weiterleben, wo sie bisher gelebt hatten, nämlich bei ihrer Mutter. Sie sagten das auch laut und deutlich. Aber die Aussagen der Töchter wurden als unzuverlässig und als durch die Schwäche und Schutzbedürftigkeit der Mutter manipuliert abgewertet. Das Leben bei Mama war immer bunt und froh gewesen. Mama hatte früher die beiden Väter von Rebekka und Ruthi immer eingeladen, sie hatten immer wieder auch in Mamas Wohnung übernachtet, und alle waren miteinander recht gut befreundet gewesen. Doch nun sollte alles anders werden. Die einflussreicheren Experten waren sich sicher, dass Mama geisteskrank sei und dass sie ihre beiden Töchter negativ beeinflusse und manipuliere. So wurden die Töchter gegen ihren ausdrücklichen Wunsch zu ihren beiden Vätern gegeben und haben einander seither nicht mehr gesehen. Kontakt mit Mama gab es praktisch keinen mehr, das Gericht wollte das nicht, die Väter wollten es auch nicht. Die beiden Mädchen und ihre Mutter wollten nur einander, aber das konnten sie nur ihren Kopfpölstern, in die sie nachts weinten, anvertrauen. Das Leben geht weiter, aber ihre Kindheit ging mit dem Verlust ihrer Mutter zu Ende.

INTERPRETATION

An diesen Beispielen werden Trennungssituationen bei ungleichen Eltern veranschaulicht. Eltern sind natürlich immer sehr ungleich: Ihre Perspektiven, oft Beweggründe für Streit, Disharmonie oder Trennung, sind meist verschieden.

Aber es gibt auch Eltern, die sich eben noch weiter von einer imaginären Normalität entfernt haben. Also psychisch kranke Eltern, Eltern mit Suchtkrankheiten oder einfach Eltern, die außerhalb der gesellschaftlichen Norm der Lohn- und Gehaltsempfänger stehen, wie Langzeitarbeitslose oder Obdachlose, aber auch freischaffende Künstler. Das Charakteristikum der psychischen Überbelastung oder psychiatrischen Erkrankung ist oft eine fehlende Krankheitseinsicht. Der von Familienmitgliedern, Ärzten oder Gutachtern als krank definierte Mensch erlebt sich – anders als ein Patient mit einer körperlichen Erkrankung – als weitgehend gesund und normal und die Umwelt als wertend, unfair und deshalb gestört. Kinder haben es in solchen Situationen dann natürlich nicht leicht und sind meist emotional dem „schwächeren" Elternteil gegenüber loyal. Sie verteidigen das Verhalten und die Bedürfnisse des kranken oder schwächeren Elternteils und nehmen sich selbst dabei zurück.

Hier ein Auszug aus einem berührenden Brief einer erwachsenen Frau, die aus der Perspektive des Kindes, das sie einmal war, schreibt:

VIGNETTE „Hier sind meine spontanen Gedanken zum Thema Kinder psychisch kranker Eltern: Als Kind habe ich so etwas nie gedacht, es gab keine Definitionen. Keine Vorstellung von gesund oder krank. Es gab nur Druck. Dauerdruck. Ich wurde am Fuße eines Vulkans geboren, der Vulkan konnte jederzeit und überall explodieren, habe mich bemüht, den Vulkan (die narzisstischen Wutausbrüche meiner Mutter) zu vermeiden, und Orte zum Leben gesucht, die nicht vulkanisch waren. Es war normal, dass es mich nicht gab. Ich habe mich sehr schlecht gefühlt. Immer wieder das Gefühl gehabt, ich löse mich auf, und andauernd dagegen mit viel Kraft gekämpft. Wenn ich mich im Spiegel anschaute, wusste ich, das bin nicht ich, das ist mein „Als ob"-Nebenich. Das ist die, die so tut, als ob sie Ulrike sei. Ich muss sie im Griff haben. Sie muss DIE ANDEREN glücklich machen. Die Welt besteht aus einem ICH, das ist meine Mutter, und aus DEN ANDEREN, ich bin nicht ICH, ich bin DU, das ist die Sehnsucht nach einer Begegnung, die nicht Vermeidung und angestrengtes So-tun-als-ob ist. Diese Sehnsucht habe ich versteckt, um nicht zu weinen. Jede echte Begegnung machte mich weinen, und ich wünsche es und vermeide es gleichzeitig."

Sie definiert weiter - heute aus der Reflexionsperspektive der Psychotherapeutin:

„Das emotionale oder reale Bedürfnis des Kindes geht nie vor. Seine Existenz sichert aber die Existenz des Elternteils. Ohne Kind wäre der Elter ganz verrückt, tot oder weg.

Das Kind muss sich immer der primären Hierarchie des Bedürfnisses des Elternteils anpassen. Kindsein im Sinne von unbeschwert gibt es nicht. Kindsein im Sinne von Vertrauen in das exklusive Sicherheitsnetz und die bedingungslose Liebe der Eltern gibt es nicht. Kindsein ist nicht unbeschwert, Leben ist nicht unbeschwert, ich bin immer verantwortlich. Ich bin nie ungebunden, Bindung ist mehr Verantwortung als Vergnügen, der Freiraum fehlt.

Vorteile sind vielleicht: Individuation mit sechs bis zwölf Monaten und die Pubertät führen nicht zur psychischen und emotionalen Lösung und zum Erwachsensein. Selbstverantwortung existiert nie ohne Verantwortlichkeit für den Elter. Innerlich immer dependent. Agency [Mitschwingen mit der Gefühlswelt des kranken Elternteils] wird zur „angeborenen" Begabung, angeborene Sozialgenies. Ich lebe mehr, wenn ich mich in Verbindung zu einem Zweiten begebe.

Nachteile sind aber: Nie innerlich independent. Schwierigkeit, den anderen nach den eigenen Bedürfnissen zu reihen. Schwierigkeit mit dem Alleine-sein-Können, psychische und reale Überforderung, Burnout-Opfer, keine Grenze setzen können.

Das ist es. Mehr kann ich nicht sagen, ich weiß auch nicht, ob sich Menschen, die so etwas nicht als Kinder erlebt haben, überhaupt da hineinversetzen können. Aber das ist mir egal. Das Ganze mit „normal" und „krank" ist sowieso ein theoretischer Luxus, der für die, welche Betroffene sind, absolut irrelevant ist. Das ist alles. Gruß, Ulrike."

Wie aus diesem eindrucksvollen und authentischen Bericht deutlich ersichtlich wird, ist hier also oft alles anders. Die Fronten der subjektiven Wahrnehmung sind so weit voneinander entfernt, dass man oft glaubt, zwei verschiedene Lebensgeschichten zu hören, wenn Eltern und Kind von ihrem gemeinsamen Leben sprechen. Das Kind hat meist bereits im Vorfeld viel zurückgesteckt und gelitten. Oft parentisiert es einen Elternteil oder auch beide seit Jahren, es trägt die Verantwortung, emotional und oft auch weitgehend real. Manche Ehen halten das recht gut aus, meist

sind es stabile „Täter-Opfer-Beziehungen". In manchen Ehen kommt es aber dazu, dass der „gesündere" Elternteil nicht mehr kann oder will. Nun kommt es zwar auch zur Trennung, aber das Kind schützt instinktiv den schwächeren Elternteil vor vermeintlichen Nachteilen oder weiteren Belastungen. Oft gelingt es dem gesunden Elternteil, meist nach einer emotionalen Erholungspause, wieder eine neue, glückliche Beziehung zu finden. Die neue Partnerin oder der neue Partner lernt in diesen Fällen den ehemaligen, kranken Expartner meist nicht kennen. Er oder sie wird versteckt oder ist wirklich schwer erreichbar, weil beispielsweise in stationärer psychiatrischer Behandlung. Dies führt beim neuen Partner zu noch größerer Verunsicherung, und das Kind deutet das als wiederkehrende Kränkungen des abwesenden Elternteils, der sich ja nicht wehren kann, weil er eben krank ist. Dafür hasst und verachtet das Kind den neuen Partner. Jede neue Konfliktsituation könnte in alte, pathologische Kommunikationsmuster abgleiten; Wiederholungsangst und Wiederholungssucht gehen hier Hand in Hand. Und der ehemalige Partner des Kranken, Kriminellen oder Asozialen zieht fast immer den Kürzeren. Er ist im Nachteil, weil er schon einmal bewiesen hat, dass er zu einer normalen Kommunikation mit einem normalen und gesunden Partner nicht fähig ist!

„Dein/e Ex war ja nicht normal, deshalb kannst du das sowieso nicht verstehen! Du hast ja auch einen Knacks, sonst hättest du's ja früher gemerkt!"

Unsere Leistungsgesellschaft geht mit psychischer Schwäche und psychiatrischer Abweichung streng ins Gericht. Der Stempel ist rasch aufgedrückt, die Markierung wieder loszuwerden ist fast unmöglich. Die Originalität der Gerüchte und Klischees rund um psychisch kranke Menschen ist eindrucksvoll. Sucht gilt als Schwäche und wird letztlich als Verantwortungslosigkeit und Gemeinheit den Kindern gegenüber interpretiert. Die Jugendwohlfahrt und Familienrichter sprechen Kinder selten dem „Kranken" zu. Dadurch wird der Schwächere oft noch mehr an den Rand gedrängt und verliert durch den Verlust der Kinder oftmals das letzte Stück Boden unter den Füßen. Verständnis und Fachwissen bezüglich Entwicklungsverläufen von Kindern psychisch kranker Eltern sind sehr rar. Die Termini „abnormal", „psychisch krank" oder „gestört", die sich die streitenden Parteien in Krisenzeiten gegenseitig an den Kopf werfen, können niemals objektiviert werden. Es liegt in der Natur des Subjekts, dass es nicht objektiv sein kann! Das Subjekt ist immer ambivalent, hat immer mindestens zwei Seiten, je nachdem, aus welcher Perspektive es betrachtet wird. Subjekt und Objekt wechseln einfach die Vorzeichen, je nachdem, welcher Kommunikationspartner identifiziert ist. Die Ebene des Wortes, der so genannten Realität, der Tatsachen und Fakten ist immer eine andere und immer inkompatibel mit der Ebene der Betrachtung, der Reflexion, der emotionalen Kontextdefinition. Insofern ist der Kranke oder Verrückte immer ver-rückt bzw. der Gesunde und Normale von ihm aus gesehen ver-rückt.

LÖSUNGEN

Patchworkfamilien sind häufige und positive Erlebniswelten für Kinder, deren Eltern angeblich oder offiziell als psychisch gestört eingeschätzt werden. Die Vielzahl erwachsener Bezugspersonen ist für das Kind eine Entlastung. Auch weitere Geschwister, Halbgeschwister und Stiefgeschwister helfen dem Kind, seine eigene Wahrnehmung zu relativieren.

Für einen erwachsenen neuen Partner, der mit einem Partner zusammenkommt, der seinen kranken Expartner verlassen hat, gibt es einige wichtige Grundsätze, die das Zusammenleben erleichtern:

- Verlangen Sie nicht, dass Ihr Partner seinen Expartner, von dem er sich getrennt hat, verurteilt. Kinder und Kranke sollen nicht mit demselben Maß gemessen werden wie mündige Erwachsene. Relativieren Sie die Bezeichnungen schwach, gestört, krank, abnormal.
- Da jede persönliche Eigenschaft als Schwäche und Stärke zugleich gesehen und gewertet werden kann, ist es sinnvoll, den anderen als Andersseienden zu erkennen und zu benennen.
  Respekt vor dem anderen!
- Lösungsvorschläge des anderen immer einfordern und anhören. Das Kind in die Suche nach Lösungen, die sein Leben betreffen, selbst einbeziehen, auch wenn es erst im Vorschul- oder Schulalter ist. Keine Lösungsversuche „für immer" planen! Mut zu temporären Versuchen, in welchen der „Kranke" und die Kinder ausprobieren können, ob eine erdachte Lösung lebbar ist. Keine vorauseilenden Verurteilungen, sie verstärken nur den Widerstand des Kindes.
- Gute Lösungen brauchen Zeit; keine Entscheidungen unter Druck treffen. Vermeiden Sie Situationen, in welchen sich der andere erpresst und unter Druck gesetzt fühlen könnte.

In wirklichen Krisen sollten Entscheidungen temporär und provisorisch formuliert werden. Eine Probezeit oder ein Entwurf eines Vertrages mit Veränderungsrecht nach einer vereinbarten Zeit schafft Freiraum und befreit von Ängsten. Heiterkeit und Flexibilität sind wertvolle Mittel, die sich auf alle Fälle bezahlt machen.

JETZT SAG DOCH AUCH MAL WAS!

Der Versuch, den neuen Partner in die Erziehung einzubeziehen

Gerade in Patchworkfamilien ist Erziehen besonders schwer. Die Kinder sind nicht immer die eigenen, die getrennt lebenden Partner in gewisser Weise vorhanden und die neuen Partner nur zum Teil erziehungsberechtigt. Die Schwierigkeiten beginnen meistens, wenn ein Kind nicht folgen will oder wenn es Schulprobleme gibt, oft schon, wenn Anordnungen nicht durchgesetzt werden können. Dann kann es geschehen, dass sich der eine Elternteil hilfesuchend an den anderen wendet, um ihn als Helfer, als Stärkeren oder einfach als Blutsverwandten anzusprechen. In so genannten normalen Familien ist das selbstverständlich: Die Mutter, die mit den Kindern nicht fertig wird, klagt dem Vater, der abends nach Hause kommt, ihr Leid. Früher war es dann durchaus üblich, dass der Vater sich die Kinder hernahm und sie züchtigte, um seine Erziehungsvorstellungen durchzusetzen. Das hat sich weitestgehend gewandelt. Durch die zunehmende Berufstätigkeit der Mütter und die Änderung des Familienbilds ist es auch in der Rollenverteilung zwischen den Eltern zu Änderungen gekommen. Nun ist nicht mehr die Mutter die Leidtragende und der Vater die innerfamiliäre Exekutive, sondern beide Eltern machen beides. In den „neuen Familien“ ist eine weitere Änderung zu bemerken: Der Stiefvater, ebenso wenig wie die Stiefmutter, ist nicht mehr exekutionsberechtigt, Stiefeltern wird in der Regel das Recht abgesprochen, ein Kind zu strafen oder auch nur laut anzusprechen.

So weit, so gut. Mit dieser Regel ließe es sich leicht leben. Sie hieße: Du bist mit dem Kind nicht verwandt – dann darfst du es auch nicht erziehen.

Leider ist es nicht immer so leicht. Auch in komplizierten Familien können Spannungen auftreten, auch in neuen Familien kann sich einer der Eltern allein gelassen fühlen und seinen Lebenspartner um Hilfe bitten. Auch in den neuen Familien herrschen noch die alten Rollenbilder vor: Der neue Vater kann in sich das Bedürfnis verspüren, seiner Frau zu helfen, ihr zur Seite zu stehen, wenn sie etwa mit einem pubertierenden Jugendlichen, gleich welchen Geschlechts, nicht fertig wird. Jedoch funktionieren diese Rollenbilder, die zum Teil auch gelebt werden, nicht mehr. Der Partner, der dem anderen helfen will, stellt sich oft selbst ins Abseits, er wird nicht akzeptiert und kann seine Erziehungsaufgaben nicht erfüllen. Es fehlt ihm in der neuen Familie die Basis für seine Ent-

scheidungen, oft auch der Teil der Macht, den die Polizei Exekutivgewalt nennt. So kommt es, dass Stiefeltern oft bedrückt sind und sich selbst nicht mehr zu helfen wissen, weil sie einerseits von ihren Partnern gedrängt werden, „einmal mit dem Kind zu reden", und andererseits, wenn sie es machen, unter Umständen von beiden Streitparteien beschimpft werden.

Christa

VIGNETTE Sie kommt sehr selbstbewusst in die Ambulanz. Flinserl im Ohr, Nabelpiercing sowieso, indischer Wickelrock, Buffalo-Plateauschuhe, an jedem Finger ein Ring. Hinter ihr die Mutter, in gebückter Haltung. Die beiden Frauen setzen sich. Wie immer wird das Gespräch mit der Jugendlichen begonnen. Sie hat Freundinnen, Bekannte und fühlt sich wohl. Als einzigen Problembereich nennt sie ihre Eltern, die sie abends nicht ausgehen lassen wollen. Die Mutter beginnt zu weinen. „Was soll man denn noch alles tun? Ich weiß mir keine Hilfe mehr. Sie kommt und geht, wie sie will, und ich habe darauf keinen Einfluss."

Selbst der Vater nicht, sagt sie.

In der Ambulanz finde ich mich aber nur zwei Frauen gegenüber. „Wo ist der Vater?", will ich wissen. Beide Frauen schauen zur Tür. Einmal macht man den Fehler, so wie ich jetzt, und holt die Familie im Wortsinn nicht dort ab, wo sie steht, nämlich am Gang, schon bleibt der Vater draußen, so, als ob er in meiner Aussendung nach Terminvereinbarung nicht ausdrücklich geladen gewesen wäre, und so, als ob ich nicht auch gerne seine Sicht gehört hätte. Aber nein. Er ist draußen vor der Tür geblieben.

Ich rufe ihn herein. Er stellt sich vor. „Mit Christas Problem habe ich nichts zu tun, ich habe die beiden nur mit dem Auto hergebracht", sagt er. Warum diese Defensive? Warum diese Abwehr? Liegt es nur am „Psycho ...", mit dem der Mann nichts zu tun haben will, oder sind andere Gründe dafür verantwortlich?

Er ist der Stiefvater. „Früher", schwärmt er, „früher, da haben Christa und ich am Sonntag immer etwas unternommen. Schwimmen, Radfahren, Skifahren – etwas ist uns immer eingefallen. Aber dann ist sie in die Pubertät gekommen, und aus wars. Von einem Tag auf den anderen war ich der Fremde, der Böse und durfte ihr keinen Willkommens- oder Abschiedskuss mehr geben, alles war aus zwischen uns, so, wie man sich das in einer jugendlichen Beziehung vorstellen würde, aber doch nicht mit dem eigenen Vater!"

Christa lächelt irgendwie verbissen, der Blick der Mutter wandert von einem zum anderen, der Stiefvater hat sich ins Feuer geredet, jetzt kann er gar nicht mehr aufhören, vielleicht hat er zu lange geschwiegen.

Die Geschichte wird so erzählt: Christa war ein liebes und braves Mädchen. Der Liebling der Umgebung, der Kirche („wie süß hat sie in ihrem Erstkommunionskleid ausgesehen!") und der Schule. Nachdem Christas Vater ihre Mutter verlassen hatte, waren sie beide eine gute Zeit miteinander allein. Die Mutter war in dieser Zeit sehr unglücklich und suchte hie und da Kontakt zu Männern, sie mied ihn jedenfalls nicht. Und als ihr jetziger Mann sie fragte, ob sie sich mit ihm eine dauerhafte Beziehung vorstellen könnte, da sagte sie Ja. Vor allem aber war sie so begeistert, weil Christa so positiv reagierte. Nichts gegen den neuen Papa, ganz im Gegenteil – immer, wenn der Papa nach Hause kam, saß Klein Christa schon im Vorraum auf der Treppe und fiel ihm um den Hals, sobald er die Wohnung betrat. Alles vorbei. Der Stiefvater sagt, dass diese Änderung unmittelbar nach einer Aufklärung in der Schule begonnen hat, wo den Mädchen – als Vorbeugung gegen sexuellen Missbrauch – von den bösen Stiefvätern erzählt wurde. Jedenfalls hat sie das so verstanden, lenkt er ein. Ab dann zog sie sich von ihm zurück und mied ihn.

Zugleich begann sie abends auszugehen, in Diskotheken und Bars, wo sie sich aufgrund ihres Alters noch gar nicht hätte aufhalten dürfen, und kam dann sehr spät nach Hause. Natürlich hat er da was gesagt, wie denn auch nicht. Er war ja ihr Vater, der richtige hat sich seit Jahren schon nicht mehr gemeldet. Und dann haben sich seine Frauen zusammengetan, anfänglich zumindest. Er soll nicht so streng sein, hat seine Frau gesagt. Die schaut inzwischen schon gar nicht mehr auf, sondern nur mehr auf den Boden. Also hat er nichts mehr gesagt, auch, wie sich Christa dann ein Flinserl hat stechen lassen, ohne dass die Mutter das erlaubt hätte. Ihm hat das wehgetan, wie sie ihren schönen jungen Körper verunstaltet hat. Aber er hat da nichts mehr gesagt. Nur einmal, als seine Frau ganz verzweifelt die ganze Nacht auf Christa gewartet und neben ihm im Bett geweint hat, da hat er Christa noch einmal zur Rede gestellt. „Du brauchst mir gar nichts zu sagen!", hat Christa ihn angefahren. „Wer bist du zu mir?" Da hat er sich eben wieder zurückgezogen. So weit hat es kommen müssen, dass man eben heute hier sitzt und die Hilfe eines Fachmanns in Anspruch nehmen müsse.

Christas Mutter schweigt. Was soll sie auch sagen? Sie kann nicht mehr weiter. Christa spricht nicht mehr mit ihr. Alles, was sie Christa fragt, mit wem sie ausgehe, warum sie sich ein Flinserl nach dem anderen stechen lasse und ob sie illegale Drogen konsumiere, auf alles bekommt sie so gut wie keine Antwort. Und mit ihrem Mann kann sie nicht darüber reden, der sagt nichts mehr dazu.

INTERPRETATION

Eine neue Familie. Eigentlich noch keine Patchworkfamilie, sondern eine ganz normale Familie nach einer Scheidung mit einem Kind. Eigentlich sollte es hier leichter sein, denkt man sich. Normal eben. Aber die Rollenbilder funktionieren in Krisen nicht mehr, der Stiefvater wird abgelehnt, und alle seine Liebe und Zuneigung, die er dem Kind gegeben hat, kann er nicht in eine Exekutivmacht umsetzen, wenn es im Rahmen der Pubertät nötig erscheint. Hier steht er an und mit ihm seine Frau, die ihn auch deswegen gewählt hat, weil ihre Tochter so gut mit ihm ausgekommen ist. Die bekannten Ratschläge, dass er sich nicht in die Rolle des Strafenden begeben soll, dass er wissen soll, dass er als Stiefvater immer am Rande stehen bleiben wird, helfen hier nichts. Denn durch das Verhalten der Tochter ist die gesamte Familie, auch die Paarebene, in großer Gefahr. Christa droht aus der Familie zu kippen, ihre Existenz ist sowohl schulisch als auch privat gefährdet. Die Mutter leidet. Aber sie kann die Kluft, die zwischen Christa und ihrem Stiefvater nie fühlbar war, jetzt nicht überbrücken. Und sie kann auch ihr Gefühl, dass sie nun mit dem Problem mit Christa allein gelassen ist, nicht wegdiskutieren. Sie kann sich nicht eingestehen, dass sie diesen Mann seiner Macht gegenüber dem Kind beraubt hat, denn sie hatte es für richtig gehalten, die Distanzierungswünsche ihrer Tochter zu unterstützen, hatte Christas Distanzierungsbemühungen gut verstanden, auch gefunden, dass das Kind sich distanzieren müsse, wenn es in die Pubertät komme.

Jetzt ist es zu spät. Jetzt wird in einer Institution ein externer „Hilfsvater" angerufen, der Christa wieder auf den rechten Weg zurückführen soll, damit sie ihre sozialen Bezüge, die von den Eltern als wichtig erachtet werden - nicht jedoch von Christa selbst -, nicht verliert.

Klassischerweise würde man dem Stiefvater raten, sich aus dem Erziehungsspiel zu entfernen. Aber das tut er ja schon. Also, wozu der Rat, wenn er nicht funktioniert?

WARUM RUFT DEINE EX IMMER AN?

Umgangsformen nach der Scheidung und Umgang mit Ratschlägen

VIGNETTE Es ist Abend. Das Telefon läutet. Verräterisch. Sie will nicht abheben. Er geht nicht hin. Eines der Kinder hebt ab: „Hallo, hier ist Felix!" „Papa, für dich!" Er will nicht hin. Sie schaut ihn an: „Geh doch hin." Es ist sie. Er wusste es. Sie wusste es. Beide wussten es. Er ist freundlich, fragt, was los ist. Ein Gespräch beginnt. Sie geht durchs Haus. Schaut nach der Wäsche, beginnt, das Kinderzimmer aufzuräumen. Sie schreit die Kinder an. Die Kinder wissen nicht, warum plötzlich das Kinderzimmer so wichtig ist. Sie rennen hinein, um der Mama beim Aufräumen zu helfen. Aber die Mama schreit. Er spricht. Die Ex fragt ihn wegen der Schulprobleme der gemeinsamen Tochter aus. Er ist hilfreich. Sein Ton angeblich zu süß. Sie nähert sich dem Telefontisch. Er weiß, was kommt. Sie zischt: „Wie lange noch?" Er will nicht unvermittelt aufhören. Die Ex fragt ihn noch, wie es ihm gehe. Er erzählt. Sie ist so verständig, wie sie immer war. Er ist froh, einmal jammern zu können, über seinen Beruf, die Kollegen und überhaupt. Sie hat sich zurückgezogen. In die Küche. Sie isst. Sie weiß nicht mehr, wohin. Sie geht vor die Tür. Er weiß, alles ist verloren. Der Abend wird in einem Streit enden. Jetzt ists schon egal. Er fragt seine Ex, wie es ihr gehe. Sie antwortet, auch froh, seine warme, verständige Stimme zu hören. Manches an der Beziehung war gut. Sie erinnern sich und singen, wie sie es immer getan haben, wenn einer dem anderen seine Sorgen erzählte. Dann hängen sie auf, nachdem sie sich eine gute Nacht gewünscht haben.

Sie kommt herein und geht ins Kinderzimmer. Sie legt sich zu den gemeinsamen Kindern und kuschelt sich an sie. Er kommt herein: „Schläfst du heute bei den Kindern?" Er muss das fragen. Sie schläft. Er weiß, sie schläft nicht. Er geht hinaus in sein Arbeitszimmer. Sie kommt mit einer Decke, die sie aus dem Kinderzimmer mitbringt, und legt sich auf die Couch. Schläft geräuschvoll. Wacht auf: „Wozu? Warum bist du nicht bei ihr geblieben, wenn sie so eine gute Gesprächspartnerin ist? Wozu bist du da? Willst du nicht zu ihr fahren? Sie versteht dich doch besser!"

Er seufzt. Jetzt kommts. Sie wird giftig. Sie erinnert sich: „Die Beziehung ist tot. Du bist jetzt mit mir zusammen. Wozu ruft sie an?" Die Eifersucht zeigt sich. Der Streit ist unausweichlich. Seine Bemerkung, dass er das Telefonat nicht wollte, wird nicht gehört. „Du säuselst!" Er weiß, was immer er jetzt sagt, kann gegen ihn verwendet werden.

INTERPRETATION

Die Eifersucht überlebt die Liebe. In jedem Fall. Jedes Auftauchen der ehemalige Beziehung in der neuen Beziehung wird als Störung empfunden. Jede Erinnerung an die frühere Beziehung soll getilgt werden. Jeder Platz, jede Geste, die man vorher hatte, ist „besetzt". Jedes Auftauchen des ehemaligen Partners erinnert daran, dass es für den jetzigen Partner vorher einen intimen Beziehungspartner gegeben hat, der ihn gut kennt, der mit ihm zusammen war, mit ihm Kinder hat. Liebe war im Gespräch und Zuneigung. Und es waren auch Gefühle vorhanden. Auch war er damals jünger. Die neue Beziehung lebt zumindest auch davon, dass sie neu ist und dass sie jedem der Partner ein neues Lebensgefühl gibt.

Die Geschichtlichkeit des Partners, die Tatsache, dass er nicht unbefleckt in die Beziehung gekommen ist, die Erinnerung, dass er schon vorher eine Beziehung hatte – all das ist quälend, erschüttert die Entstehungsgeschichte der neuen Beziehung als eines einmaligen Liebeserlebnisses in seinen Grundfesten. Niemand will davon etwas wissen. Und von der Verbindung, die auch und vor allem wegen der Kinder erhalten bleibt, die sich emotional, finanziell und geschichtlich äußert, von der will man nichts hören. Sie schmerzt, sie tut weh und sie macht einen ohnmächtig. Man kann sich dagegen nicht wehren. Tut man es, verschlimmert man die Situation nur noch.

Denn die Beziehung muss aufrechterhalten werden, beruht sie doch auf gemeinsame Elternschaft, gemeinsames gelebtes Leben und Verbindlichkeit. Diese alte Beziehung bricht immer wieder in das neue Leben herein. Immer dann, wenn man nicht damit rechnet. Glücklicherweise weiß man es meistens nicht. Dann zum Beispiel, wenn der Partner sich nur an sie erinnert, ohne etwas zu sagen. Wenn der Expartner aber über das Telefon sinnlich wahrnehmbar ist, wenn man sich anhören muss, wie die beiden miteinander sprechen, jetzt, wo die Krämpfe der Trennung vorbei sind, werden die Grundannahmen der jetzigen Beziehung infrage gestellt, einer Beziehung, die angetreten ist, die bessere zu sein, die richtigere, in der die Liebe wirklich das bestimmende Element ist, in der Verständnis wirklich die entscheidende Rolle spielt und in welcher der Partner sich endlich wirklich zu Hause fühlen kann.

Nun wird diese neue Beziehung infrage gestellt. Plötzlich wird klar, dass der Partner schon einmal glücklich war. Wie soll das gehen? Was bedeutet man für ihn? Und ist das genug? Ist überhaupt das Liebeskonstrukt für eine länger dauernde Beziehung ausreichend? Und wie haben das die Vorväter gemacht, die die Ehe noch gestiftet, noch arrangiert und auf die finanziellen Vorteile der Ehepartner geachtet haben, und darauf, dass sie einen Hausstand unterhalten können?

Heute gilt in der Gesellschaft das Liebeskonstrukt als allein selig machend. Man denkt, dass es gar nicht mehr anders geht, und macht sich lustig über Kulturen, in denen es immer noch, wie zum Beispiel im Hinduismus, arrangierte Ehen gibt, oder auch über die Situation bei orthodoxen Juden. Aber das Liebeskonstrukt ist auf länger dauernde Beziehungen nicht ausgerichtet.

Zeus macht es richtig. Er verwendet die Liebe, um seinen Samen möglichst weit zu verstreuen. Und im Grunde ist Hera damit einverstanden. Sie weiß, dass er nicht dafür geschaffen ist, immer an ihrer Seite zu sitzen und darauf zu warten, was der Himmel und was die Titanen von ihm wollen.

Aber ihre Eifersucht ist modern. Sie verfolgt ihn. Im Grunde erlöst sie ihn von seinen jeweiligen Geliebten und macht ihn so frei für neue Abenteuer. Diese Ehe aber war auch keine Liebesheirat. Zeus und Hera waren Geschwister und mussten sich zusammentun, um die Welt nach der Beseitigung des verschlingenden Vaters Kronos zu regieren und zu retten. Und sie haben es zuwege gebracht, die Titanen einzusperren, sodass diese die Götter nicht mehr bedrohen konnten. Nun aber bleiben sie zusammen, wenn die Eifersucht sie auch plagt. An dem Bestand ihrer dynastischen Beziehung aber darf nicht gerüttelt werden, soll nicht die Welt Schaden erleiden. Die auf Liebe beruhenden neuen Beziehungen können jedoch sehr wohl infrage gestellt werden. Denn einerseits verursacht die Idee, dass die neue Beziehung immer besser sein muss als die vorhergehende, Stress, und Stress tötet die Liebe, andererseits ist die Liebe kein sehr gutes Unterpfand für eine dauerhafte Beziehung, denn die Erziehungsaufgaben und die Notwendigkeiten des Alltags bedürfen viel reiferer Entscheidungen, bedürfen der Fähigkeit, Stabilität zu erleben, zu erhalten und sich den Herausforderungen des Alltags, wie Essen beschaffen, Geld verdienen, Essen kochen, das Haus putzen und so weiter, zu stellen. Und da versagt dann die Liebe oft.

Außerdem hat jeder Partner sich selbst aus der vorherigen Beziehung mitgenommen. Und so sehr verändert hat er sich nun auch wieder nicht. Seine Gewohnheiten, seine Schwächen und Ängste sind die Gleichen geblieben.

Sicher, manches hat sich verändert. Wenn die Exbeziehung schon brüchig war, dann wird es so gewesen sein, dass damals bereits Nebenbeziehungen bestanden haben oder – um es nobler zu sagen – Außenvalenzen frei geworden sind, die möglicherweise zu einer außerehelichen Beziehung geführt haben. Und es kann wohl sein, dass die neue Beziehung die Tücken des Alltags kennt; dass sie so genannte Beziehungsarbeit leistet, dass sie weiß, dass man sich umeinander kümmern muss und nicht nur dazu da ist, um den Alltag zu bewältigen - vor allem in einer Zeit, in der das nicht mehr so schwierig ist, sofern man Geld hat.

So verteidigt die Eifersucht die neue Beziehung gegen die Gewohnheiten der alten. Und das ist nützlich, aber sehr anstrengend.

LÖSUNGSVORSCHLÄGE

- **Bekämpfen Sie nicht die Vergangenheit, es ist sinnlos, sie verschwindet dadurch nicht.**

  Sie haben sich für einen Partner entschieden, der Geschichte und auch Kinder hat. Genießen Sie diese Erweiterung Ihrer Erfahrungsmöglicheiten und verdammen Sie nicht, was Sie nicht beeinflussen können.

- **Gewöhnen Sie sich an den Gedanken, dass Ihr Partner schon vor Ihnen ein Leben hatte.**

  Je schneller, desto besser. Besser, Sie stellen es sich nicht zu genau vor, dann ertragen Sie es leichter. Sehen Sie die Vorteile: Ihr Partner weiß bereits, wie man es in Beziehungen *nicht* machen soll. Und er kennt sich mit Kindern aus, er kennt seine Instinkte und kann mit ihnen umgehen.

- **Versuchen Sie nicht immer, besser zu sein.**

  Der/die Vorige war auch nicht schlecht. Lassen Sie sich nie einreden, dass Sie in allem besser sind. Es mag Ihnen zwar schmeicheln, aber der Preis, den Sie dafür bezahlen, ist hoch. Denn sind Sie wirklich besser, dann dürfen Sie nie nachlassen, und sind Sie es nicht, werden Sie von ihrem hohen Ross heruntergestoßen, ehe Sie sich versehen. Vor allem die Kinder wollen den neuen „Papa“ oder die neue „Mama“ nicht als die/den bessere/n sehen, weil sie sonst den echten Vater/die echte Mutter schlecht machen müssten. Das ist ein Spiel, in dem keiner gewinnen kann. Vermeiden Sie daher, es zu spielen.

  Präsentieren Sie sich nicht immer als der/die Bessere, der vorherige Partner war auch nicht nur schlecht. Seien Sie also bescheiden, es zahlt sich langfristig aus. Versuchen Sie nicht, gegen einen nicht vorhandenen Gegner zu gewinnen.

- **Vergleichen Sie sich nicht immer nur mit dem früheren Partner, Sie werden manchmal den Kürzeren ziehen.**

  Wenn es so ist, leugnen Sie es, auch wenn es nichts nützt. Aber vermeiden Sie es, den Konflikt auszulösen. Wieso vergleichen Sie sich gerade mit dem ehemaligen Partner? Vergleichen Sie sich mit einem Nobelpreisträger oder mit einem Spitzensportler, und sei es auch nur mit dessen Art der Lebensbewältigung. Da ist dann ehrenvoll, den Kürzeren zu ziehen, in der Partnerschaft ist dieses Match letzten Endes nicht zu gewinnen.

- **Ihre Eifersucht in Ehren, aber mag das der Partner auch?**
  Wozu unangenehm auffallen? Was nützt Ihnen das? Und wenn es Ihnen nützt, für wie lange? Seien Sie ruhig eifersüchtig, aber überlegen Sie sich, inwieweit Sie Ihren Partner daran teilhaben lassen wollen. Besprechen Sie sich lieber mit Ihrem Freund, Ihrer Freundin, wenns gar nicht anders geht auch mit ihren Eltern oder anderen Verwandten, aber schonen Sie Ihre Partnerschaft.
- **Beziehen Sie die Kinder nicht ein, die wissen nicht, wie ihnen geschieht.**
  Denken Sie daran: Ihr Kind liebt Ihren früheren Partner ebenso wie Sie ihn einmal geliebt haben, auch wenn Sie ihn verlassen haben oder von ihm verlassen wurden. Versuchen Sie das zu unterbinden, wird Ihnen Ihr Kind das nie verzeihen. Daher respektieren Sie sich selbst, indem Sie Ihre verflossene Beziehung nicht schlecht machen und auch die daran Beteiligten nicht. Weder waren Sie zu dumm noch der andere zu schlecht, sondern es war einfach für eine gewisse Zeit das Richtige, und jetzt ist es das nicht mehr. Eine bessere Antwort können Sie nicht geben. Vor allem machen Sie das Kind nicht zum „Torpedo“ ihrer Rachegefühle. Weder will Ihr Kind gegen seinen Vater/seine Mutter sein, noch wird ihm/ihr das helfen. Daher benutzen Sie Ihr Kind nicht, indem sie es ausfragen, ihm Aufträge geben oder ihm den Besuch verunmöglichen.
- **Ihre Herstellungsenergie zur Erreichung einer neuen Beziehung darf nicht mit der Trennungsenergie der vorangegangenen kollidieren.**
  Sie brauchen viel Kraft, um die Lebensumstände wieder so herzustellen, dass alle gut leben können. Wenn Sie Ihre Kraft vor allem dafür aufwenden, den anderen fertig zu machen, wird sie Ihnen für den Aufbau einer neuen Beziehung fehlen. Schonen Sie sich.
  Die neue Beziehung braucht Sie. Seien Sie verfügbar. Wenn Sie an die vergangene Beziehung denken, versuchen Sie mindestens ebenso viele gute wie schlechte Szenen zu erinnern.

Wir wissen, dass Ratschläge immer auch Schläge sind. Daher haben wir unsere Empfehlungen ein wenig erklärt. Und zwar Punkt für Punkt. Als Voraussetzung ist es aber wichtig festzuhalten, dass Sie als Leser bereit sind, sich infrage zu stellen und allenfalls Ihr Verhalten ein wenig zu ändern. Wenn Sie diese Ratschläge nur als Empfehlung für ihren Partner lesen und sie von ihm erwarten, dass er allein sie beherzigt, werden sie nichts nützen. Denn nur wenn man bereit ist, sich selbst ein wenig zu bewegen, haben diese Ratschläge Sinn. Am besten, man beginnt bei sich selbst, indem man das eigene Verhalten hinterfragt und zu beeinflussen versucht. Das hat den Vorteil ständiger Verfügbarkeit, dauernder Anwesenheit, man muss nicht sprechen, und die Änderung fügt niemandem außer einem selbst Schmerzen zu. Daraus, dass man dazu nur ganz selten bereit ist, erkennt man, wie schwer es ist. Trotzdem neigen die meisten Menschen dazu, Änderungen vonseiten ihres Partners zu erwarten, obwohl sie aus eigener Erfahrung wissen, wie schwer es ist, sich zu ändern, und obwohl bei einem solchen Vorgehen die von mir aufgezählten Vorteile nicht zum Tragen kommen. Denn der Partner ist nicht immer verfügbar, man muss mit ihm reden (und zumeist ist es kein Reden, sondern ein Streiten!), man löst Schmerzen aus, und der Erfolg ist zumeist gleich null. Das hält die meisten Menschen aber nicht davon ab, ihrem Partner Ratschläge zu erteilen. Wozu aber, wenn es doch so nutzlos ist und nur Schmerzen bereitet und Streit verursacht? Ganz einfach deshalb, weil es immer noch angenehmer und leichter ist, den anderen zu einer Änderung zu bewegen als sich selbst zu ändern. Und weil damit klargestellt ist, dass der andere an der jeweiligen Situation schuld ist, nicht man selbst.

Diese „Vorteile" überwiegen bei weitem den kleinen Nachteil, dass es völlig nutzlos ist und dass es doch die bessere Methode wäre, sich selbst umzustellen. Denn Streiten und Vorschlägemachen sind zwar ineffektiv, aber sie entlasten einen selbst und lenken davon ab, dass man selbst auch seinen Anteil an der Situation hat. Selbst bei dem einfachen Beispiel, dass es einen der beiden Partner stört, wenn der andere so und nicht anders das Auto lenkt, ist das leicht nachzuvollziehen. Sagen wir, der Mann fährt nach Meinung der Frau zu schnell und zu unvorsichtig. Es kommt zum Streit. Sie verlangt, dass er langsamer fährt. Er will nicht. Meist findet der Streit im zu schnell fahrenden Wagen statt, wodurch es zu einer dramatischen Steigerung der Unfallgefahr kommt. Besser wären folgende Lösungen: Sie kommt zu der Überzeugung, dass er sowieso richtig fährt, und belästige ihn nicht weiter. Oder: Sie bittet ihn, langsamer zu fahren, aber nicht während der Fahrt. Oder: Sie bearbeitet ihre Furcht. Oder: Sie fährt nicht mehr mit, am besten, sie steigt sofort aus (auch wenn sie dann per Autostopp weiterfahren muss). Aber das passiert selten, obwohl die zuletzt genannten Lösungen sicher am effektivsten sind. Besonders das Aussteigen, wenn der Mann wirklich zu schnell fährt, hat viele Vorteile: Sie macht ihm deutlich, dass sie es so wirklich nicht will, es ablehnt. Sie macht das, was sie will. Sie ist mutig. Sie riskiert die Beziehung, aber nicht ihr Leben. Und zuletzt: Sie kann an der Reaktion ihres Partners erkennen, was ihm wichtiger ist: sie oder seine Fahrweise. Und vielleicht kann sie so eine Verhaltensänderung herbeiführen, die auch ihm das Leben rettet. Stattdessen erwartet man zumeist, dass das Verhalten des anderen oder die Situation sich ändert, ohne dass man sich selbst einbringen muss.

Ein klassisches weibliches Verhalten, das ebenso Unbehagen in der Beziehung ausdrückt wie das Schnellfahren der Männer, ist extremes Putzbedürfnis. Sicher ist es anerzogen. Und sicher ist es ihr auch nicht angenehm. Und sicher ist es für sie auch belastend, vor allem, wenn sie berufstätig ist. Aber nehmen wir einmal an, sie hat dieses Putzbedürfnis und sie verlangt von der Familie zu kooperieren. Meistens ist es dann so, dass das den Partner nervt. Er findet, dass sie nicht am Sonntag staubsaugen soll, er findet es unnötig, das im Vorraum alles blitzt und glänzt, und er hat auch kein Mitgefühl, wenn sie klagt, von der Hausarbeit müde zu sein. Also streitet man jedes Mal, wenn die Frau sich beschwert, dass ihr niemand hilft, wenn sie sagt, dass alle nur Dreck machen, und wenn sie verlangt, dass andere auch mithelfen, das Haus sauber zu halten. Eines wissen wir jetzt schon: Sie könnte sich ändern, sie könnte einfach aufhören zu putzen und mal schauen, was passiert. Sie würde feststellen, dass die anderen sehr lang warten können, ehe es sie zu stören beginnt, wie das Haus aussieht, dass aber schließlich der Moment kommt, wo die anderen einen Teil der Hausarbeit, die bisher auf ihr allein lastete, übernehmen – soweit sie das für richtig halten –, sie würde feststellend, dass dann das Haus zwar ganz anders aussieht, meist aber ebenso nett ist wie vorher. Oder der Mann könnte sich ändern, er, der sich auf seine Frau verlassen hat, weil er wusste, dass sie schon putzen würde, der, sobald nach Hause gekommen, alles fallen gelassen und sich dann darüber geärgert hat, dass seine Frau immer so verärgert ist und immer nur schimpft und dass sie ihn an seine Mutter erinnert, die auch immer so war. Er kann sein Verhalten ändern und im Haushalt mithelfen. Das wird dann vielleicht als nett erlebt, und die Frau kann loslassen. Oder er kann anders mit ihren Beschwerden umgehen und ihr nicht immer nur nahe legen, dass sie sich ändern soll, sondern ihr mitteilen, wie sehr er die Sauberkeit genießt, und dass er sie nur sehr ungern missen würde. Oder er kann sie dafür loben, dass seine Kleidung und seine Wäsche immer so gepflegt ist; oder er könnte einfach ihre Klagen ignorieren und es super finden, wie sie sich verhält. Betrachtet man Männer von Frauen mit extremen Sauberkeitsbedürfnis, findet man ohnedies, dass sie es schätzen, dass ihre Frauen so ordentlich sind. Man stellt auch fest, dass solche Männer ihre Frauen nicht dauernd als Sexualobjekt begehren. Manchmal auch ersetzt die Sauberkeit die Sexualität. Aber um sich das einzugestehen, wäre ein weiter Weg zurückzulegen. Also wird lieber über das Putzen gesprochen.

So - das waren jetzt Beispiele dafür, wie es aussieht, wenn man den anderen ändern will. Bei Ihnen sieht das ganz anders aus. Sie setzen sich hin oder laufen - je nach Natur - und beackern Ihr eigenes Feld. Dort werden Sie auch am ehesten etwas ernten können. Viel Spaß!

MUSST DU NOCH IMMER DEINE EX ALLES FRAGEN?

Umgangsformen nach der Scheidung

Die Situation ist oft einfach: Der Mann ist alleine zu Hause. Da er seine neue Partnerin nicht kränken will, nützt er diese Gelegenheit, seine Ex anzurufen, um mit ihr einige Fragen die Kinder betreffend zu erörtern, oft ganz praktische. Sie zum Beispiel zu fragen, wann die Tochter mit der Jugendgruppe wegfährt oder was er dem Sohn schenken soll. Das Gespräch verläuft angenehm. Man erinnert sich auch gern an manches, was man mit den Kindern erlebt hat: wie der Sohn in die Pfütze gefallen ist oder die Tochter zum ersten Mal so nett über einen Burschen gesprochen hat. Man lacht. Man bespricht auch das Praktische, weswegen der Mann ja angerufen hat, aber man lacht eben auch.

Da kommt die neue Frau herein. Schon bei der Tür erkennt sie an der Stimme, an der Art zu sprechen, dass ihr Mann mit seiner Ex spricht. Langsam schließt sie die Eingangstür. Sie will nicht stören. Sie will aber auch hören, was gesagt wird. Eifersucht beherrscht sie. Sie weiß, dass diese Eifersucht sinnlos ist. Sie weiß, da ist nichts mehr. Aber sie wird Zeuge einer Intimität, die bereits stattgefunden hat und die sie nicht mehr verändern und auch nicht verhindern kann.

Nach einigen Minuten hält sie es nicht mehr aus: „Musst du immer mit ihr reden, wenn ich weg bin? Machts dann mehr Spaß? Stör ich?" Mehr sagt sie nicht. Er legt auf.

Seine Absicht, diesmal Streit zu vermeiden, ist gescheitert. Er muss vom Büro aus anrufen. Aber auch das geht nicht, weil seine jetzige Frau im Büro Spione hat und es sofort erfahren würde.

Also ergibt er sich dem Streit: „Ich wollte gerade diese Szene vermeiden. Was soll ich machen, wenn du immer noch eifersüchtig bist? Obwohl da wirklich nichts mehr ist!"

„Aha, da ist nichts mehr! Aber da war was! Und sie mischt noch immer bei uns mit!"

Jetzt weiß der Mann, der Streit ist ebenso wenig sinnvoll wie er ihm ausweichen kann. Was auch immer er jetzt tut, es ist falsch. Auch seine Frau weiß, dass dieser Streit sinnlos, verletzend und blöd ist, aber sie kann nicht anders. Die größte Gefahr besteht darin, dass der Streit wichtige Themen berührt, etwa Fragen die Kinder, das Geld oder die nächsten Urlaube betreffend. Das kann dann wirklich auf Dauer für die neue Familie gefährlich werden.

WAS IST GESCHEHEN?

Die neue Beziehung ist schon gefestigt. Aber Eifersucht überlebt die Liebe. Und Eifersucht ist ein dominantes Gefühl. Aus Eifersucht werden Morde begangen, wird Rache geschworen und Hass oft über lange Zeit gelebt. Sie ist vorhanden und sie ist berechtigt, weil in der „alten" Beziehung offensichtlich so viel Intimität da war, dass daraus Kinder ersprossen sind. Und außerdem benützen viele Menschen bei der Suche nach einem neuen Partner Argumente, die einen quasi vor dem alten Partner schützen sollen: Er hat mich nie verstanden; oder: Sie war nie so lieb wie du! Dadurch erhält der neue Partner die Rolle des Beschützers vor der Unmenschlichkeit des alten und kann so seine Eifersucht gut beherrschen, weil er im Vergleich zum alten der eindeutig bessere Geliebte ist. Aber dieses Konstrukt stimmt zumeist nicht. Und so können Telefonate oder Begegnungen die alte Zusammengehörigkeit nicht immer leugnen. Wenn die Beziehung schlecht ist, kann es schon passieren, dass die alten Partner sich streiten: Gerichte werden bemüht, Pflegschaftsgerichte wegen der Besuchsregelung und der Zahlungen angerufen. Zumeist nützt das niemandem. Den Kindern gehts schlecht, den Erwachsenen ebenso, nur die Rechtsanwälte verdienen daran. Für die Eifersucht ist das aber gut: Sie wird in diesen Prozessen gebunden und kann sich artikulieren, oft unter dem Vorwand, dass es nur zum Wohl der Kinder geschieht.

Es gibt noch viele so genannte Rationalisierungen, also Gründe, die vorgeschoben werden, um nicht als sinnlos eifersüchtiger Partner dazustehen. Allen ist aber gemeinsam, dass sie zeigen, dass dieses Gefühl stark, sinnlos und doch auch wieder nützlich ist, weil es die neue Partnerschaft schützen und aufbauen will. Wirklich sinnlos wird es nur dort, wo es eine normale Verhandlungsbasis schwächt oder verunmöglicht.

WAS KANN MAN TUN?

Am besten ist es natürlich, das Problem ernsthaft anzugehen. Dazu müsste der Mann seine Sicht der alten Beziehung relativieren, also zum Beispiel eingestehen, dass er die vorherige Frau einmal geliebt, dass er sich auf die gemeinsamen Kinder gefreut und dass er die Art, wie seine Frau mit den Kindern umgegangen ist, gut gefunden hat. Dass er sich wohl gefühlt hat in seiner früheren Beziehung, dass er heute zwar unendlich viel glücklicher, nicht aber bereit ist, die alten Erinnerungen ganz auszulöschen.

Es ist wahrscheinlich, dass ein solches Gespräch viel Zeit braucht und dass der Streit, den wir oben beschrieben haben, immer wieder aufflammt, einfach deshalb, weil die Eifersucht immer wieder wie ein Feuer durch den Schilfgürtel des guten und netten Gesprächs brennt. Aber dieses Gespräch, das mit Eingeständnissen seitens beider Partner, enden sollte, besonders wenn beide bereits Kinder mit jemandem anderen hatten, dieses Gespräch, das auch nicht immer mit einem Mal zu erledigen ist und das am besten im Urlaub geführt wird, wenn einmal etwas Zeit und Muße zum Streiten und zum Bereinigen von Problemen vorhanden ist, dieses Gespräch macht Angst und geht oft insofern an die Wurzeln der neuen Beziehung, als es den Mythos, alles besser machen zu können und anders als die anderen zu sein, zerstört und die Liebesbedingung der Beziehung neu definiert werden muss.

Daher führen viele Paare diese Auseinandersetzung nicht. Und es ist auch nicht jedem gegeben, sie zu führen.

Man kann auch ganz anders damit umgehen, witziger, unseriöser. Am besten man verstärkt die Eifersucht noch, dann weiß man, wofür man leidet: Man sagt also: Es ist einfach schön mit „ihr" zu lachen! Dann entsteht Wut. Und man kann noch eins draufsetzen, indem man die andere lobt und sagt, wie nett das Gespräch war. Oder man kann die Eifersüchtige direkt darauf ansprechen, indem man ihr sagt, dass die andere in manchem besser war und wohl auch bleiben wird, man aber nicht weiter vergleichen will.

Was nie funktioniert, ist, die jetzige Partnerin verteidigen zu wollen. Nichts ist verletzender als die Beteuerung, dass man die Jetzige mehr liebt und dass man nicht versteht, warum sie sich jetzt so aufführt. Das ist nur erlaubt, wenn man sich innerlich nach der früheren Partnerin sehnt und seinen Entschluss, sie zu verlassen, bereut.

Was noch funktioniert, außer die Eifersucht anzustacheln, ist, die Lüge mit der Wahrheit zu verbinden: Man erzählt, dass man gern mit der Ex telefoniert, vor allem im Interesse der Kinder. Und dass man es gut fände, wenn sie, die Neue, auch mal was sagen würde, schon deshalb, um terminliche Probleme zu vermeiden. Man holt die alte Beziehung herein und sieht bald, dass sie ihren Mythos verliert.

Das Einfachste ist, man tut so, als wäre nichts, spricht weiter, sagt höchstens mal: Du, da schreit wer im Hintergrund, lässt allen Zorn an sich abprallen und verteidigt sich nicht. Zugegeben, das ist eine etwas gefährliche Methode, aber da es außer der Vergangenheit keinen Anlass zur Eifersucht gibt, muss man sich auch nicht verteidigen.

UND DIE LEHRE

Was wie ein berechtigtes Gefühl aussieht, ist es zumeist nicht. Ob man es ausreden kann, aussitzen muss oder durch Tricks verändern kann, hängt von der Beziehung ab. Jedenfalls hat es keinen Sinn, an dem Gefühl selbst Änderungen vorzunehmen. So zum Beispiel die Ex zu einem anderen Zeitpunkt anzurufen oder auszuweichen oder die Neue zu beruhigen, dass es eh nicht so gemeint war.

Dazu einige Vorschläge:

- Stehen Sie zu den Erlebnissen, die Sie früher hatten, Sie sind nicht als unbeschriebenes Blatt in die neue Beziehung gekommen.
- Erlauben Sie der Partnerin ihre Gefühle.
- Erlauben Sie dem Gefühl nicht, Ihren Kindern oder Ihnen oder der Partnerin zu schaden.
- Ertragen Sie die Eifersucht, auch Sie wären eifersüchtig.
- Halten Sie den Streit kurz: Entweder es entsteht daraus ein konstruktives Gespräch oder der Konflikt spitzt sich zu.
- Vermeiden Sie, dass Dritte einbezogen werden und sich so Parteien bilden, führen Sie daher nie Gespräche darüber in Anwesenheit von Eltern, Geschwistern oder Freunden.

WEITERE EMPFEHLUNG

Sie sind nicht allein mit dem Problem. Lassen Sie es nur an sich herankommen, Sie können es zumeist nicht vermeiden. Bauen Sie Schutzwälle auf, indem Sie den alten Partner nie schlecht machen und immer respektvoll von ihm sprechen, auch – und gerade – wenn der neue Partner begierig ist, Schlechtes zu hören. Andernfalls gewinnen Sie vielleicht kurz Anerkennung und Lob, zahlen dann aber jahrelang mit der Mühe, den früheren Partner meiden zu müssen. Denken Sie auch daran, dass, wenn Sie meinen, einen Vorteil daraus ziehen zu können, indem sie die beiden Frauen/Männer gegeneinander ausspielen, Sie sich in einer solchen Konstruktion immer wie in Feindesland bewegen und nie die Wahrheit sagen dürfen. Verstecken Sie dann alle Telefone, die alte Nummern aufzeichnen, und seien Sie sich eines gewiss: Der Eifersuchtsanfall wird kommen, und er wird heftig sein.

ICH HAB DIR IMMER GESAGT: „NIMM DIESE FRAU NICHT!"

Die Eltern nehmen Stellung

VIGNETTE Mitten in der Südsee schaut er sie an. Hat ihm seine eigene Mutter nicht gesagt, dass diese Frau die falsche ist? Und jetzt, nachdem er mehrere Kinder mit ihr hat und die Kinder aus der ersten Ehe die Neue akzeptiert haben, jetzt wird ihm plötzlich klar, was seine Mutter damals gemeint haben könnte.

Damals, als sie gesagt hat, dass die Kinder sich nicht umstellen werden können. Als sie gesagt hat, dass die bisherige Frau doch gut und immer nett zu ihm gewesen sei, und als sie dagegen war, das die Familie zerrissen wird, und Angst hatte, dass die Kinder darunter leiden könnten.

Damals hat er nur gehört, dass sie sich um seine Kinder Sorgen gemacht hat. Er hat sich darüber gekränkt, dass sie nicht sein Glück im Auge hatte. Und er hat ihr innerlich vorgeworfen, dass seine Mutter ihm kaum mehr Aufmerksamkeit schenkt, seit er selbst Kinder hat.

Und nun schaut er sie an: Ist sie die Richtige? War es die Umstellung und das Opfer wert, das alle gebracht haben? Ihre Kinder, die bis heute fragen, warum die Ehe der Eltern eigentlich gescheitert ist. Selbst ihre fünfzehnjährige Tochter, die jetzt in einem anderen Land zur Schule geht, berichtet als eine der ersten Überraschungen, dass dort selbst in ihrer Klasse noch fast alle Kinder beide Eltern zu Hause haben. Nicht so wie zu Hause, sagt sie dann, bei uns sind mehr als fünfzig Prozent geschieden.

Immer wieder hört er jetzt von den Kinder, die schon erwachsen werden, wie sehr sie ein „normales" Elternhaus vermisst haben. Ihm wäre es natürlich lieber, sie würden seinen Schritt als Bereicherung empfinden. Er spürt genau, dass schon die Frage, ob sie es nicht als Bereicherung empfunden haben, so viele neue Geschwister zu haben und eigentlich jetzt mehr Eltern, die sich um sie kümmern und sorgen, eine Beeinflussung ist und keine Frage.

Und jetzt das. Da sitzt man auf einer Südseeinsel, und kein Zweifel darf aufkommen. Verwundert sieht er an den anderen Tischen, dass manche Paare beim Frühstück streiten. Die haben wahrscheinlich auch den Stress, dass jetzt, in dieser Idylle, alles wunderschön sein sollte, und dann sehen sie einander an und zweifeln an ihrer Entscheidung füreinander und fragen sich, wozu sie miteinander in diesen Traum von Paradies gefahren sind, einen Traum, den alle träumen und der, an der Wirklichkeit geprüft, Zweifel hervorruft.

Und er hängt in der Hängematte, schaut in diesen unglaublichen Südseehimmel und weiß plötzlich, fast mit sich versöhnt, dass es für ihn richtig ist und richtig war und dass die Mutter damals gar nicht anders konnte, als Zweifel zu hegen. Denn Mütter müssen wie ein Naturgesetz am Alten festhalten, sie müssen schützen und bewahren, auch wenn vieles für Veränderung spricht. Er sinnt darüber nach, wie er sich wohl verhalten würde, sollten seine fast erwachsenen Töchter ihn vielleicht einmal in eine ähnliche Lage bringen. Wer weiß, was er ihnen dann sagen wird. Er hofft, er wäre weniger wertend und mehr akzeptierend, und zweifelt gleichzeitig daran, das er es wirklich empfinden könnte.

WAS IST GESCHEHEN?

Es hat sich eine neue Beziehung etabliert, aus welchen Gründen immer. In diese Beziehung sind Kinder verwickelt, neue Lebensumstände mussten geschaffen werden, neue Kinder sind auf die Welt gekommen und ein neues Leben entstand. Am Anfang war es einfach: Jeder, der dagegen sprach, war augenblicklich ein Feind, selbst die eigene Mutter oder der eigene Vater, selbst Freunde hatten da nichts zu sagen. Unter dem Eindruck der Liebe, von der man zwar schon wusste, dass sie blind macht, war man bereit, alle Hindernisse aus dem Weg zu räumen, und alle, die sich in den Weg stellten, waren Feinde.

Jetzt sind Jahre vergangen. Die neue Beziehung ist gefestigt, sie ist selbst wieder zur Routine geworden, Kinder und Schulden wurden gemacht, die alltäglichen Sorgen haben von der einstigen Liebe wenig übrig gelassen, vieles ist wieder so geworden, wie es einmal war, man hat sich selbst mitgenommen und daher auch viele Dinge gleich gemacht. Sicher - manches ist besser geworden: Man kennt nun die Gefahren der Oberflächlichkeit, weiß, wohin es führt, wenn man sich nicht um den Partner kümmert; man weiß, dass man seinem Partner Aufmerksamkeit entgegenbringen muss und seiner Frau dann und wann Blumen mitbringen soll. Und auch die Frau, für die das nun die zweite Ehe ist, weiß, dass der Mann auch seine Bedürfnisse hat und keineswegs immer hinter den Kindern zurückstehen soll. Sie weiß auch, dass sie sich ihn bewusst ausgesucht hat, und erinnert sich immer wieder, dass sie ihn so und nicht anders gewollt hat.

Aber beide leben unter dem schweren Joch der Liebesbedingung, beide müssen immer wieder Liebe empfinden und Liebe mitteilen. Sie haben keine Chance, sich auf die Freuden der Routine zu verlassen, auf die

Beglückung, einfach zu wissen, dass der andere für einen da ist, wenn man nach Hause kommt. Alle Regeln des Zusammenlebens zwischen Mann und Frau, die über Jahrhunderte erarbeitet wurden, sind ungewiss geworden. Sie wartet nicht mehr mit dem Essen, wenn er nach Hause kommt, und muss ihn nicht mehr um Wirtschaftsgeld bitten. Keine Alltäglichkeit darf sich einschleichen, denn sonst würde die Entscheidung entgegen den Ratschlägen der Mutter infrage gestellt werden.

Vieles ist tatsächlich besser. Nicht nur, dass beide aufmerksamer sind, es ist auch die Art des Miteinanderumgehens besser. Vieles ist auch schlechter, weil man mehr Schwierigkeiten hat: Die damalige Beziehung war auch finanziell besser gestellt, manche Fragen des Alltags, des Wohnens, der Kredite waren geklärt, der Neuanfang kostet aber Geld, das erst mühevoll zurückgezahlt werden muss.

WAS KANN MAN TUN?

Nie lieben macht genauso viel Stress wie immer lieben. Die neue Beziehung kann und darf sich nicht immer an der alten messen. Einmal muss der Zeitpunkt kommen, wo sie ihre eigene Existenz haben darf. Und es hat keinen Sinn, sie immer wieder an der alten Beziehung zu messen, immer wieder zu fragen, ob die neue Beziehung die menschlichen und finanziellen Opfer, die man ihr gebracht hat, Wert ist. Das Leben erlaubt keine Versuche: Es ist immer schon geschehen, immer war es schon da, und es gibt keine zweite Chance. Daher hat man diese Chance eben so genutzt, wie es einem möglich war. Man kann dieses Problem philosophisch sehen, indem man sagt, dass man in diesem Leben mehr als eine Beziehung ausprobieren wollte. Man kann es psychobiologisch sehen, indem man sich sagt, man habe sich noch eine neue Chance zur Vermehrung und Weitergabe des Erbguts gegeben, und man kann es letzten Endes auch als eine neue Erfahrung sehen: Man hat zwar sich selbst mitgenommen, sich aber andererseits auch mit einem neuen Menschen neu erleben können.

Nun erfährt man, dass sowohl der neue Mensch als auch man selbst nicht wirklich neu ist. Manches ist gleich, man bemerkt wieder, dass man altert, man ist nicht schöner geworden, lediglich in den Träumen ist man immer der Gleiche, ist man immer jung und schön.

Der einzige Ausweg ist moralisch schwer zu rechtfertigen: Man geht in die Dritte Welt und verheiratet sich mit einem viel, viel jüngeren Partner, der einen des Geldes und nicht der Liebe wegen nimmt, wie es über lange Zeit in den oberen Gesellschaftsschichten gang und gäbe war. Auch hier kann man zwar ethisch-moralisch dagegen sein, aber letzten Endes scheint das eine Lösung für diesen Konflikt zu sein: Der Mann, hier der mächtige Mann, ist noch zeugungsfähig, seine älter werdende Frau nicht mehr. Muslimische Kulturen haben hier die Vielweiberei als Mittel der Wahl eingesetzt, schon deshalb, um diesen Konflikt gesellschaftlich so zu lösen, dass die älter werdende Frau nicht unversorgt bleibt. In der hebräischen Bibel, die für Christen ebenso Offenbarung ist wie für Juden, heiraten die Stammesväter Kebsweiber, die ihre Kinder auf dem Schoß der verheirateten Frau bekommen. Lea, Jakobs erste Frau, gebiert ihm zwei Kinder und schenkt ihm acht Kinder, die die Kebsen auf ihrem Schoß bekommen. Die heutige westliche Kultur bietet dafür keine denkbare Lösung, lediglich die, dass die Frau eines Beamten, wenn sie mit ihm verheiratet war, einen gewissen Anspruch auf seine Witwenpension erheben darf. Aber auch diese Lösung ist in Zeiten, in denen die meisten Frauen arbeiten, nicht mehr zeitgemäß. Und eine gesellschaftliche Antwort, die den Ergebnissen der Gleichstellung der Frau Rechnung trägt, existiert gar nicht. Es gibt praktisch keine Gleichberechtigung der Frau in dieser Frage, nicht in biologischer und schon gar nicht in gesellschaftlicher Hinsicht. Nur wird die nun nicht mehr neue Beziehung von diesem Problem mehr belastet als die herkömmliche, lebenslange Partnerschaft: Denn sie kann sich nur durch die ununterbrochene Liebe rechtfertigen, jede Routine ist ihr Feind, und wenn dann die Partner älter werden und die ewige Frage nach der Treue in Zeiten abnehmender sexueller Attraktivität aufkommt, dann belastet das diese Beziehung mehr. Und so tritt dann in diesen Beziehungen oft ein Streit auf, der keine Verzeihung und weniger Gnade und Nachsicht kennt, als dies in traditionellen Beziehungen der Fall ist. Denn man kann sich nicht mehr auf Gedanken wie „Wir sind doch schon ein Leben lang zusammen!" oder „Wir haben uns doch geschworen, ein Leben lang zusammenzubleiben, in guten wie in schlechten Zeiten!" zurückziehen.

Die Lösung ist fast zu simpel: Weder sich noch seiner „neuen" Frau darf man böse sein, dass man mit ihr älter wird. Denn dass man in der eigenen Fantasie immer jung bleibt, verhindert doch keine der Veränderungen des Spiegelbilds. Man sieht den anderen einfach öfter als sich selbst, verzeiht sich selbst auch mehr und muss sich manchmal auch verzeihen, dass die damalige Liebe nun - das wäre auch so gekommen, wenn man in der ersten Beziehung geblieben wäre - ihren eigenen Weg geht. Dies zuzulassen, erscheint bedeutend.

Die neue Familie hat dieselben Nachteile wie jede andere: Spannungen treten auf, Lösungskonflikte und finanzielle Sorgen. Jetzt heißt es aufpassen: Es ist verboten, die neue Familie mit der alten zu vergleichen.

Sätze, die darauf hinweisen, dass man sich eigentlich all die Mühe hätte ersparen und gleich bei der ersten Frau hätte bleiben können, verletzen den Partner sehr und hinterlassen bleibende Narben. Es ist auch verboten, sogar vor sich selbst, die „neuen" Kinder schlecht zu machen. Sie können nichts dafür, dass sie alle Mühen wieder aufwerfen und dabei auf Eltern treffen, die manche Erfahrungen der Elternschaft schon gemacht haben und müde geworden sind. Vor allem aber soll man nicht damit beginnen, den damaligen Entschluss, sich zu trennen, die damalige Liebe in Zweifel zu ziehen. Gewiss richtige Bemerkungen wie „Damals war ich ja blind" oder „Was solls, alles wieder beim Alten!" machen die Partnerschaft schlecht und dienen dazu, sie zu vernichten.

Was hat man sich denn erwartet? Dass man im Älterwerden schöner und netter wird? Oder dass man ein neuer Mensch wird, wenn man eine andere Partnerin nimmt. Alles das waren Täuschungen der Liebe, wie sie erlaubt sind. Solange es nicht bitter macht, wenn diese Täuschungen der Realität weichen. Ent-täuschungen sind niemandem vorzuwerfen, denn die Täuschungen der Liebe sind gnädig, verhelfen einem zu vorübergehenden Glücksgefühlen, die zum Schönsten gehören, was man in dieser Welt erleben kann. Die Ent-täuschungen sind zwar nicht so angenehm, aber sie erlauben einem doch einen klareren Blick: Der macht zwar keinen Spaß, schadet aber auch nicht, sofern man nicht beginnt, sich diese Veränderung gegenseitig vorzuwerfen. Wobei dieser Vorwurf oft sehr subtil daherkommt: Weißt du noch, wie wir früher waren? Erinnerst du dich noch, warum wir uns zusammengetan hatten? So, wie wir jetzt reden, so wollten wir doch nie werden!

Alles so genannte Killerphrasen, die auf Auslöschung der jetzigen Beziehung abzielen. Die jetzige Beziehung kann sicherlich nicht ohne die Geschichte der Beteiligten verstanden werden. Aber sie kann auch nicht immer außergewöhnlich sein. Sie ist eine Beziehung, die von zwei Partnern, die bereits Kinder hatten, eingegangen wurde, eine Beziehung, aus der neue Kinder entsprangen, und eine Beziehung, die manche Fehler nicht mehr machen muss. Aber sie trägt gleichermaßen Schwächen in sich, sie ist anstrengend, beide Partner altern und werden müder, die Kinder revoltieren auch in dieser Beziehung gegen die Eltern, und die Eltern sind sich auch in dieser Beziehung in der Erziehung manchmal uneins.

LÖSUNGSVORSCHLÄGE

- Werfen Sie Ihrer Frau nicht vor, dass Sie sich für sie entschieden haben.
- Werfen Sie es sich selbst nicht vor, dass sie gemeinsam älter werden.

Es fällt einem beim anderen viel stärker auf, sich selbst verzeiht man manche Falte eher.

- Messen Sie sich nicht an den damaligen Liebesschwüren, sondern an der Bewältigung der jetzigen Realität.
- Verklären Sie die vorangegangene Beziehung nicht. Sie wäre heute auch anders, als Sie sie in Erinnerung haben, und vor allem wären Sie auch dort gealtert, und vielleicht dächten sie dort, wären Sie geblieben, darüber nach, was gewesen wäre, wenn Sie Ihre jetzige Frau genommen hätten.
- Erwarten Sie nicht, dass die neuen Kinder gänzlich anders sind. Sie sind wieder deren Vater und haben daher nicht vieles anders gemacht: weder genetisch noch erziehungsmäßig.
- Sie haben sich entschlossen, neue Schwierigkeiten auf sich zu nehmen. „Ein zweites Mal zu heiraten ist ein Entschluss gegen die Lebenserfahrung und Vernunft!", hat einmal jemand gesagt. Sie haben diesen Entschluss gefasst. Nun leben Sie ihn. Wenn Sie die Tür in sich selbst, die den Blick zurück öffnet, auch nur einen Spalt weit aufmachen, so werden die Kinder aus erster Ehe gern diese Tür weiter aufdrücken. „Deshalb hast du uns das angetan?", werden sie zu Recht fragen. Und was werden Sie ihnen dann antworten?
- Drohen Sie nie mehr mit dem Ende der Beziehung. Wenn Sie sich wieder trennen wollen, machen Sie es in Ruhe. Es gibt Menschen, die öfter Partner wechseln und nicht immer gleich zufrieden sind. Aber man könnte lernen, seinen Weg zu gehen, ohne dem anderen die Schuld zuzuschieben, ohne sich oder den anderen zu ruinieren und ohne endlose Streitigkeiten vor Gericht um Geld oder Kinder. Daher, wenn Sie gehen wollen, dann nicht aus Ent-täuschung über den anderen, sondern weil sie einfach gehen wollen. Weil Sie sich neu verliebt haben oder weil sie eben gern gehen oder weil ihnen die Lust aufträgt, neue Geschlechts- und Vermehrungspartner zu suchen. In jedem Fall ist aber kein Anlass gegeben, einander böse zu sein oder sich vorzuwerfen, dass man es diesmal eben hätte besser wissen müssen.
  Vermeiden Sie es, die Kinder mit reinzuziehen. Ihre Enttäuschung ist nicht die Ihre.
- Vor allem aber genießen Sie Ihre neue Beziehung und die Vorteile, die Sie Ihnen bietet. Meist ist die neue Frau jünger, die Kinder sind es auch, und das alles tut Ihnen gut. Schauen Sie sie an und finden Sie sie schön. Seien Sie mit ihrer Entscheidung für diese Frau, die gar nicht so leicht zu erhaschen war, zufrieden. Danken Sie, wem auch immer Sie danken wollen, dass es Ihnen möglich war, diese außergewöhnliche Frau für sich einzunehmen und sie dazu zu bringen, Ihnen noch ein-

mal Kinder zu schenken. Und danken Sie sich, dass Sie es erleben durften. Vergleichen Sie doch, was aus Ihnen geworden wäre, wenn Sie diese Frau nicht bekommen hätten. Und setzen Sie ruhig eine rosarote Brille auf, wenn Sie sie sehen.

- Vor allem aber schreien Sie den inneren Repräsentationen Ihrer Eltern ins Gesicht, die es Ihnen immer schon gesagt, die es immer schon gewusst haben wollen und die nun Recht haben wollen. Sie haben eben nicht Recht. Nur insofern, als sie sich selbst mitgenommen haben, als sie selbst der Alte geblieben, ja, noch älter geworden sind.

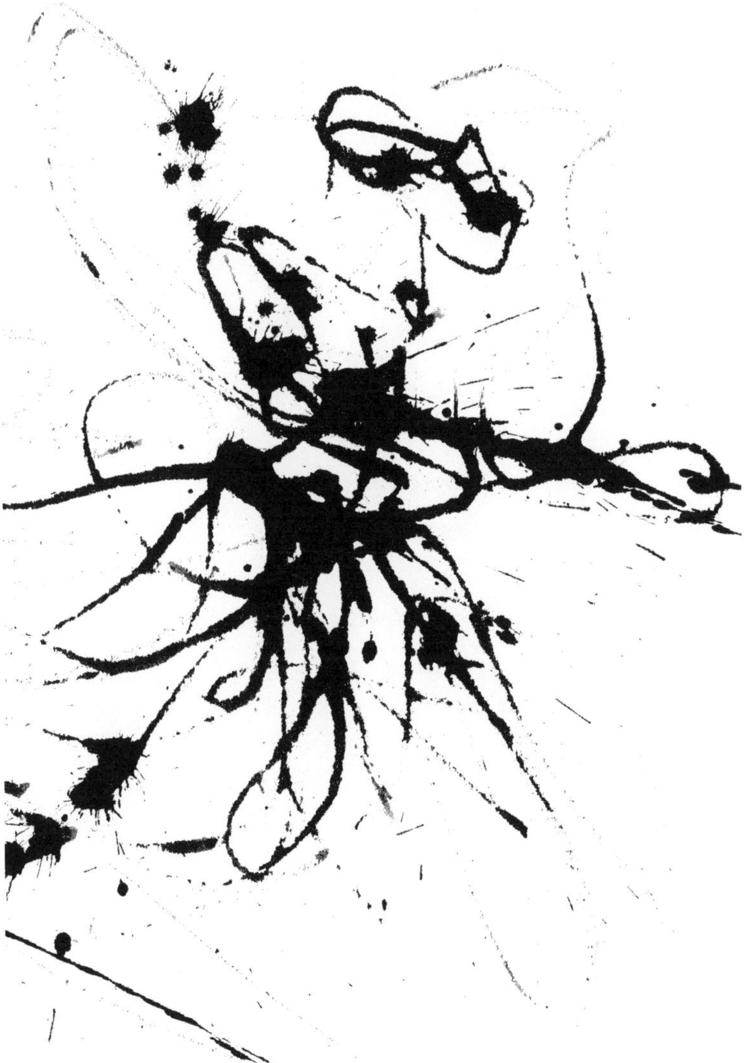

VATERTAG

Erwarten Sie von diesem Text keine Hilfe. Lehnen Sie sich zurück, möglichst bequem, und nehmen Sie an der imaginären Selbsthilfegruppe für leidende Männer teil. Wären wir nicht Buchschreiber, sondern Komponisten, würde dieses Kapitel vielleicht Fuge in e-moll genannt werden. Es entstand am Vatertag und sollte vorzugsweise auch an ihm gelesen werden. Leise. Ganz leise.

VIGNETTE Stille. Man hört nichts. Das ganze Jahr ist man vorhanden. Man will ja nicht larmoyant sein. Vielmehr konstruktiv. Nicht immer an sich selbst denken. Zufrieden sein, dass die Kinder gut zu einem sind und man seine Funktion im Leben hat. Aber Vatertag. Stille. Nur Stille.

Manche sagen, dass es ein dummes Fest sei, ebenso wie der Muttertag. Das Fest der Kaufleute, um mehr Krawatten verkaufen zu können. Manche sagen, dass der Muttertag eine nationalsozialistische Erfindung sei und dass niemand diese Feste brauche, weil Mutter- und Vatertag nur Rollenbilder festschrieben, die längst obsolet seien.

Aber Vatertag: Stille. „Ihre" Kinder verbringen ihn natürlich mit deren Vater und vergessen den Stiefvater. Und die Meinen erinnern sich nicht, das Vatertag ist. Und die gemeinsamen sind zwar zu Hause, kümmern sich aber nicht besonders um den Vater. Man spielt. Ausnahmsweise. Und erinnert.

Kinder. Jeder weiß, dass man von ihnen keinen Dank erwarten soll. Jeder sagt es einem. Dankbarkeit ist eine Hundekrankheit. Dann aber dieser Tag, an dem man verleitet wird, Dank zu erwarten. Eben Vatertag. Dann machen sie alles andere. Bestenfalls sagen sie, dass es keinen Kindertag gäbe und dass diese Erfindung einseitig sei.

Sich betrinken, ja, das kann man. Ist eigentlich nicht gar so schlecht. Da kein anderer Vater da ist, eben allein. Eine Bouteille Wein geöffnet, am besten eine, die keine Kopfschmerzen macht, und dann – hui! Zum Essen getrunken, das Essen ausnahmsweise von der Frau, und gut auch noch, Wein, ein guter Nachmittag geht vorbei. Kein aggressives Betrinken, sondern ein gemeinschaftliches, stilles. Ein ruhiges, beruhigendes. Eben ein Geschenk an sich und die anderen. Ein Stillwerden ohne Aggression. Nicht so, wie man es in der Zeitung liest, ohne Aggression oder gar Autofahren. Nein, still ein bisschen trinken, und dann schlafen. Eben ruhig, wie ein guter Vater, der kurz weg ist.

Wen interessiert das? Alle wissen, dass Vatertag nur eine dumme Erfindung ist. Und dass sie darauf keine Rücksicht nehmen brauchen. Ebenso wenig wie auf den Geburtstag: Wahrscheinlich ist es dem Alten eh schon peinlich, dass er so alt ist. Und dass er an die Geburtstage der anderen denkt, ist doch selbstverständlich. An welche sonst soll er denken? An seinen eigenen? Dann wäre er doch kein Familienvater.

Familienvater. Wie wird man das eigentlich? Nur durch Zeugung und Einheirat von anderen Kindern? Oder auch innerlich? Und wenn man es endlich ist, endlich vorhanden ist, und dann auch die Kinder kennt und für sie halbwegs da ist, und es einem gelingt, manchmal auf sich selbst zu vergessen, wie ist es dann? Wird man dann so wie die Mütter, die immer (angeblich) selbstlos vor sich hinarbeiten und Freude an den Kindern haben und an deren Wachstum? Wann ist einem klar, dass man in der Welt das Richtige gemacht hat, woran misst man seinen Erfolg als Vater? Daran, dass die Kinder gesund und munter aufwachsen? Oder daran, dass sie etwas Rechtes werden in der Welt? Oder an ihrem Dank? Wie kann man nur?! Das ist doch das Letzte! Kinder dazu zwingen zu wollen, einem dankbar zu sein. Kinder rechtfertigen sich doch durch sich selbst. Sie sind herzig, manchmal nett, immer aber die Fortsetzung der eigenen genetischen Information und die Antwort auf die Sterblichkeit einfach durch ihre Existenz.

Da ist dann natürlich Vatertag eine dumme Sache. So ein Tag, an dem man angstvoll daran denkt, was alles geschehen könnte, an dem der Jüngste, noch durch den Kindergarten gemahnt, etwas gebastelt hat, am besten aus Resten und Erinnerungen – wiederverwerteter Müll. Und die anderen sich sogar darüber lustig machen oder, wie es neuerdings heißt, es „verarschen“. So, das wars dann.

Der Tag nimmt seinen Lauf. Plötzlich ist man ganz weg von der Verantwortung für meine, deine, unsere Kinder, plötzlich ist man wie alle Menschen, die vielleicht etwas zu erwarten haben oder glauben, etwas erwarten zu sollen, plötzlich ist man einfach der Vater, der das ganze Jahr alle kennt und den selbst keiner kennt, auch jetzt nicht, wo sich die Möglichkeit böte, sich erkenntlich zu zeigen.

Und man darf es nicht einmal eingestehen, dass man ja ein Zeichen der Anerkennung erwartet. Sonst macht man sich lächerlich, und alle lachen. Am meisten man selbst. Denn wie kann man vor sich bestehen, wenn man Dank will? Dank steht doch niemandem zu. Und die Kinder danken, indem sie wachsen und gedeihen und ihren Weg machen und groß und erwachsen werden. Sogar wenn sie nur mit einem sprechen oder mit einem spielen, danken sie durch ihre Anwesenheit und durch ihr nettes Wesen.

Genug, genug, wie kann man bloß so sein? Was denn noch? So viele Kinder und so ein Segen, und dann auch noch klagen, mit Vorwürfen kommen, als wäre man schwermütig, so klingt das. So, als ob man solche Dinge verlangen könnte, als ob man nicht Geduld haben müsste und sich einfach freut, wenn man beschenkt wird. So, als ob man Zuneigung einklagen könnte. Im Wortsinn. Durch Klagen. Und nicht durch freudiges Sosein, durch Präsentsein und durch Genießen der Zuneigung, wenn sie dann kommt.

Undankbar ist man. Undankbar der Vater, der einen Vatertag erwartet.

Was würden da die anderen sagen? Welche Kommentare, welche Meinungen abgeben? Sinnloser Tag, sinnloses Warten, plötzliche Erinnerung an die Menge an Menschen, die man zu den Seinen zählt. Plötzliche Wünsche, die von einem sinnlosen Tag ausgelöst werden, oder sogar einfach ein Reinfall, der einem passiert. Und dann noch darüber schreiben. In der Hoffnung, es sich selbst zu erleichtern, und darüber hinaus noch für andere, die in derselben Situation sein könnten, ein Sprachrohr zu sein. Als eine Möglichkeit, sich verstanden zu fühlen, umgeben gleichsam von der anonymen Masse gleich empfindender, gleich leidender und sich genauso darüber lustig machender Männer, die auch am Vatertag plötzlich draufkommen, dass sie ebenso gut behandelt werden möchten wie die Mütter, die jedes Jahr Gedichte aufgesagt, Blumen geschenkt und dann auch noch ein Essen serviert bekommen. Ganz spät am Abend kann man sich dann, allein vor der Schreibmaschine sitzend, den Traum konstruieren, dass da Männer rund um einen sitzen, in einer Gruppe zum Beispiel (wie peinlich), und einem zuhören. Aber da fällt es einem ein, dass man ja nur dann eine Chance hat, zu dieser Gruppe zu gehören, wenn irgendeine Frau da draußen ihrem Mann dieses Kapitel vorliest, denn Männer lesen laut Statistik nicht. Schon gar nicht psychologisch angehauchte Texte zum Thema Familie. Das empfinden sie nicht als ihre Aufgabe und auch nicht als männlich, sie würden sich über diese Belohnungswünsche vielleicht sogar lustig machen und es als typisch für einen ansehen, der so ein Buch schreibt, und es für verwerflich erachten, mit ihm in so einer virtuellen Gruppe zu sitzen, so als ob man ein psychisch kranker Mensch, also schwach wäre und dann auch noch Hilfe bräuchte, vielleicht gar in einer Männergruppe, so als ob man ein Homosexueller wäre, die sind immer schwach und abzulehnen.

Also wieder nichts mit der Gruppe, in der man sich aufgehoben fühlen könnte. Mit dem Finger zeigt man auf den, der sich auf seine Belohnung freuen würde, der immer mehr will, als die Welt ihm gibt, der nicht zufrieden ist mit dem, was er sieht und fühlt und schmeckt. Der nicht sehen kann, dass die Kinder ihn lieben und dass sie ohnehin da sind und ihn auf seinem Bett inmitten der Wiese schlafen lassen – seinen Rausch ausschlafen lassen, so, wie er sich das wünscht. Und der will, dass man weiß, warum er sich betrinkt, und der nicht will, dass man glaubt, dass er ein erwachsener Mensch sei, der sich einfach einmal an einem Sonntag betrinkt, und sei es auch an jenem, den man Vatertag nennt, sondern der will, dass man ihn dann fragt, warum er das mache und wie man ihm helfen könne, der wirklich so ein schwacher Mensch ist, dass alle ihn auslachen würden, wenn er seine Wünsche äußern würde, und der sich das daher auch nicht traut, denn wohin käme er dann, und was würde er dann machen?

Dann fragt er sich: Sind es nicht die Stärksten, die sich jammern trauen? Ist es nicht so, dass er sich zeit seines Lebens zu jammern getraut hat und dass er es eigentlich zu etwas gebracht hat? Zu vielen Kindern, Häusern, Anwesen und sogar zu einem gewissen Ansehen? In der einen Zeitung mit Bild die eine Woche, in der anderen die andere Woche? Eines hat er gelernt: dass man sich nie selbst ins Zentrum rücken darf, sondern immer nur die Arbeit und das, was man für andere macht. Eigentlich aber hielt er immer schon all jene für verlogen, die das gemacht haben, und dann hat er sich wieder selbst in den Mittelpunkt eines Fotos gerückt, aber das war dann immer mit Schmerzen verbunden, die anderen haben ihn gesehen, und ihr Neid und ihr Zorn haben sich gegen ihn gewandt, und so hat er es eben zu vermeiden gelernt, sich in den Mittelpunkt zu rücken. Zwar schlecht, aber doch. Und dann ist ihm aufgefallen, dass es noch am besten ist, wenn man jammert. Dann kann man noch am ehesten über sich selbst sprechen, und es ist nicht selbstsüchtig, weil man sich ja klein fühlt und es einem schlecht geht und man Zuspruch braucht.

Aber dieser Trick ist doch den Frauen vorbehalten. Die Männer müssen stark sein und trotzig, bestenfalls dürfen sie noch krank sein, aber nur selten. Den Männern ist es verboten, schwach zu sein oder zu jammern, denn dann werden sie gleich Warmduscher genannt oder mit noch Schlimmerem bedacht.

Ist es aber möglich, ein so untadeliger Mann zu sein, so nach dem Rollenbild zu leben, das seit Jahrtausenden überliefert ist, und zugleich ein Vater im modernen Sinn zu sein? Ist es möglich, immer stark zu sein und nie in Erwartungen zu verharren, die dann doch nicht eintreffen, und dann das zu sein, was die Frauen (denn sie sind es doch, die den modernen Vater propagieren und eine Abwendung vom Dauer-stark-Modell wünschen) so von einem wollen? Und außerdem: Ist es möglich, so zu sein, wie man sein soll, also liebevoll, verständnisvoll und einfühlsam, und doch ohne den Makel der eigenen Schwäche?

Möglich ist es wahrscheinlich, aber es kommt selten vor. Sicher, wenn man ein Robert Redford ist oder zumindest so aussieht, dann kann es gelingen, dass man diese Art des Zuspruchs nicht braucht, nicht erwartet oder sogar bekommt. Man merkt das dann schon. Die machen sich über solche Veranstaltungen wie den Vatertag lustig, spotten darüber, dass das eingeführt worden sei, um Krawatten zu verkaufen, und schauen nicht einmal verzweifelt in der Zeitung nach, wo Artikel zum Vatertag zu lesen sind. Und wenn sie es doch tun, stellen sie erstaunt fest, dass da eine Tagesmutter gezeigt wird, die ein Tagesvater ist: ein Tischlermeister, unrasiert, Mitte dreißig, kaum mehr Haare am Kopf, mit zwei Kindern, die er als Tagesvater betreut, mit denen er in den Wald geht und Aufgaben macht. Tatsächlich endet der Artikel damit, dass ihn „seine" Buben in einer Scheibtruhe über den Hof führen. Und die Reporterin – es kann nur eine Reporterin sein – lässt ihren Artikel mit drei Punkten enden, die im Nichts verschwinden. Als Beispiel, eventuell als abschreckendes, so wie Nachrichten über Autounfälle oder das schlechte Wetter oder die Klimakatastrophe.

Männer sind doch dazu da, um Bären zu erlegen, den Frau und Kinder dann zu Hause verspeisen. Und dazu, in die Fremde zu fahren und dort zu kämpfen und dann wieder an den Herd zu kommen, der inzwischen gesalbt worden ist. So sind wir alle erzogen worden, so soll es sein. Wenn man in die Lounges der internationalen Flughäfen schaut, sieht man dort Männer herumsitzen, schlechte Snacks essen und Bier trinken, das sie selbst zapfen. Am Frankfurter Flughafen gibt es in den Lounges immer Gummibärlis und anderes süßes Zeugs, das sonst Väter ihren Kindern kaufen, das man sonst in den *candy stores* in den Spielzeuggeschäften findet und das nun plötzlich von Vätern, die während der Jagd einen Zwischenstopp einlegen, gegessen wird. Und wie sie da telefonieren, Anweisungen geben, Geschäftsberichte durchgeben und sich gegenseitig auf die Zehen treten, in dem dauernden Versuch, jetzt zu kämpfen, wo gerade Zwischenstopp ist. Aber jammern sieht man dort keinen. Dort sieht man echte Männer, nur essen sie überraschenderweise Gummibärlis, so, als wären sie wieder Kinder, Kinder, von denen niemand weiß, dass es sich um Kinder handelt, und die heimlich – so zwischen zwei Jagderlebnissen – eben Süßigkeiten essen. Heißt das nun: Die Lufthansa hat den schwachen Mann erkannt? Heißt das nun, dass alle so sind wie der Autor, dass sie alle schwach sein wollen und nur auf die Gelegenheit warten – wie in der griechischen Tragödie – endlich einmal jammern und wehklagen zu dürfen? Heißt das, dass sie alle auf einen Vatertag warten, der dann doch nicht kommt, und dass sie sich daher in einer Lounge Süßigkeiten einschieben, weil sie sie zu Hause nicht bekommen, sondern nur Wein und Schnaps, der sie mit seiner Restsüße über ihre Frustrationen hinwegtrösten soll? Gibt es also doch Männer, die sich in dem virtuellen Kreis zusammensetzen und miteinander darüber reden, welch Undank ihr Schicksal ist? Und die sich gern dem Gespött der Frauen aussetzen, die wollen, dass ihre Männer so stark und zugleich so empfindsam sind, dass sie sie zum Kuscheln verwenden können und dazu, dass sie die Kinder vom Kindergarten abholen und ihnen dann was kochen und mit ihnen spielen, so als ob Väter immer schon so gewesen wären; und die ihre Frauen in deren Karrierewünschen und -bestrebungen unterstützen, sodass diese sich ihren beruflichen Aufgaben widmen können, während die Männer mit den Kindern etwas unternehmen, ihnen die Welt zeigen und auch ein Vorbild sind? Aber was für ein Vorbild wird da gewünscht? Der gestresste Manager, der immer abwesende Vater, der in der Werbung angepriesen wird? Der dann auch gelobt wird, wenn er einmal zu Hause ist? Oder der Vater, der zum Schluss in der Scheibtruhe sitzt? Werden sie dann zu Premierministern oder Präsidenten, wenn sie sich so benehmen? Werden die dann Führerfiguren, zu denen man aufsieht? Angeblich ist es nicht gesund, eine Führerfigur zu werden. Das soll das Leben verkürzen. Aber die Wirklichkeit weist auf das Gegenteil hin. Wenn man nicht gerade in einem Land ist, in dem die politische Kultur noch den politischen Mord zulässt, dann scheint Erfolg mit langer Schönheit und guter Gesundheit gekoppelt zu sein oder diese jedenfalls nicht zu untergraben. Denn die Männer sind zum Kämpfen geschaffen (angeblich ist es das Testosteron, das die Männer so werden lässt), und wer kämpft will, muss gewinnen, sonst wird er zur Strafe aus dem Vermehrungsprozess ausgeschlossen. Und solche Männer sind es, die nicht nur durch die Tradition bevorzugt werden, sondern auch noch hier und heute als die besseren angesehen werden. Solche Väter sind es, die das Vorbild abgeben, und nicht solche, die mit ihren Kindern spielen. Solche, die für ihre Kinder Geld anschaffen, mit dem sie dann ihr Leben beginnen, ihre Ausbildungen finanzieren können und so weiter. Aber wenn das alles stimmt, dann ist anzunehmen, dass der Vater am Vatertag am meisten geschenkt bekommt, der am wenigsten dafür macht. So wie immer in diesem Leben der belohnt wird, der sich dafür wenig interessiert oder es zumindest nicht zeigt. Also soll man alle Werbung für den neuen Vater in den Wind schlagen, gegen diese Werbung vorgehen, die etwas verkaufen will, was niemand will und was niemandem gut tut.

Die Politik weiß das längst. Alle Karenzgeldbeträge und Möglichkeiten, in den ersten zwei Jahren bei den Kindern zu bleiben, sind nur für die erfolglosen Männer reserviert. Deshalb werden die Beträge, die der Staat ausschüttet, so gering gehalten, dass ein Mann, der durchschnittlich verdient, durch seinen Wunsch, in den ersten zwei Jahren bei seinem Kind bleiben zu wollen, seine Familie ins Elend stürzen würde. Ausnahmen sind erlaubt, wie zum Beispiel bei selbstständigen Bauern, bei Studenten und bei Arbeitslosen, die aus dem Karenzgeld, neuerdings Kindergeld, ein regelmäßiges Einkommen beziehen. Aber all den anderen Männern wird der finanzielle Hinweis gegeben, dass sie gefälligst Männer bleiben sollen, solche die ihre Familie versorgen, und nicht solche, die herumstehen und auf die Kinder aufpassen.

Es gibt viele andere Hinweise darauf, dass das traditionelle Männerbild noch immer das akzeptierte ist. Jahrelang habe wir versucht, bei jedem Erstgespräch die Väter dabeizuhaben. Die wollten nie kommen. Die Frauen erzählten, dass ihre Männer arbeiten müssen und außerdem nicht gern zum Arzt gehen, schon gar nicht, wenn es einer ist, der mit ihnen redet. „Davon hält mein Mann nichts!“, sagen dann solche Frauen stolz, meist mit einem komischen Blick, der vielleicht dadurch entsteht, weil der Arzt, der da redet, ein Mann ist und sich Zeit nimmt und sogar mit dem Kind redet wie mit einem Menschen, was ungewöhnlich ist. Also eben Psychiater, oder wie so was heißt. Dann sich auch noch mit solchen Unterschieden wie Psychiater, Psychologe, Psychotherapeut oder Physiotherapeut auskennen. Alles unanständig. Und diejenigen, die sich auskennen, werden jetzt sagen, dass die Physiotherapeuten zu Unrecht in diese Gruppe hineingekommen sind. Warum nennen sie sich dann nicht anständiger, etwa Bewegungstherapeuten. Da käme dann niemand auf schlechte Gedanken. Aber so. Anzufangen mit einem Ph. Da weiß man dann schon alles. Das sind keine Menschen, die den traditionellen Rollenbildern entsprechen, sondern eher solche, die dazu da sind, damit man sich in Filmen über sie lustig machen kann, die man dazu verwendet, Drehbücher, die schon ein bisschen angerostet sind, wieder flüssiger zu machen, und die man in der Wirklichkeit am besten gar nicht sieht. Dass die dann andere Väter sind, das wundert einen nicht. Wundern kann man sich höchstens darüber, wenn deren Kinder irgendwie normal werden, obwohl sie solche Vorbilder haben. Aber da das selten vorkommt, muss man sich auch nicht ausführlich damit auseinander setzen.

So weit kann es kommen, wenn man an einem Vatertag über sich und diesen Tag nachdenkt: dass man anfängt, Berufs- und Lebensrollen zu problematisieren; dass man darüber nachzudenken beginnt, ob das neue Vaterbild schon irgendwo Fuß gefasst hat oder ob das ein Vorbild ist, das man erst gar nicht erreichen soll, um ja nicht so zu werden, wie einen keiner haben will. Ein angenehmer Vater, der sich nicht dafür interessiert, am Vatertag belobigt zu werden, dem die Kinder eher egal sind und der an sie denkt und von ihnen spricht, während er arbeitet und während er mit Geschäftsfreunden und -feinden Golf spielt, oder der sonst in irgendeiner Weise lebt wie ein richtiger Mann und bei jeder Freizeitbeschäftigung mit anderen Männern kämpft, mit tatsächlichen, wie beim Golf oder beim Tennis, oder mit eingebildeten, wie beim Laufen. Immer kampfbereit, um nicht so weich zu werden. Wer anderes empfiehlt, der will den Männern nur einreden, dass sie so sein sollen, wie keiner sie haben will und wie es wahrscheinlich auch für die gesamte Art nicht sinnvoll wäre. Eine Mode eben.

DER VERLORENE VATER – ODER: IST DER VATER IMMER WICHTIG?

VIGNETTE Eine Mutter kommt mit ihrem zwölfjährigen Sohn, Ferdinand, zu mir. Sie will mit mir sprechen. Wie immer beginne ich trotzdem das Gespräch mit dem Buben. Er ist ohne Sorgen. Er hat Freunde, fühlt sich wohl, in der Schule klappt es, und er hat den Eindruck, dass er gesund ist. Warum ihn die Mutter zu einem Arzt gebracht hat, kann er nicht sagen. Er weiß nicht, warum die Mutter mit ihm zu mir gekommen ist.

Die Mutter hat einen Grund: Sie will mit mir über Ferdinands Beziehung zu seinem Vater sprechen, bevor Ferdinand in die Pubertät kommt. Sie hat gehört, dass es für Buben wichtig sei, einen Vater zu haben, wenn sie zum Mann werden. Aber Ferdinands Vater meldet sich nie. Zum Geburtstag hat er ihm eine Karte geschickt, auf der stand: „Geld wächst nicht auf Bäumen und fällt daher auch nicht aus Kuverts!" Die Mutter ist empört. „Wie kann man einem Kind, das man das ganze Jahr nicht sieht, so was schreiben?", fragt sie mich. Dabei beginnt sie zu weinen.

Sie erzählt von ihrer Beziehung zu Ferdinands Vater: „Wir haben zusammengearbeitet. Er war sozusagen mein Chef, ich war seine Ordinationshilfe, und er war der Herr Doktor. Irgendwie habe ich ihn verehrt, obwohl ich von Anfang an wusste, dass aus uns nichts Rechtes werden kann. Die Beziehung war immer irgendwie einseitig. Er hat alles bestimmt. Vor allem mit dem Geld hatte er große Probleme. Er war keineswegs großzügig, von Anfang an nicht. Er berechnete unser beider Jahresverdienst und erstellte daraus einen Schlüssel, nach dem wir dann alles bezahlten: Er verdiente 64 Prozent und ich 36 Prozent. Wir bezahlten die Butter nach diesem Verhältnis. Sogar das Haus, das wir dann miteinander bauten, wurde genau nach diesem Schlüssel bezahlt. Wir zogen dort noch ein, aber schon bald danach konnte ich einfach nicht mehr. Er nahm sich bald nach meinem Auszug eine andere Frau, die er genauso behandelt. Er bat mich, ihm das Haus zu lassen, es wäre seine Existenz und seine Freude, und ich tats. Mir ekelte einfach. Ich würde es wieder genau so machen. Sicher, ich wohne jetzt mit Ferdinand in einer kleinen Wohnung, und wir haben es auch nicht allzu hell, aber ich wollte mich nie mit seinem Vater streiten oder ihm seine Existenz rauben. Ich habe ihn doch einmal geliebt. Leider hat er zu Ferdinand keine Beziehung, er sieht ihn das ganze Jahr nicht, und wenn ich ihn nach dem Grund frage, sagt er, dass seine Frau so eifersüchtig auf seine Kontakte reagiere, dass er nach einem Besuch Wochen brauche, um sie wieder zu beruhigen. Das stünde für alle dann nicht dafür.

Ferdinand sitzt während der ganzen Erzählung ruhig neben seiner Mutter. Er ist offensichtlich unbeteiligt. Natürlich will ich wissen, ob ihn diese Geburtstagskarte genau so gekränkt habe wie seine Mutter. Er sagt, er erinnerte sich nicht mehr daran. Das ist doch unwahrscheinlich, weil dieser Geburtstag erst kurze Zeit vorbei ist.

Die Mutter bemerkt das auch und fühlt sich in ihrer Meinung bestätigt, dass sich ihr Sohn doch kränkt. „Ja", sagt sie, „wir beide kränken uns. Nicht dass wir es deswegen heute anders machen würden, aber einen Menschen zu lieben, der so geizig ist mit seinen Gefühlen und mit dem Geld, das muss einfach weh tun!"

DIE REAKTION DES ARZTES

Es ist schwer, als Arzt dazu etwas zu sagen. Wahrscheinlich hat die Mutter Recht. Wahrscheinlich kränkt sich Ferdinand wirklich und verdrängt seine Gefühle. In seinem Alter jedoch hat es wenig Sinn, ihn zu seinen Gefühlen zu führen. Es kann fast als Schutz angesehen werden, dass der Jugendliche seine Gefühle unterdrückt, um sich nicht in seiner schwierigen Entwicklungsphase noch weiter zu belasten. Es kann auch nicht Aufgabe des Kindes sein, die Entscheidungen der Mutter zu überprüfen. Es ist vielleicht eigenartig, dass sie dem geizigen Mann auch noch das Haus geschenkt hat. Letzten Endes hat sie damit ihrem Kind einen Teil seines Erbes genommen und sich selbst die Möglichkeit, mit ihrem heranwachsenden Buben menschenwürdig zu wohnen. Aber sie bekommt dafür ein subjektives Überlegenheitsgefühl, vielleicht hat sie sich auch Dankbarkeit erwartet. Dieses Überlegenheitsgefühl hat seine Entsprechung in ihrem Schuldgefühl gegenüber Ferdinand, das nicht ganz unberechtigt ist. Sie hat ihm einen Teil seiner Möglichkeiten genommen, sie hat es unmöglich gemacht, dass er einen finanziellen Polster hat. Und überdies weiß man nicht, ob nicht der Vater aus Schuldgefühl so reagiert oder ob es wirklich so ist, wie die Mutter sagt, dass sein Geiz ihn so beherrscht, dass er seinem Sohn so eine hässliche Geburtstagskarte schickt.

GENERELLE ÜBERLEGUNGEN

Die Wichtigkeit der Rolle des Vaters bei den wesentlichsten Entwicklungsschritten des Kindes ist unbestritten. Der Anteil jedes Vaters an der genetischen Ausrüstung des Kindes ist ebenso unbestritten und nicht beeinflussbar. Aus der Perspektive des Kindes braucht es wie jedes Kind einen Vater, weil dieser zur Grundausstattung des Lebens gehört. Ein lebender und lieber Vater ist am schönsten. Ein lebender und schwieriger geht auch noch. Ein toter und guter ist verkraftbar, aber gar kein Vater oder einer, bei dem sich die Leute verschämt umdrehen und wegschauen, wenn man auf ihn zu sprechen kommt, ist eine Hypothek, mit der man sein Kind nicht belasten sollte.

Man kann den Vater nicht zwingen, da zu sein, kann die lebendige Ausübung seiner Vaterrolle nicht einfordern. Man kann nur hoffen, dass er sie wahrnimmt. Ferdinands Vater scheint aus verschiedenen Gründen nicht imstande oder nicht willens zu sein, seine Rolle wahrzunehmen. Da hilft auch der Versuch der Mutter nichts. Es ist dann an sich die Rolle des Psychotherapeuten, dem Kind zu helfen, sich mit dem fehlenden Vater auseinander zu setzen. Dazu bedarf es aber der Bereitschaft und auch des entsprechenden Alters des Kindes, ab dem man eine Therapie machen kann.

Die Rolle des Vaters hat sich in unseren Zeiten sehr geändert. Heute wird er als Unterstützung der Mutter angesehen, als Hilfe bei der Erziehung und bei der Pflege der Kleinkinder. Seine Rolle als Vorbild, als abwesender Vater, wie er selbst noch in den 1960er-Jahren genannt wurde, scheint weitgehend einer neuen Rolle gewichen zu sein, in der man den Vätern eine Art neue Vaterschaft näher bringen will. In der Tat sieht man heute mehr Männer, die versuchen, mit ihrem Kleinkind umzugehen, und selbst in der Universitätsklinik für Kinder- und Jugendheilkunde, in der die Autoren in Graz arbeiten, sind es immer mehr Väter, die die „Mutter-Kind-Zimmer" in Anspruch nehmen. Historisch ist diese Rollenänderung schlecht vorbereitet. Die Männer sind in ihrem Rollenverständnis darauf nicht eingestellt, und auch die übrige Gesellschaft kann sich erst langsam umstellen. So ist die Bemessung des so genannten Kindergelds noch immer so angelegt, dass eigentlich ein Verdiener die Familie erhält und das Kindergeld einen zweiten Verdienst ausgleicht. Die Höhe des Karenzgelds entspricht mehr einem Halbtagsjob als einem „Männerverdienst" eines Facharbeiters am freien Arbeitsmarkt. Und abgesehen davon, haben Männer es an sich kaum erlernt, im Haushalt nützlich zu sein. Diese neue Mode ist auch für Frauen noch ungewohnt, solchen zum Beispiel, die sich als Krankenschwestern erst langsam daran gewöhnen, ungewaschene und verschlafene Männer in der Nacht als Partner in der Pflege der Kinder vorzufinden.

Ebenso wie das Rollenbild der Frau ist auch jenes des Mannes im Umbruch, und es fällt oft schwer, sich damit anzufreunden. Die Männer reagieren auf diese Änderung je nach Wesen und Situation unterschiedlich. Manchmal kämpfen sie um alte Rechte, die sie an sich für selbstverständlich gehalten haben. So musste der geschiedene Vater, wenn er nicht der Erziehungsberechtigte war, noch vor Jahren um seine Einwilligung gefragt werden, wenn die Mutter mit dem Kind ins Ausland ziehen wollte. Heute hat er nur noch das Recht auf Anhörung. Die Entscheidungsbefugnis des Vaters in der Familie war in der rein paternalistischen Familie klar: Er war der Vertreter der staatlichen Autorität und hatte Recht und Ordnung zu sprechen. So war er auch gefürchtet. Nun ist die Furcht weg, aber mit ihr auch das Vorbild, das aus der Ferne die Richtung ins Leben angibt und an der man sich ausrichten kann. Keine Änderung ohne Verlust. Der abwesende Vater der Kriegsgeneration nach 1945 ist nun einem anwesenden, aber irgendwie komischen Vater gewichen, vor dem man nicht mehr so viel Angst hat, der aber auch nicht mehr so viel Respekt einflößt. Vielleicht geht diese Entwicklung, die noch lange nicht die ganze Welt erfasst hat (man denke an paternalistische Gesellschaften, wie sie etwa in den muslimischen Regionen der Erde bestehen), einmal wieder in eine andere Richtung.

Es ist wahrscheinlich erstrebenswert, das Bild des Vaters zu ändern – ihn abzuschaffen ist an sich unmöglich und in Hinblick auf die Entwicklung der Kinder nicht sinnvoll. Jede Entfernung des Vaters aus dem Bild der Kinder führt zu einem Verlust an Komplexität, zu einer Verflachung der Möglichkeiten und letzten Endes zu einer Einseitigkeit, die nicht wünschenswert ist. Seine Verpflichtung gegenüber den Kindern wird jeder Vater anders wahrnehmen: je nach Wesen und sozialer Schicht, je nach Erwartungen und Möglichkeiten. In jedem Fall aber ist er ein wichtiger Bestandteil der kindlichen Entwicklung.

GEMEINSAME ABENDE – MÄNNERDEPRESSION IM PATCHWORKSYSTEM

VIGNETTE Der Tag war gut. Einige Kinder gingen an dem Feiertag in die Stadt. Es waren die „gemeinsamen". Einige Kinder waren mit Freunden beim Sport. Es waren „ihre" Kinder. Von einigen Kindern hörte man gar nichts, sie wohnten in anderen Städten oder taten sonst was und meldeten sich nicht. Es waren „seine" Kinder. Das Beste ist, die Eltern sind zu Hause und die Kinder gehen auf Erforschung. „Exploration" nennt das die Psychologie mit einem Fachausdruck der Bindungsforschung und beobachtet das schon beim sicher gebundenen Einjährigen. Im klinischen Experiment, der so genannten Fremden Situation, will der Säugling, dass seine Mutter in einem Sessel sitzt – am liebsten hat er es, wenn sie ihm zusieht –, und dann geht er die Welt erforschen. Am Anfang macht er nur wenige Schritte – dann kommt er zurück. Das nennt man mit dem französischen Namen „Rapprochement" (Wiederkommen). Später werden die Distanzen größer. Aber eines bleibt immer gleich: Das Kind will, dass der Elter sitzt und das macht, was es will. Für das Kind ist es unvorstellbar, dass der Elter irgendetwas anderes machen möchte. Der Erwachsene ist aus der Perspektive des Säuglings omnipotent. Dass es für den Vater, die Mutter auch langweilig sein kann, einfach nur dazusitzen und zu warten, ob das Kind ihre Aufmerksamkeit will oder ihre Nähe – das kann sich das Kind nicht vorstellen. Denn der Erwachsene kann doch alles, also auch das, was das Kind will. Dass sich der Elter in den Dienst des Kindes stellt, ist für dieses in normalen Verhältnissen selbstverständlich und benötigt keine Überprüfung. Man könnte auch sagen, der Kontakt ist nicht in beide Richtungen gleich, ist nicht partnerschaftlich. Es gibt kein Verständnis über die Generationen hinweg. Der Elter ist im Normalfall derjenige, welcher versorgt, und das Kind dasjenige, welches versorgt wird.

Nun, wie geht die Geschichte in der Patchworkfamilie weiter?

Die Kinder waren, wie gesagt, weg, explorierten ihrem Alter entsprechend und suchten Neues. Die Eltern waren währenddessen zu Hause. Später zeigten sich die Kinder empört, weil sie von den Eltern nicht mit größerer Freude empfangen worden waren, als sie nach Hause kamen, mit ihnen aßen und ihnen erzählten, was es draußen in der Welt so gibt. Dann machte jeder wieder das Seine. Die Kinder sahen fern – Fußball und Sport. Die Eltern unterhielten sich. Der Kleinste brauchte die Eltern, und jeder fand es selbstverständlich, dass sie für ihn da waren. Sein Rapprochement war noch auf den Garten beschränkt. Als es Abend wird, kommt eines der Kinder mit einer Fußverletzung nach Hause. Sofort fährt die Mutter mit ihm ins Spital. Es ist „ihr" Sohn. Eine Bänderverletzung wird diagnostiziert, das Bein wird geschient. Als sie wieder zu Hause sind, macht der (Stief-)Vater einen Fehler, als er meint, dass der Bursche nicht Auto fahren soll, solange der Knöchel instabil sei.

Wie konnte er nur? Mutter und Sohn sind ehrlich empört. Im Spital habe man gesagt, dass er ohne weiteres Auto fahren könne. Und er, der (Stief-)Vater, sei doch gar nicht mitgewesen. Wie könne er sich da so einmischen? Klar, dass er es nur böse gemeint haben könne, wie denn sonst?

Der Vater geht in sein Zimmer. Zieht sich zurück, was denn sonst? Wie soll er da leben? Was soll er machen? Er ist gekränkt, fühlt sich überflüssig, es ist wahrscheinlich die berühmte Midlifecrisis und niemand hat Lust, ihn jammern zu hören.

Jetzt kommt das Unglück: Er will einen Film sehen. Also muss er ins Wohnzimmer, wo es den digitalen Satellitenreceiver gibt. In seinem Zimmer hat „ihr" Sohn schon die Fernbedienung kaputt gemacht, und er kann gar nicht feststellen, ob er den Film dort sehen könnte. Er bringt seinen Wunsch vor. Sie, seine Frau und Mutter des verletzten Sohnes, sitzt daneben und schaut ihn groß an. Sie strickt. Die Kinder sehen im Fernsehen einen anderen Film. Einen amerikanischen Science-Fiction-Film, eine Serie. Er kennt die Serie. Einmal wollte er sie sich anschauen, als seine Frau dabei war. Sie schrie mit ihm so lange, bis er den Fernseher abdrehte. Aber heute ist sie Mutter. Sie wacht über das Glück ihrer Kinder.

Er will den Film aber sehen. Aussichtslos. Einer der gemeinsamen Söhne sitzt in seinem Sessel, in der Kleidung, die er den ganzen Tag angehabt hat, in der er draußen war, in der er im Garten war, ungewaschen, mit fetten Haaren. „Ihr" Sohn sitzt mit nackten Füßen am Schaukelstuhl und putzt sich die Zehenzwischenräume des verletzten Fußes. Wahrscheinlich hat er den Verband abnehmen können und behandelt sich jetzt die juckenden Stellen. „Seine" Mutter ist gerührt.

Er geht. Was soll er hier?

Der kleine Sohn ist im Bad. Er spürt, dass es seinem Vater nicht so gut geht. Also beginnt er sich mit ihm zu unterhalten. Eigentlich nett. Der Sohn beschwert sich über ein altes Geschenk – eben die Art der Kommunikation, die Eltern so lieben.

Er zieht sich zurück. Geht schreiben (nämlich dieses Kapitel hier). Sie holt den kleinen, gemeinsamen Sohn ab. Der Vater schimpft. Seine Mutter, die Großmutter des Kindes, hört das und schenkt ihrem Buben eine neue Fernbedienung, die sie angeblich nicht mehr braucht. Er schimpft nicht mehr. Seine Frau (die Mutter des Kindes) kommt, will eine Beziehungsdiskussion über seine schlechte Laune beginnen. Er ist aber schlauer. Er wirft sie aus dem Zimmer. Nicht das jetzt auch noch – noch eine Paardiskussion über seine Laune, wo sie doch nur das harmlose Spiel der Kinder bewachte, während sie strickte. Und er einen offensichtlich blöden Film sehen wollte, wie „ihr" Sohn sagte, der den Film natürlich aus dem TV schon kannte.

Wie kann diese Geschichte weitergehen?

Verschiedene Ausgänge sind möglich:

„Sein" Sohn entschuldigt sich bei ihm. Unangenehm. Das vorgeblich zerknirschte Gesicht eines Jugendlichen, der eigentlich einen guten Tag hatte und einem dann erzählen soll, dass er gar nicht im bequemsten Sessel vor dem TV lümmeln wollte – eigentlich kein schöner Anblick.

Oder „ihr" Sohn kommt und beschimpft ihn, sagt, dass er seine Wünsche anders vortragen soll, wenn er etwas von ihm wolle. Erklärt, dass er gar nicht die Fernbedienung des anderen Fernsehers ruiniert habe, sondern dass das sicher andere gewesen seien. Und sie, die Mutter, schaut zu, ob und wie der Vater das aufnimmt.

Oder: Das Paar beginnt den Streit aufs Neue. Am besten so, dass sie ihm sagt, dass er seine Familie nicht mit seinen Launen terrorisieren solle. Oder dass er nur so sei, weil er ... Oder: dass sie sich richtig verhalten habe und es jetzt doch viel besser sei, weil er nun in seinem Arbeitszimmer sitze und schreibe, anstatt stumpfsinnig fernzusehen. Er könnte auch zu schreien beginnen, weil er findet, dass manches in diesem Haus einfach respektiert werden sollte. Und dass er hier nur leben könne, wenn er hier der Boss sei, wenigstens hinsichtlich der wenigen Dinge, die ihm wichtig sind. Woraufhin sie ihm aufzuzählen beginnt, was alles ihm allein gehört, ihm sagt, wie die Kinder sich vor ihm fürchten oder ihn achten, oder einfach die immer traurige Geschichte aufs Tapet bringt, dass sie immer für alle da sei und er immer machen könne, was er wolle. Oder eben irgendeine Geschichte, um ihm klar zu machen, dass er wieder einmal im Unrecht gewesen ist.

Und das alles, weil er sich einen Film ansehen wollte, und zwar im Wohnzimmer. Wahrscheinlich hat sie inzwischen schon versucht, ihm seinen Platz im Wohnzimmer wiederzugeben. Und hat mit „ihrem" Sohn diskutiert. Ergebnislos. Der wird auch ihr erklärt haben, dass der Film ein großer Blödsinn, die amerikanische Serie viel, viel besser sei. Und da es ihr Sohn ist, hat sie keinen Grund, an seiner Einschätzung zu zweifeln.

Ist Ihnen schon langweilig? Können Sie sich die weiteren Verästelungen dieser einfachen Geschichte vorstellen? Können Sie das Rad, in dem sich die Akteure wie Hamster drehen, weiterdrehen? Können Sie sich Beziehungsdiskussionen ausdenken, die hier noch nicht ausgeführt wurden? Die noch einen Schritt weitergehen, oder die man anders spinnen könnte? Etwa dass er gewinnt oder sie anders beginnt? Oder dass das Paar nicht in die zwei Elternteile zerfällt, in einen schützenden und einen, der sein Recht auf Leben einklagen will? Oder können Sie sich eine Geschichte ausdenken, in der es noch wie früher ist: Der Vater betritt das Wohnzimmer, die Kinder fragen, was er brauche, was er sehen wolle, was er überhaupt möchte. In dieser Zeit wird der Fernseher auf lautlos gestellt, man kann einander hören und sieht nicht nur die Lippenbewegungen des anderen. Oder können Sie sich vorstellen, dass die beiden Partner handgreiflich werden? Er nimmt das Wollknäuel und beginnt daran zu zerren. Der Pullover, den sie natürlich für eines ihrer Kinder strikkt (und wer ist nicht ihr Kind?), beginnt sich aufzutrennen. Sie ist empört (zu Recht, werden Sie sagen – er macht ihre Handarbeit kaputt!). Sie beginnen einander zu schubsen, dann wird er ausfällig. Sie ist stärker, ihr Sohn auch, allerdings ist der verletzt. Die Kinder sind außer sich. Die Eltern schlagen sich, das ist doch allein ihr Vorrecht! Empörend – finden Sie nicht auch? Gewalt in der Ehe – wozu? Das führt doch zu nichts.

Andere Szenen gehen schon besser aus: Er zieht sich weiter zurück. Sucht sich einen anderen Schlafplatz, im Arbeitszimmer zum Beispiel oder in einem der freien Kinderbetten. Sie lässt ihn. Kommt, oder auch nicht – ganz, wie Sie wollen. Und jetzt streiten die beiden – oder versöhnen sich auch. Zeit für eine versöhnliche Sexszene, das wäre doch mal was in so einem Buch! Nicht immer nur erhobene Zeigefinger oder Besserwisserei, sondern auch mal was Handfestes, etwas, das auch Männer gern lesen, nicht nur etwas Frauen. So mitten in der Nacht, wie sie unter seine Decke schlüpft, ihn langsam berührt, er sich anfänglich abwendet, grunzt, seinen Schlaf verteidigt und dann doch langsam erwacht, als sie seinen ... und er noch im Halbschlaf ihre vertraute Wärme spürt.

DER VIRTUELLE DISKURS

Was nützt es, wenn ich Sie als Leser einbeziehe? Ich wende mich an Sie, komme so aus dem Haus, ohne es zu verlassen. Wahrscheinlich genau wie Sie jetzt, in diesem Moment, zu Hause sitzen, und an meiner Geschichte und denen von anderen Anteil nehmen oder auch nicht. Es erleichtert. Lenkt von den eigenen Problemen ab. Oder? Alles, was ich Ihnen bis jetzt erzählt habe, kann so gewesen sein oder auch nicht. Alles, was Sie sich dazu gedacht haben, kann stimmen oder auch nicht.

So verhält es sich auch mit den Interpretationen, die ich Ihnen jetzt anbieten kann: Sie können stimmen oder auch nicht. Und es gibt niemanden, der ihre Richtigkeit feststellen kann. Es gibt bei Berichten und Interpretationen keine Wahrheit. Es gibt nur eine „diskursive Vereinbarung", das, was wir Wirklichkeit nennen, eben so wahrzunehmen und zu interpretieren und nicht anders. Für beides gilt: Wahrnehmung, die nicht in allem Gottes Willen und seine unmittelbare Äußerung sieht, nimmt anders wahr: zum Beispiel in Kausalitäten. Denn solange Gott sich in allem äußert, solange ist Kausalität unmöglich, denn diese würde versuchen, die Handlungen Gottes in Ursache-Wirkungs-Beziehungen einteilen zu wollen. Das wäre offensichtlich falsch und daher unmöglich. Erst wenn Gott ein wenig die Welt verlassen hat, kann das naturwissenschaftliche Paradigma der Ursache-Wirkungs-Beziehung bedeutsam werden. Aber selbst diese bedarf des Diskurses.

Im Zwischenmenschlichen ist dieser Diskurs noch viel nötiger. Denn da kann Wahrheit letzten Endes nicht erreicht werden. Denn selbst in einem Strafprozess, in dem über einen Gattenmörder verhandelt wird, ist nicht feststellbar, wer wen mehr gequält hat: er sie oder sie ihn. Feststellbar ist lediglich, dass er lebt und sie tot ist und dass er wahrscheinlich der Mörder ist. Dann fangen aber schon die Diskurse an: Geschah die Tat im Affekt, hat er ihre Folgen erkennen können, oder war er durch den vorangegangenen Streit so verwirrt, dass er zum Zeitpunkt der Tat unzurechnungsfähig war und also nach dem positiven Recht nicht strafbar ist? Und selbst das Ausmaß der Strafe ist Gegenstand des Diskurses und abhängig von der Ideologie der Beteiligten.

Aber hier ist es noch komplizierter: Ich beziehe Sie ein. Aber dadurch, dass ich mir mehrere Abfolgen des Problems vorstellen kann und Sie dazu auffordere, sich noch weitere einfallen zu lassen, wird das Problem nicht gelöst. Denn jeder der Beteiligten hat Recht: Die Kinder finden, dass der Vater sich anders benehmen sollte. Sie müssen auch immer fragen, wenn sie am Abend einen Film sehen wollen. Er hätte doch auch sagen können, welchen Film er sehen will. Die Frau findet, dass er doch besser gelaunt sein könnte – wo er doch so einen schönen Tag und seine Ruhe gehabt habe – und nicht immer so eine schlechte Stimmung verbreiten müsse. Sie ist auch ganz Mutter, weil ihr Kind sich beim Fußballspielen den Knöchel verletzt hat. Der Mann ist der Meinung, dass man es ihm, wenn man ihn schon den ganzen Tag nicht beachte und er sich dann ausnahmsweise einmal einen Film ansehen wolle, nicht durch irgendwelche Verhaltensmaßregeln unnötig schwer machen sollte. Alle finden, dass sich der andere ändern soll und man selbst sich richtig verhalten habe.

Kommt Ihnen das irgendwie bekannt vor?

Der Lehrsatz lautet: Wahrheit und Wirklichkeit werden im Sozialen immer erst ausgemacht, sind immer Ergebnis eines Diskurses und bestehen nicht an sich. Sie werden immer erarbeitet, erstritten oder erlebt, aber an sich gibt es sie nicht.

Interpretationssysteme, wie sie die Psychologie, die Philosophie oder verschiedene Ideologien – familienfreundliche oder -feindliche – erfinden, sind nicht wahrer (wenn es diese Steigerungsform geben sollte, und im Sozialen sollte es sie geben) als das, was Sie sich denken. Nur weil zum Beispiel Sigmund Freud den Charakter seiner Träume zu verstehen glaubte, sind seine Konzepte und die seiner Schüler um nichts besser als das, was Sie sich denken. Und wenn man eine Position einnimmt oder sich mit einer bestimmten Person identifiziert, dann versteht man deren Wahrheit immer besser als alle anderen.

Alles, was Sie hier also an Interpretationen lesen, ist von uns. Und da wir Tiefenpsychologie und Medizin studiert haben und selbst in einer Patchworkfamilie leben, können wir manchmal Interpretationen und Hilfen anbieten, die für Sie vielleicht nützlich sind, doch keinesfalls sind es Interpretationen, die für Sie richtig sein *müssen*, und Sie werden nie wissen, ob diese Interpretationen an sich richtig sind. Denn nie sollten Sie sich so weit auf uns einlassen, dass Sie nicht mehr wissen, was für Sie das Richtige ist.

INTERPRETATION

Nichtsdestotrotz versuchen wir jetzt eine Interpretation, die Ihnen mehr Klarheit bringen soll. Vielleicht auch uns.

Einige Grundverhaltensweisen des Menschen sind hier aufeinander geprallt:

- der Schutzinstinkt der Mutter;
- der Selbstbehauptungstrieb des Vaters, der nicht abgeschafft werden will;
- der Explorationstrieb der Kinder;
- der Wunsch der Kinder, das zu haben und zu bekommen, was der Vater schon hat;
- die besonderen Gefühle gegenüber der eigenen Brut als jenen Menschen, die das eigene Genom weitertragen;
- die Belastung der Partnerschaft durch ihre Aufzuchtsaufgaben;
- die unerlässliche Besserwisserei der Kinder, durch die sie versuchen müssen, langsam die Herrschaft zu gewinnen, um nicht von den Eltern abhängig zu bleiben.

Schon daraus ersehen Sie, dass ein Streit zwischen den Partnern keinen zusätzlichen Erkenntnisgewinn bringen kann. Er ist in sich nutzlos. Weder erhält man neue Erkenntnisse über die Beziehung, noch wird sich das Verhalten eines der Partner dadurch ändern. Sie können fast nicht anders, weil es eben ihre Rollen sind, die sie in diese Position versetzt haben.

Daher ist die erste Interpretation diese: Keiner kann anders handeln. Und es ist in der Tat die Grenze des wohligen Zusammenlebens in der Patchworkfamilie, dass diese angeborenen Instinkte immer wieder zuschlagen, immer wieder eine Rolle spielen und immer wieder das Zusammenleben stören.

Wenn aber alle das machen, was sie machen müssen, dann gibt es fast keine darüber hinausgehenden Interpretationen, denn sie alle gingen dann am Wesentlichen vorbei.

ERZÄHL MIR MAL, WIE ES BEI MAMA SO ZUGEHT

Fragen der Eltern über die Erlebnisse der Kinder beim Expartner

Die Überschrift dieses Kapitels erinnert vielleicht an Spionage und Verrat. An dunkle Seiten unserer Persönlichkeit, die wir gerne verleugnen. Mit der Aufforderung wie „Erzähl mir mal, wie es bei der Mama so zugeht?“ oder Fragen wie „Wie war es nun wirklich bei der Mama?“ oder „Hast du jedes Mal Bauchschmerzen, wenn du vorher bei der Mama warst?“ sind vielleicht andere Kinder konfrontiert, aber doch nicht die Ihren oder die Meinen! Sie haben doch gelesen, dass man Kinder nach der Trennung der Eltern nicht in Loyalitätskonflikte bringen soll. Das steht doch schon in jeder Illustrierten und nicht nur in psychologischen Fachbüchern. Hier soll es auch nicht um das „primitive“ Aushorchen minderjähriger Kinder gehen. Es geht vielmehr um das Phänomen des Umgangs mit Verunsicherung, Rache, Neid und Missgunst, um die Bearbeitung solch dunkler Gefühle zugunsten der Kinder und zugunsten der eigenen Psychohygiene. Wenn wir die Qualität dieser Gefühle in Neugier, Wehmut und Loslassen umdefinieren lernen, geht es leichter. Ein Beispiel illustriert dies.

VIGNETTE Herr Henze kommt in die Ordination. Er hat sich vor einem Jahr getrennt und möchte in der psychotherapeutischen Beratung das Thema seiner Beziehung zu seinen beiden Töchtern bearbeiten. Die Töchter sind Anja und Carola, vierzehn und acht Jahre alt. Er ist mit seiner neuen Lebensgefährtin in die erste Sitzung gekommen, beide bemühen sich, ein modernes, aufgeschlossenes und liberales Paar darzustellen, welches die Herausforderung der Integration von zwei Kindern in ihre neue Liebesbeziehung wirklich ernst nimmt und aktiv als gemeinsames Anliegen versteht. In der ersten Sitzung berichten sie von einigen Schwierigkeiten in der letzten Zeit. Es war beispielsweise in den letzten Ferien vereinbart worden, dass sie gemeinsam mit beiden Mädchen eine Woche in Italien Sommerurlaub machen sollten. Alles war scheinbar abgesprochen und geklärt. Die Fahrt beginnt lustig. Als man sich der italienischen Grenze nähert, bekommt Anja plötzlich furchtbare Bauchschmerzen. Sie windet sich und weint und sagt, sie möchte zu ihrer Mutter nach Hause. Da sie ein eigenes Handy hat – welches ihr vom Vater geschenkt und jetzt sogar durch ein zweites von der Mama für den Urlaub ergänzt worden war – ruft sie selbst ihre Mutter an. Herr Henze und seine Freundin schauen einander ziemlich entsetzt an. Was sollen sie tun? Man kann doch nicht das arme Kind zum Sommerurlaub zwingen? Was ist, wenn es vielleicht doch was Ernstes ist mit den Bauchschmerzen? In Italien kennt man ja die Spitäler! Eine verwirrende Mischung von Gefühlen aus Ärger, Empörung, Sorge, Wut und Trauer befällt sie. Anja will unbedingt zu ihrer Mutter zurück. In der Not machen sie das Handy für die ganze Situation verantwortlich. Es sei halt Anja zu leicht gemacht worden, nach der Mutter zu rufen. Bei der geringsten Frustration könne sie damit ihre Mutter in die Situation hereinbringen und dadurch die Lösung von Problemen in der kleineren Gruppe von vier Personen verhindern. Die kleine Schwester bemüht sich, konstruktiv zu sein. Sie schlägt verschiedene Lösungen vor. Nach über einer Stunde, in welcher Anja, Carola und Herr Henze nacheinander mit der Mutter am Telefon sprechen, wird beschlossen, Anja nach Hause zu bringen. Sie kehren um, die Rückfahrt dauert über zwei Stunden, und Anja zeigt deutlich, dass sie wirklich große Schmerzen hat, sie erbricht sogar zweimal. Carola wollte eigentlich noch immer mit in den geplanten Urlaub fahren, doch als man bei der Mutter angekommen ist, verlässt sie der Mut. Und sie meint, ohne die große Schwester werde es sowieso nicht lustig, sie kämen vielleicht nach, wenn Anja wieder gesund sei. Selbst die Mutter der Mädchen bemerkt die Enttäuschung des Vaters, spricht demonstrativ nur mit ihm, Herrn Henzes neue Freundin wird konsequent ignoriert. Fazit: Das neue Paar fährt ohne die Kinder in den Urlaub zu Freunden, die fast gleich alte Kinder haben. Rückblickend gesehen könnten die Bauchschmerzen vielleicht psychosomatischer Natur gewesen sein, der Kinderarzt hat aber gemeint, auch eine flüchtige Kolik komme in Betracht. Eine ernsthafte Krankheit habe sich glücklicherweise nicht entwickelt.

Während diese in der Erinnerung noch immer schmerzliche Episode erzählt wird, stellt Herr Henze die Frage, ob das Handy schuld sei oder ob er selbst irgendetwas falsch gemacht habe. Er fragt seine Töchter absichtlich nie aus, wie es ihnen bei der Mutter gehe, weil er doch weiß, dass dies unfair ist und Kinder in eine schwierige Lage bringt. Er meint auch, dass die Mutter sich grundsätzlich sehr gefreut habe, dass er mit Anja und Carola Urlaub machen wollte. Sie hatte selbst für diese Woche etwas geplant und musste nun absagen, da die Mädchen zurückgekommen waren. Immer wieder sagte er, Vertrauen sei doch wichtig, und die Situation habe ihn so überrascht und überfordert, dass er wahrscheinlich das Falsche gemacht habe. Aber Anja habe ja dauernd wiederholt, dass ihre Mutter ihr versichert habe, sie könne immer anrufen, wenn sie ein Problem habe. Er fühle sich noch immer durch diesen missglückten Urlaubsversuch so verunsichert, dass er gar nicht wisse, wie er die Situation beim nächsten Mal besser vorbereiten oder meistern könne.

In den folgenden drei Sitzungen kommt Herr Henze allein zur Beratung. Er ist ein schüchterner, sehr feinfühliger, behutsamer Mann, der sich einerseits auf die Zukunft mit der neuen Lebensgefährtin, die er sehr liebt, einstellen möchte, aber durch Themen der Vergangenheit, auch solche aus seiner Kindheit, immer wieder abgelenkt und innerlich beschäftigt ist. Mit seiner Exfrau möchte er einfach eine faire und klare Lösung. Er vertraue ihr als Mutter sehr. Er habe ihr finanziell sehr gute Startbedingungen geschaffen und selbst auf einiges verzichtet. Vor allem wegen der Mädchen.

INTERPRETATION

An diesem Beispiel wird deutlich, dass das Leugnen von Misstrauen zwecklos ist. Eine andere Interpretation wäre, dass Herr Henze in seiner Autorität als Vater zu schwach ist. Eine dritte, dass die große Tochter mit den psychosomatischen Bauchschmerzen ihre ausgeschlossene Mutter herbeigesehnt und letztlich herbeigeholt hat. Weiters, dass die gekränkte ehemalige Paarbeziehung den Übergang in eine funktionstüchtige Elternschaft noch nicht vollzogen hat. Darüber hinaus zeigt dieses nicht untypische Beispiel, dass, bevor Exploration und Freude über einen bevorstehenden Urlaub beginnen können, die kindlichen Schutz- und Bindungsbedürfnisse erst gesichert werden müssen. Die Grenze nach Italien ist gleichsam die Grenze des Machtbereichs der Mutter, sodass man sich jenseits davon verlassen und mutterlos fühlen muss. Genau an dieser Grenzlinie meldet sich der Schmerz. Er ist so groß, dass nur die Rückkehr zur Mutter ihn lindern kann. Die Bindungstheorie würde hier von einer „Somatisierung einer unsicher-ambivalenten Bindung" sprechen. Die Bauchschmerzen beschwören die Anwesenheit der Bindungsperson, die in dieser Situation von der zweiten möglichen Bezugsperson, dem Vater, nicht ersetzt werden kann. Die gewählte Lösung der Tochter, die Mutter durch Handyanruf herbeizuholen, ist nahe liegend. Die gewählte Lösung des Vaters, durch Rückkehr zur Mutter den noch kaum begonnene Urlaub zu beenden, macht jedoch seine Bindungsunsicherheit deutlich. Er selbst ist in seinem Vertrauen zu sich als Vater nicht gefestigt genug, um sich als vollwertige Vertrauensperson für seine Tochter zu organisieren und die Bauchschmerzen der Tochter mit anderen Mitteln zur lindern. Der Bindungstyp „unsicher-ambivalent" trifft hier auf alle Beteiligten zu,

Explorationswünsche sind zwar vorhanden, aber die Angst vor Lösung bremst den guten Willen und das Grundvertrauen aus. Das Handy symbolisiert die Nabelschnur, die das Kind im Bedarfsfall immer wieder anziehen kann. Kurzfristig ist es also ein positiver Lösungsmechanismus, längerfristig eine Katastrophe.

Lösungen: Als Empfehlung für die nächste Urlaubsvorbereitung schlage ich ein Gespräch aller Beteiligten, der Erwachsenen wie auch der Kinder, vor. Es sollte dazu dienen, den Umgang mit unerwarteten Krisen und möglichen Notsituationen im Voraus zu besprechen, um zu verhindern, dass dieses Thema sich erst durch Somatisierung durch das Kind aufdrängt. Zweck eines solchen Gespräches ist ein von allen akzeptierter Notfallsplan, der so ausformuliert werden sollte, dass er in einer wirklichen Notsituation sowohl beim Vater als auch bei der Mutter wirksam werden kann.

Ein solches Gespräch wurde versucht. Auf den ersten Blick erschien es erfolglos. Zwar schafften die Eltern – das ehemalige Paar – mit beiden Töchtern ein Gespräch zu viert auf neutralem Boden, in einem Gasthaus. Der Vater war jedoch davon recht enttäuscht, weil Anja die Situation benützte, um ihm vor der Mutter zu sagen, wie blöd sie seine neue Lebenspartnerin fände.

Trotzdem versuchte man einige Wochen später noch ein Treffen zu veranstalten. Diesmal waren auch die beiden neuen Lebensgefährten der Eltern mit dabei. Es verlief etwas steif, doch nahm diesmal Anja selbst die Moderation in die Hand. Sie erstellte einen praktischen Plan, der vorsah, dass alle vier Erwachsenen und die beiden Kinder die Handynummern voneinander erhalten sollten. Die Telefonnummern anderer wichtiger Bezugspersonen der Kinder wie die ihrer Tante, zweier Nachbarn und des Kinderarztes wurden ebenfalls in die Liste eingetragen. Diese Liste mit Telefonnummern druckte sie selbst zu Hause mithilfe des Computers aus und verteilte sie an alle. Sie war recht stolz auf sich. Sie hatte selbst die Verantwortung übernommen, um eine ähnliche Situation künftig zu verhindern. Der nächste Sommerurlaub zu viert gelang im Anschluss daran auch sehr gut.

VIGNETTE Gustav wird wegen psychogener Anfälle eine Behandlung empfohlen. Er ist in der Schule zusammengebrochen, musste daraufhin sofort auf die Intensivstation der Kinderklinik eingeliefert werden. Er konnte nach einigen Tagen intensiver Untersuchungen nach Hause entlassen werden. Bis auf den Umstand, dass er und seine Schwester bei ihrem gemeinsamen Vater lebten, konnte nichts Auffälliges gefunden werden. Gustav erlitt solche Zusammenbrüche noch drei Mal. Anfangs fand er die Aufregung um ihn herum ganz attraktiv und fast witzig. Auf der Intensivstation war er nach seinem Aufwachen der einzig nicht Bewusstlose und wurde von den Schwestern und seiner auf Besuch kommenden Verwandtschaft sehr verwöhnt. Als aber die Ärzte nach dem dritten Vorfall noch immer nichts finden konnten, wurde er unruhig.

Zwei Wochen später wurde sein Papa in die Schule gerufen, weil Gustav schluchzend auf der großen Eingangstreppe der Schule saß und immer wieder äußerte, nicht mehr leben zu wollen. Sein Vater war sehr beunruhigt und bat um psychologische Unterstützung.

Gustav war damals 13 Jahre alt. Er war ein intelligenter und hübscher Junge, der sich seit der viele Jahre zurückliegenden Trennung seiner Eltern daran gewöhnt hatte, dass es bei ihm zu Hause etwas anders ablief. Bei ihm war der Vater zu Hause, sodass manche Leute sagten, der Vater sei die Mutter. Diese Bemerkung fand er immer sehr geschmacklos. Sein Vater war allein erziehend. Die Mutter lebte seit Jahren in einer 200 Kilometer entfernten Großstadt. Gemeinsam mit seiner um drei Jahre älteren Schwester besuchte Gustav sie fast jedes zweites Wochenende mit dem Zug. Erzogen wurde er also hauptsächlich von seinem Vater. Die Großeltern väterlicherseits spielten auch eine wichtige Rolle, besonders als Berater des Vaters in dieser neuen Situation. Als die Anfälle einsetzten, wussten die Großeltern sofort, dass seine Mutter daran schuld sei. Sie hätten schon immer gewusst, dass sie nicht richtig im Kopf sei, deswegen habe sie ja den Vater und die damals kleinen Kinder verlassen und sei davongelaufen. Nun schlage also das mütterliche Erbe durch. Gustav gefiel diese einfache kausale Ableitung und Krankheitstheorie nicht. Er fuhr ganz gerne zu seiner Mutter und fand sie zwar etwas anders als die Mütter seiner Klassenkameraden, aber keineswegs geisteskrank. Aber als die Anfälle sich häuften, wurde der Vater plötzlich neugieriger. Er wollte von Gustav nun wissen, wie denn Mama jetzt überhaupt aussehe, wo genau sie in der Großstadt wohne und was sie eigentlich für eine Arbeit habe. Diese vorher unbekannte Neugier erschreckte Gustav. Er fühlte sich wie ein vom Vater beauftragter Agent, der das Leben der Mutter ausspionieren sollte. Es war aber auch seltsam, dass die Mutter unter keinen Umständen wollte, dass der Vater ihre Adresse oder Arbeitsstelle kannte, aber das war immer schon so gewesen, warum sollte das plötzlich bedeutsam sein, und warum sollte dies plötzlich mit diesen komischen Anfällen zusammenhängen. Gustav selbst gab dem Schulstress und seinem Ehrgeiz die Schuld.

Ihm war die ganze Aufregung der Familie väterlicherseits sehr unangenehm, und er begann seine Mutter neu zu betrachten. Sie gefiel ihm wirklich, sie war einfach so überhaupt keine „Mama“. Sie war eine elegante Frau und schien das Leben zu genießen. An den Kinderwochenenden war sie immer sehr bemüht, mit ihm und seiner Schwester besondere Dinge zu unternehmen. Die bösen Worte und das Getuschel der Großeltern väterlicherseits waren ihm zuwider und bewirkten nur, dass er seine Mutter noch mehr verteidigte als bisher.

Die anschließende psychotherapeutische Behandlung begleitete Gustav über die Pubertät hinaus. In der weiblichen Figur der Psychotherapeutin lernte er noch einen anderen Muttertyp kennen. Er konnte bei ihr erstmals seine Sorgen des „Dazwischenstehens“ thematisieren. Er konnte mit ihr erstmals im Voraus besprechen, wie er mit wichtigen Ereignissen wie der Matura seiner Schwester oder dem Begräbnis seines Großvaters umgehen könnte. Mit der Therapeutin entwarf er wie ein Filmregisseur für die verschiedenen Familienfeste verschiedene Szenarien und ließ diese Fantasiefilme jeweils unterschiedlich enden. Einmal ließ er sich zum Beispiel in diesem Tagtraum von einem reizenden Mädchen entführen, in welches er sich verliebt hatte. Ein anderes Mal ließ er die Mutter mit einem neuen Liebhaber am Familienfest auftreten und alle schockiert reagieren. Dann wieder erwischte er seinen Vater mit dessen Lebensgefährtin, von deren Existenz niemand außer ihm wusste. Er musste oft über seine große Fantasie lachen, und seiner Therapeutin gefiel sie auch. Die Anfälle jedenfalls blieben aus, die Pubertät wurde plötzlich lustig. Mädchen liefen ihm nach, die Schule schaffte er nach einer kleinen Durststrecke neuerdings spielend, er spielte Schlagzeug und Gitarre und wurde ein begeisterter Tänzer.

Bei seiner eigenen Maturafeier saßen seine beiden Eltern, beide ohne Partner, nebeneinander und schienen beide ganz stolz auf ihn zu sein. Er war froh geworden.

INTERPRETATION

In diesem zweiten Beispiel wird ein Kind regelrecht aufgefordert, seine Mutter auszuhorchen. Er sollte Spion oder zumindest Informant werden, um die Neugier der restlichen Familie zu stillen. Seine Symptome scheinen diesen Übergriff zu legitimieren, schließlich ging es ja wirklich um seine Gesundheit und seine weitere schulische Laufbahn. Die unbekannten Lebensumstände der Mutter blieben dank der Loyalität des Soh-

nes im Dunkeln. Die Anfälle könnten als eine Form der nach innen gerichteten Spannungsenergie des Konfliktes zwischen beiden Eltern interpretiert werden. Die Anfälle, die in ihrer Symptomatik typische histrionische oder auch psychogene Anfälle waren, zeigten keinerlei epileptogene Hirnstromaktivität. Sie waren eine Somatisierung seines Ohnmachtgefühls. Gustav wollte immer alles „unter einen Hut bringen", er wollte seine ganze Familie zusammenhaben, seine Großeltern und natürlich auch beide Eltern, aber die Großeltern weigerten sich zu kommen, wenn die Mutter dabei wäre. Gustav fühlte sich in diesen absurden Planungsdiskussionen im Beisein der Großeltern immer als der unausgebildete Familientherapeut und war wirklich überfordert. Erst die Umleitung seiner Fantasien in der Psychotherapie, wo er unterschiedliche Möglichkeiten durchprobieren konnte, schuf ihm Erleichterung und machte darüber hinaus Spaß. Da konnte er einmal außerhalb der Familie jammern und lästern, ohne jemanden dabei zu kränken. Er konnte einfach erzählen, wie es war und was er so dachte.

LÖSUNGEN

Nach jeder Trennung muss Elternschaft neu definiert werden.

Elternschaft ohne Partnerschaft verlangt eine noch klarere Definition der erwarteten Verantwortungsübernahme, der notwendigen Erziehungsleistungen und Aufgaben, und der elterlichen Angebote an die Kinder für den Alltag und für Krisen. Eltern sollten sich den Kindern gegenüber als Ressourcen, als Quellen der Hilfestellung und Unterstützung verstehen. Eltern sollten auch unangenehme Aufgaben fair aufteilen. Dazu gehört beispielsweise das regelmäßige Besuchen von Lehrern und Verantwortlichen in der Schule. Oder das Begleiten der Kinder zu notwendigen Arztterminen, wie etwa zum Zahnarzt. Oder das Organisieren von Amtswegen, wie beispielsweise zur Erlangung eines neuen Reisepasses. Elternsein sollte nicht als Match eines Stärkeren gegen einen Schwächeren definiert oder gar gelebt werden. Aus der Perspektive der Kinder ist dies - unabhängig von ihrem Lebensalter - eigentlich ganz klar. Sie haben eine Mutter und einen Vater, und sie wollen eine gute Mutter und einen guten Vater! Diesem Wunsch zu entsprechen ist die zentrale Aufgabe der Eltern! Respekt und Anerkennung der Unterschiedlichkeit der Persönlichkeiten und möglicherweise auch von Erziehungsvorstellungen sollen im Vordergrund stehen, nicht deren Verurteilung und Abwertung. Es geht nicht darum, das Kind als Spion einzusetzen und noch dazu so zu tun, als geschähe dies „zu seinem Wohle".

Sätze wie „Immer nach dem Wochenende bei Vater/Mutter macht D. deutlich häufiger ins Bett!“ oder „Immer nach dem Besuch von Vater/Mutter braucht M. wieder Tage, bis sie sich wieder gut konzentrieren kann“ gehören in die Kategorie der primitivsten Vulgärpsychologie. Sie benützen und missbrauchen das Kind als Waffe in einem verdeckten Kampf der Eltern um Anerkennung. Kann nun dieser Kampf umgeleitet und die Anerkennung nicht von außen, sondern voneinander eingefordert und erlangt werden, ist eine Lösung in Sicht. Kindliche Symptome können nämlich ebenso als Anpassungsleistungen wie als Störung definiert werden. So können sogar Bettnässen oder Konzentrationsschwierigkeiten in der Schule den Versuch des Kindes darstellen, mit der neuen Situation umzugehen, und nicht nur als Signal von Verletzung, Kränkung, Überforderung oder Verarbeitung von schädlichen elterlichen Einflüssen verstanden werden.

Auch als langjährige Kinder- und Jugendlichentherapeuten erscheint es uns bisweilen fast unvorstellbar, wie primitiv die Kämpfe der Eltern gegeneinander über das Kind geführt werden. So erleben und sehen wir immer wieder, wie hochintelligente und hochmotivierte Eltern nach der Trennung den ehemaligen Liebespartner dem Kind gegenüber plötzlich als Neurotiker, als Psychopathen oder sogar als Sexualtriebtäter darstellen. Die narzisstische Kränkung geht so tief, dass auch die Entscheidung, diesen Partner einst gewählt und geliebt zu haben, rückblickend verdammt und von sich gewiesen werden muss. So werden Jahre, oft Jahrzehnte für die Rache, Demütigung und Verfolgung des ehemaligen Partners aufgewendet. Der Zorn und der Hass, die einen selbst vergiften und verhärten, werden nicht wahrgenommen.

Solange Eltern einander nach ihrer Trennung nur in einer Schwarz-Weiß-Optik erleben können, ist und bleibt es für die Kinder unerträglich. Es kann sie ihre gesamte Lebensenergie kosten, die Spaltung zu neutralisieren versuchen. Diese Lebensenergie geht für ihre gesamte Entwicklung verloren, sie blockiert und behindert jede Möglichkeit, selbst Lösungen zu finden und – sei es auch nur irgendwie – weiterzuleben. Seien Sie also nicht unglücklich, wenn Ihr Kind sich bei seinem nicht mit ihm lebenden Elternteil wohl, zufrieden und froh fühlt. Stellen Sie Gefühle wie Eifersucht und Angst, das Kind zu verlieren, als Ihre Gefühle dar und nicht als „Schuld“ des anderen Elternteils. Es ist nicht zuletzt auch Ihr positives Verdienst und Sie können stolz darauf sein, wenn die gemeinsame Elternschaft nach einer Trennungsphase zu einer von gegenseitigem Respekt getragenen getrennten Elternschaft geworden ist!

IHR SOHN WIRD MIR MANCHMAL ZU VIEL!

Geschichten aus der Sicht eines Patchwork-Vaters, der in mehreren Beziehungen lebt

VIGNETTE Es ist Sonntag. Zwei Herren gehen auf den Berg. Zu früh. Ihr Alter hat sie aus dem Bett getrieben und ihr Wunsch, nicht so fett zu werden wie ihre Altersgenossen. Sie reden, selten und stoßweise, soweit es ihnen aufgrund ihrer Kondition möglich ist. Der eine erzählt: „Mein Sohn hat in einem Deutschaufsatz, der von ihm selbst handelt, ganz komisch geschrieben. Nur sein Zimmer, seine Decke, sein Sofa und seinen Fernseher hat er beschrieben. Als letzter Satz kam dann: ‚Es ist mir recht, wenn der Papa nur jede zweite Woche da ist!' Ganz unvermittelt, in keinem Zusammenhang." Die beiden Herren nicken, so als ob sie den Satz verstünden. Man versucht, den Satz zu interpretieren, zum Beispiel, dass er zum Ausdruck bringe, dass der Sohn mit der Situation wirklich zufrieden sei. Oder dass der Vater es nicht schafft, den Sohn zu informieren, ob er diese Woche bei der Freundin ist oder zu Hause bei ihm und der vielleicht einmal zukünftigen Exfrau. Auch wird diskutiert, ob der Sohn so scheu sei, dass er nicht anders über sich schreiben kann, oder ob er finde, dass das genügend emotionaler Ausdruck sei. Die beiden Herren sind sich nicht schlüssig, glücklicherweise. Sie bescheiden sich damit, dass sie nicht wissen, wie es in dem Kind aussieht.

Diese Woche ist der eine der beiden, der Ältere, zu Hause. Er glaubt, dass es für seinen Sohn wichtig sei. Er schließt dies daraus, dass der Sohn ihn schon eine Woche vorher gefragt hat, ob er zu Hause sein werde. Dass ihn der Sohn am Abend nicht gesehen hat, weil er, der Vater, erst so spät nach Hause gekommen ist, und heute früh nicht, weil er schon so früh gegangen ist, bleibt unbesprochen. Auch, dass die häuslichen Verhältnisse für den Sohn vielleicht schwierig sein könnten, weil die Mutter sich immer als die Gekränkte inszeniert oder weil der Vater in zwei Beziehungen mit jeweils eigenen Kindern lebt. Wie soll man das besprechen? Ändern kann oder will man die Situation nicht, und immer dasselbe wieder aufzuwärmen macht keinem der beiden Herren Spaß. Außerdem ist die Sonne am Berg schön, kein anderer Wanderer überholt die beiden keuchenden Männer, die ihre Leibchen langsam durchweichen.

„Noch was", sagt wieder der Ältere, denn er ist der, der eher private Sorgen hat, wohingegen der Jüngere mehr berufliche Probleme wälzt: „Du willst wissen, warum ich bei mir zu Hause schlafe. Eigentlich nicht nur wegen meinem Sohn, weil ich glaube, dass er sich freut, sondern auch wegen dem anderen." – „Welchem anderen?" – „Jakob, dem Sohn meiner Gefährtin." – „Und was stört dich an ihm?" – „Nichts, er ist nur so groß geworden, dass wir beide nicht mehr in der kleinen Wohnung Platz haben." – „Bekämpft er dich noch so wie früher, als du seine Mutter kennen gelernt hast?" – „Nein, er ist nett, nur zu groß."

Wieder schweigen die Herren. Der Berg ist steil, und der Anstieg am frühen Morgen ist schwer. Die Sonne strahlt um diese Jahreszeit schon kräftig, und sie schwitzen fast all das Bier, all den Wein aus, den sie in der letzten Zeit getrunken haben.

„Zu groß, wie meinst du das?" – „Einfach zu groß."

Es wird ungeklärt bleiben, ob es die Sonnenstrahlen, der steile Anstieg, der mangelnde Sauerstoff in den Muskeln war oder ob es wirklich nicht mehr dazu zu sagen gab. Jedenfalls konnte dieses Urteil: zu groß nicht weiter geklärt werden. Und das, obwohl es den Platz bestimmte, an dem der Freund schlief.

INTERPRETATION

Diese Vignette wird sicherlich geschlechtsspezifisch sehr unterschiedlich interpretiert werden. Männer werden lächeln und den beiden wohlwollend, verstehend, verzeihend und gütig beipflichten.

Frauen und Mütter, die unser Beispiel lesen, könnten empört sein, sich vielleicht verletzt und unverstanden fühlen. Aber die Geschichte ist ja eine Männergeschichte und eben spezifisch aus der Perspektive eines oder mehrerer Väter erzählt. Jedes Klischee, das einem jetzt einfällt, ist irgendwie berechtigt: „Männer, die immer zwischen zwei Frauen stehen ...", „Ungeklärte Verhältnisse tun nicht gut ..." oder auch „Der lügt sich in die Tasche ..." oder „Eine Mutter würde nie so reden ...". Ich bin sicher, Ihnen als Leser fällt noch mehr dazu ein. Mir auch.

Das Spannende ist aber, dass diese Art zu leben fast schon häufiger zu sein scheint als die so genannte „normale" Familie. Diese normale Familie bestimmt zwar noch immer alle Vorstellungen von Familie und „richtigem Leben", aber sie kommt nur mehr selten in ihrer „idealen" Form vor. Wer weiß, ob es sie überhaupt gegeben hat. Vielleicht dient sie nur dazu, ein Idealbild davon, wie man leben soll, anzugeben und somit Abweichungen als solche kritisierbar zu machen. Jedenfalls ergab das die Nachbesprechung der beiden Männer, als sie nach gelungenem Aufstieg am Gipfel in der Sonne saßen, ins Tal schauten, zufrieden Kaffee und Wasser tranken und in ein Brot bissen.

Aus welcher Perspektive ist nun diese Geschichte erzählt? Aus der des Kindes, das in beiden Fällen an prominenter Stelle zitiert wird? Aus der des Vaters, der zwischen zwei Haushalten pendelt, in beiden jeweils einen Teil seiner Bedürfnisse befriedigen kann und in keinem alle? Oder ist jeweils die Perspektive unklar?

Wozu überhaupt Perspektive? Wozu will man, will der Leser, wissen, wer erzählt? Wozu will man sich orientieren, sich mit einer der Figuren identifizieren, selbst bei einer so banalen Geschichte wie dieser Pendelgeschichte von einem Mann, der am Sonntag mit seinem Freund, der nun mal hier und da ein Buch schreibt, auf den Berg geht.

Es geht hier um eine besondere Form der Patchworkfamilie: Zwei Familien leben in einer Stadt. In der einen sind mehrere Kinder zu Hause sowie eine Frau und ein Mann. So weit, so gut. Der Mann hat eine Freundin. Auch nichts Neues. Und mit dieser Freundin, die bereits einen Sohn hat, bekommt er ein Kind. Auch das ist nicht so ungewöhnlich. Und er versucht, seine Angelegenheiten zu ordnen. Er will aber beides nicht verlieren. Und er wüsste auch nicht, wie er es anstellen und wen er bevorzugen sollte. Außerdem mag er seine Kinder und will keinem von ihnen wehtun. Und solange der jüngste Sohn sich noch nach seiner Anwesenheit sehnt, wird die Situation so bleiben. Er wird einmal mit dieser Familie in den Urlaub fahren und einmal mit der anderen. Er wird sich wechselseitig von seinen Frauen quälen und beschimpfen lassen, je nachdem, mit welcher er gerade etwas unternimmt. Und hier und da wird er auch bei anderen Frauen Schutz und Trost suchen, obwohl er weiß, dass auch diese Frauen ihn wieder beschimpfen werden, wenn er ihnen Beziehungen verspricht, die er nie wird führen können.

Auch jetzt könnte man wieder ein Urteil fällen. Man könnte sogar bedauern und sich denken, dass man froh ist, dass man es besser macht. Wenn es nur so ist. Aber häufig macht man es nicht besser, sondern lebt so wie die Dame in dem Schnitzler'schen Dramolett „Anatol": Diese lässt dem süßen Mäderl aus der Vorstadt ein Sträußchen Veilchen mit den Worten bringen: „Sagen Sie ihr, dass dieses Sträußchen von einer ist, die vielleicht genau so geliebt hat wie sie und sich nur nicht getraut hat!" Vielleicht macht der Mann aus unserem Beispiel es besser als die anderen, in dieser Zeit des Umbruchs, nachdem er die alte Familie verlassen hat. Vielleicht macht er sich auch kaputt und kann keine Klarheit leben, wie sie von der Tiefenpsychologie in allen ihren Ausprägungen immer wieder gefordert wird. Vielleicht auch werden seine Kinder einmal böse auf ihn sein, weil er so und nicht anders war – jetzt kann man das nicht wissen. Manche seiner Kinder haben ein gutes Verhältnis zu ihm, obwohl oder weil er so lebt, und finden ihre Mutter schwierig, weil sie den Vater nicht so akzeptieren kann, wie er nun einmal ist, sondern immer gegen ihn kämpft im Namen der Anständigkeit und um die seelischen Bedürfnisse der Kinder zu verteidigen. Diese sind aber beiden Partnern unbekannt, genauso wie die Rechnung, die die Kinder einmal ihren Eltern präsentieren werden. Denn es ist unbekannt, ob der dauernde Zorn der Mutter oder die Lebenslust des Vaters, die sicher auch nicht immer vorhanden ist, den Kindern mehr schadet oder nützt. Und viele Väter, die „brav" leben, wissen auch nicht, ob die Rechnung, die ihnen ihre Kinder präsentieren werden, besser ausfällt. Denn in diesen Zeiten des Übergangs und der unerfüllbaren Träume ist die „normale" Familie oft nicht lebbar.

Mag sein, dass das Konzept, in das der Ältere hineingeraten ist, in der Tat schlecht ist. Und zwar vor allem für ihn. Mag sein, dass man in dieser Konstellation anders und besser leben kann. Mag auch sein, dass seine Art zu leben ihm und seiner Umgebung schadet. Wie der Buddhismus sagt, ist Leben Leiden. Der eine leidet im Beruf, der andere im Privaten, der Dritte erfindet, erzeugt oder leidet an Krankheiten, der Vierte muss seine Eltern versorgen, und der Fünfte hat ein so aufwendiges Hobby, dass er für seine Umgebung keine Zeit hat. Wir stolpern durchs Leben und leben so, wie André Heller sagt: „Das Leben ist eine Erfahrung, die man hat, wenn man sie nicht mehr gebrauchen kann." Und er fügt hinzu: „Und ich hab das Leben satt!" Das muss nicht so sein. Einfach sein Leben aus der eigenen Insuffizienzsituation und Lebensform so gestalten, wie man glaubt, es als richtig erkannt zu haben: Dabei kann man weder über sich selbst urteilen, noch Urteile über andere abgeben. Denn wir wissen weder, wofür die Veranstaltung Leben gut ist, noch kennen wir deren Sinn und Zweck, noch wissen wir, wie die ideale Lebensform aussehen könnte.

SCHULSTRESS

Schule und die Patchworkfamilie

VIGNETTE Ferdinand geht in die dritte Klasse einer recht durchschnittlichen Mittelschule. Hört man ihm zu, denkt man, dass das Wort Mittelschule sicherlich von mittelmäßig abgeleitet wird. Keine Geschichte, die er aus der Schule erzählt, erscheint attraktiv oder auch nur im Geringsten soweit positiv, dass seine Familie auf den Ort neugierig würde, an dem Ferdi einen Großteil seiner Zeit verbringt. Er hat dieses Jahr eine ungenügende Leistung in Mathematik erbracht. Im letzten Moment hat er erst zu lernen begonnen, es wurden im allerletzten Moment die älteren Geschwister und ein Nachhilfelehrer organisiert, aber es nützte nichts mehr. Nun wird er den ganzen Sommer über lernen müssen, und bei diesem Gedanken ist ihm jetzt schon übel. Ferdinand ist das älteste von drei gemeinsamen Kindern einer Patchworkfamilie, und er hat drei ältere Halbgeschwister, von denen zwei bereits studieren. Die ältere Schwester, die auch noch die Mittelschule besucht, hat gerade während eines Schuljahrs im Ausland in Mathematik außergewöhnlich gut abgeschnitten. Sie liebte die Schule, den Schulbesuch und alles, was damit zusammenhing. Er beneidet sie. Er hasst seine Schule einfach. Diese und eigentlich jede. Er verachtet nahezu alle Lehrpersonen, er fühlt sich von keinem wirklich persönlich wahrgenommen und geht hin, weil es sein muss und weil er keine Alternative sieht. Wenn er sein Leben betrachtet, weiß er nicht recht, was er sagen soll. Es ist alles okay, aber nichts freut ihn wirklich. Er hat liebe Eltern, er hat tolle Geschwister und ebenso tolle Halbgeschwister, mit welchen er seit seiner Geburt aufgewachsen ist. Die Familie unternimmt viel miteinander. Leider hat er am meisten Schwierigkeiten mit sich selber. Er findet sich etwas zu klein, etwas zu dick, nicht sportlich genug und hasst alles, was von ihm erwartet wird. Eben weil von ihm erwartet wird, dass er so problemlos wie die Geschwister weiterkommt, will er das nicht. Seine Mutter ist psychologisch versiert, was die Sache nicht leichter macht, und sagt über ihn immer, er stecke im Widerstand. Sogar seinen Widerstand kann sie benennen, das ärgert ihn am meisten. Sein Vater, ebenfalls psychologisch geschult, führt seine Schulschwierigkeiten eher auf genetische Faktoren zurück und versucht ihn damit zu trösten, dass es ihm ähnlich ergangen sei und diese Situation sich erst später, auf der Uni, verbessert habe. Ferdinand ist unzufrieden mit sich selbst, und er weiß genau, dass es ihm besser ginge, wenn er die Mathematikprüfung doch geschafft hätte. Sch...schule!

INTERPRETATION

Ein Kind hat Schulschwierigkeiten. Sehr viele Kinder haben heutzutage Schulschwierigkeiten, denn Schule ist irgendwie nicht mehr schön. Diese Aussage ist sicherlich übertrieben und sehr subjektiv gefärbt, nämlich aus der Perspektive von schulstressgeplagten Eltern. Die Kinder und Jugendlichen, welche Schwierigkeiten mit dem Phänomen Schule haben, leiden unspezifisch, ohne dass erklärt werden kann, ob Schulkinder heute dümmer oder der Schulstoff schwieriger zu bewältigen geworden ist. Dieses Schülerleid ergreift ganze Familiensysteme, es belastet das ganze Jahr, oftmals die ganze Kindheit hindurch. Bis vor ein, zwei Generationen, als die heutige Elterngeneration im Schulalter war, schien das noch anders. Über Schule wurde damals kaum geredet, es war der Aufbewahrungsort für Kinder ab dem sechsten oder siebten Lebensjahr, und es war vor allem lustig dort. Irgendwie waren die meisten dankbar, dass es eine Schule gab. Erinnerungen reichen von lustigen bis zu weniger lustigen Lehrpersonen, das Erlernen des so genannten Schulpensums ging irgendwie von selbst, und die Erwachsenen mischten sich noch nicht so viel ein.

Das moderne pädagogische Konzept heißt „Elternmitarbeit" oder „Schul-Eltern-Partnerschaft", und es scheint nicht klar, wem dieser pädagogische Gedanke und die aus ihm entstehenden Maßnahmen nützen sollen. Eltern sollen einige Male im Jahr zu so genannten Sprechtagen in die Schule kommen, wo sie erfahren, wo das Kind gerade wieder Schwächen hat. Wie beim so genannten konstruktiven Mitarbeitergespräch, in dem nach den Regeln des New Management Gemeinheiten sehr freundlich vermittelt werden sollen, wird hier unter dem Motto „Ungefragtes Feedback" organisierter Verrat am Kind begangen. Die Eltern, eher die Mütter als die Väter, stehen zuerst stundenlang vor dem Klassenzimmer. Ein Vormittag muss dafür freigenommen werden. Die Gespräche vor der Türe sind bemühte Konversationsversuche von Eltern, die einander kaum kennen, deren Kinder aber schicksalhaft miteinander verbunden sind. Dazwischen laufen meist kleine Mädchen mit Kuchen, die niemand essen will, herum und wollen viel Geld dafür sammeln. Irgendwann ist man dann endlich dran und schreitet hinein wie das Lamm zur Opferung. Im Klassenzimmer werden dann durch die Lehrperson bestenfalls einige Hypothesen angeboten, wieso es zu den Schwächen gekommen sein könnte, und der Elternteil geht begossen wie ein nasser Pudel aus dem Schulzimmer. Ist man allein erziehend, wird dieser Umstand erwähnt; ist man eine arbeitende Mutter, ist dies das Thema. Ist der Vater Künstler und immer zu Hause, oder arbeitet er schwer und ist fast nie zu Hause, wird dies zum bedeutsamen Faktor. Lebt das Kind in einer Patchworkfamilie, wird ungefragt unterstellt, dass es mit diesem Familienmodell nicht zurechtkommt. Wie immer man lebt, man ist schuld, denn man hat ja das Kind. Lehrer wissen es auf alle Fälle besser, haben immer Recht und wissen Einwände kaum zu schätzen. Das Schlimmste ist, wenn die in der Schule erhaltenen Informationen ungefiltert an das Kind weitergeleitet werden. Organisierter Verrat! In städtischen Mittelschulen leben laut einer Umfrage nur mehr knapp dreißig Prozent der Kinder in „normalen" Familien, das heißt mit ihren Eltern und entweder ohne oder mit einem Geschwister, sehr selten sind es mehr. Dreißig Prozent der Kinder leben meist bei nur einem Elternteil, meist der Mutter, alleine, über dreißig Prozent der Kinder leben mit einem Elternteil und einem Stiefelternteil. Knapp zehn Prozent der Kinder wechseln nach vorangegangener Trennung der Eltern zwischen beiden Elternteilen. Betrachtet man diese Tatsachen, gibt es bezüglich Familienstatus statistisch gesehen eigentlich keine Norm mehr. Kinder aus Familien, die erst in dieser Generation aus dem Ausland eingewandert sind, gehören am ehesten in die erste Gruppe. Was sind nun die zeitgemäßen Aufgaben, die Eltern heute lösen müssen? Und was sind spezifische Aufgaben in puncto Schule in Patchworkfamilien?

Einige allgemeine Gedanken zur Trias Kind – Elternhaus – Schule

- Eltern sind da, um ihre Kinder zu lieben und zu unterstützen.
- Lehrer sind dazu da, die Kinder zu respektieren und zu unterrichten.
- Kinder sollen ihre Eltern lieben und achten. Sie haben unabhängig davon die Aufgabe, ihre Lehrer zu respektieren, da in einem respektvollen Klima bessere Aufmerksamkeit zu erbringen ist.
- Elterliches Unterstützen heißt nicht, Aufgaben für die Kinder zu machen, heißt nicht, sie zum Aufgabemachen anzuhalten oder zu zwingen, heißt nicht, dem Kind zu signalisieren, dass die elterliche Liebe mit der Güte der Schulleistungen korreliert – dass also, je besser das Kind in der Schule ist, es die Eltern umso mehr lieben. Oder eben umgekehrt: Je schlechter die Leistungen eines Kindes sind, desto weniger wird es geliebt. Dies kann ein Kind in eine tödliche Sackgasse führen.
- Die Schule ist dazu da, Kindern kognitive und soziale Erfahrungen anzubieten, die sie im Leben brauchen werden. Die Schule ist somit auch

eine Vorbereitung auf die „Härte des Lebens". Der Umgang mit Konkurrenz, Gruppendynamik, Begabung und Schwäche muss geübt und erlernt werden. Leider ist die Schule in deutschsprachigen Ländern enorm defizitär orientiert, das heißt – mit dem Argument eines kollektiven Mittelmaßes an allgemeiner Bildung –, es wird viel mehr Aufmerksamkeit auf das „Was kannst du nicht gut?" gerichtet als auf individuelle Stärken und Begabungen. Wir sehen dies als Rest eines sicherlich überholten, stark autoritären Bildungssystems, welches auf die K.u.k.-Zeit zurückgeht.

- In Patchworkfamilien gibt es zwei Eltern und oft zwei Stiefeltern. Meist gibt es auch mehrere Halbgeschwister. Die Gruppe potenzieller Mithelfer in schulischen Belangen ist deshalb quantitativ erweitert. Schaffen es die Eltern und Stiefeltern, eine gemeinsame Meinung und Handhabung bezüglich ihrer Erwartungen an das Kind zu erreichen, und respektieren sie vielleicht auch unterschiedliche Umgangsformen mit einem gemeinsamen Ziel, so haben es die Kinder hier eher leichter. Ist die Trennung der Kindeseltern aber noch nicht emotional abgeschlossen, wird das Kind mit Spannungen und Konflikten überhäuft und kann sich nicht auf seine schulischen Aufgaben konzentrieren.
- Lernerfolg in der Schule sollte keine existenzielle Variable sein. Fehlender Lernerfolg darf nicht dazu führen, dass es dem Kind als bedrohlich vermittelt wird, ein Schuljahr – oder ein Lebensjahr – zu „verlieren". Manchmal braucht ein Kind ein Jahr länger, da andere Ereignisse seine Aufmerksamkeit in Anspruch nehmen. Eltern und Lehrer sollten dafür Akzeptanz aufbringen, denn kein Kind wählt schulischen Misserfolg als bewusste Entwicklungsoption!

VIGNETTE Natascha ist ein Einzelkind. Ihre Eltern haben sich getrennt, als sie acht Jahre alt war. Schule und elterliches Sein haben sich in ihrem Leben stark vermischt. Während der fast dreijährigen Trennungszeit waren die Schulleistungen sehr stark wechselnd. Oft war die Schule und der Freundeskreis dort ihr Zufluchtsort, oft aber auch eine verhasste und gefürchtete und sie überfordernde Gegenwelt. Die anderen Mädchen schienen Natascha alle viel hübscher, begabter, beliebter als sie und wurden öfter zu den Geburtstagen eingeladen. Ihre Mutter hat sich sehr stark für ihre Schulleistungen interessiert. Ohne sie hätte Natascha die Schule bisher nicht geschafft. Und eben diese Tatsache ist ihr Problem. Sie hat oft das Gefühl, weder die Schule noch ihr Leben ohne die Mama zu schaffen. Beide Eltern können seit der Trennung nicht miteinander sprechen. Bezüglich der Schule ist sie in einen Konflikt geraten, da ihre Mutter dem Vater verboten hat, auch in die Schule zu gehen, um mit den Lehrern über sie zu sprechen. Der Vater und dessen neue nette Freundin sind aber neugierig und fragen sie aus. Sie findet das gar nicht unverständlich, schließlich ist es ja noch immer ihr Papa und sie sein einziges Kind. Sie berichtet so viel, wie sie mag. Natascha wäre es lieber, ihr Papa würde genauso wie andere Väter zu den Sprechtagen in die Schule kommen und sehen, wie es dort ist. Sie möchte, dass sich ihre Eltern genauso benehmen wie die der anderen Kinder. Und deshalb mag sie dieses Verbot nicht. Sie schämt sich vor dem Vater und auch vor den anderen Kindern, weil die ihren Papa nie zu Gesicht bekommen, und manche sagen sogar, dass es ihn gar nicht gibt. Bei den Schulbesuchstagen schaut sie immer genau, wie die Väter der anderen Kinder ausschauen, und hätte ihren Papa auch gerne dabei. Aber darüber lässt die Mutter keine Diskussion zu. Mit ihrem 13. Geburtstag beschließt sie – etwas angesteckt von ihrer Freundin, die sich viel mehr traut –, von nun an ihren eigenen Willen mehr durchzusetzen. Sie färbt sich die Haare, macht sich ein geheimes Tattoo an der Hinterseite ihres Unterschenkels und erhält unerlaubte Nachhilfe von der Freundin des Vaters, Sanja, die ihr besonders die Geometrie mit großer Ruhe und Geduld erklärt.

Der Mutter erzählt sie aber nichts davon. Diese würde das ja nicht gutheißen und ihr, wenn es schon nötig ist, lieber einen Nachhilfelehrer bezahlen. So baut Natascha langsam zwei gänzlich voneinander getrennte Welten auf. Bei ihrer Mutter heißt sie Natascha, beim Papa Nadja. Die zwei sehr verschiedenen Welten kommunizieren nicht miteinander, sie selbst ist das einzige Verbindungsglied. Sie kommt sich vor wie eine Jugendliche mit einem Doppelleben und findet das irgendwie aufregend. Die Übergänge sind aber schwer und anstrengend. Ihr Selbstvertrauen in ihre eigenen Leistungen wächst besonders durch die unerlaubten Nachhilfestunden von Papas Freundin Sanja und deren positive Auswirkungen auf den Unterricht stark an. Sanja zeigt ihr auch, wie sich eine junge Dame schminkt und pflegt und schenkt ihr allerlei Pflegeartikel, die sie in der Schultasche versteckt. Die Mutter führt ihren neuen Erfolg auf ihre strenge Unterstützung und Kontrolle zurück, Natascha traut sich nicht, ihr zu sagen, was sie an den jeweiligen Besuchstagen beim Papa wirklich macht. In der Schule entwickelt sie sich jetzt zu einer Vorzugsschülerin, aber nachts liegt sie oft wach. Es tut ihr in der Brust weh, wie eine Trennungswand zieht der Schmerz mitten durch sie hindurch. Sie weiß nicht, ob das die körperlichen Veränderungen der Pubertät sind oder die zwei unvereinbaren

Welten. Sie bringt manchmal die zwei Hälften kaum mehr zusammen, ihr Körper hat zwei Körperhälften, aber die Seele oder das Ich, welches die Leute Seele nennen, weiß nicht, wo sie/es genau sitzt. Sie fühlt das genau, kann aber keine Verbindung zwischen den zwei Hälften herstellen und weiß nicht, wie sie erwachsen werden soll. Das Ganze mündet in der Entwicklung einer Pubertätsmagersucht, in welcher Nadja versucht, sich durch Fasten mit Natascha zu verbinden, was sie aber niemandem erzählen kann. Erst ein mehrwöchiger Spitalsaufenthalt und eine Psychotherapie über mehrere Monate hinweg helfen ihr über die Klippen dieser schwierigen Zeit. Die Psychotherapie hilft ihr auch, die zwei Welten zumindest zeitweise miteinander zu verbinden. Die Schule wird nun zur Brücke. Sie erlernt Tricks, wie zum Beispiel zweimal wöchentlich mit Papa und Sanja nach der Schule eine Pizza essen zu gehen und dabei ihre Mutter anzuschwindeln, die lieber hört, dass sie mit Freundinnen Pizza essen war. Auch die Sache mit der Schule regelt sie auf ihre Weise. Ohne dass Papa in die Sprechstunde geht, trifft er doch beim Abholen seiner Tochter scheinbar zufällig den einen oder anderen Lehrer und bekommt erfreulicherweise sehr liebevolle und positive Feedbacks, denn die Lehrer sehen einfach Nataschas positive Entwicklung, besonders nach der schweren Krankheit, und gratulieren dem stolzen Vater zur Tochter. Bezüglich der fehlenden Kommunikation der Eltern untereinander ändert sich gar nichts, aber Natascha kann nun leichter zwischen ihrem Natascha-Sein und ihrem Nadja-Sein hin und her wechseln und findet auch Gefallen an den beiden sehr unterschiedlichen Frauenmodellen, welche ihr von ihrer Mutter und von Sanja zur Verfügung gestellt werden.

INTERPRETATION

In dieser Vignette, die beispielhaft für Dutzende Kinderschicksale steht, wird ersichtlich, wie elterliche Nichtkooperation im Kontext der Schule problematisch werden kann. Die hohen Anforderungen an die Kinder erfordern zumindest eine neutrale Haltung beider Eltern zu ihrem Schülerdasein. Diese ist aber nur möglich, wenn beide Eltern, soweit sie es möchten und können, vom Kind selbst und den Lehrpersonen einbezogen werden. Ein Trennungskonflikt sollte nie dazu führen, dass die indirekt damit verbundenen Lebenswelten des Kindes, wie der Freundeskreis oder eben die Schule, in den Trennungskrieg hineingezogen werden, weil dann dem Kind die letzten neutralen Gefilde als psychische Erholungswelten verloren gehen.

Die häufigste Maßnahme bei schlechten Schulleistungen ist das Reduzieren von Freizeit, Zeit mit Freunden und anderen Zugeständnissen. Dies ist kontraproduktiv! Kinder können sich nach sechs Stunden Schulunterricht am Nachmittag - nach einer kleinen Pause - nicht länger als ein bis zwei Stunden noch mit Schulinhalten beschäftigen. Kreatives Lernen im Sinne von aktivem Üben und Lesen und Erfassen neuer Inhalte kann nur von einem ausgeruhten und emotional stabilen Kind erbracht werden. Eltern und Stiefeltern sollten dies bedenken und ihre Kinder nicht sinnlosen Repressalien, stundenlangem Aufgabeschreiben und so genannten Unterstützungen aussetzen.

Die erschreckende Statistik zum jugendlichen Suizid, seien dies Selbstmordversuche oder Selbstmorde, zeigen häufig eine Interferenz zwischen Schule und Elternhaus auf. Wenn es eng wird, wird es überall eng. Wenn es gleichzeitig im Elternhaus und in der Schule eng wird, wird es krisenhaft und potenziell lebensbedrohlich. Schule sollte deshalb niemals als wichtiger als die Gesundheit oder das Leben selbst angesehen werden. Sie kann ein Teil unseres Lebens sein, muss es aber nicht. Die Schule wurde zur Förderung der Menschen erfunden und nicht zu deren Unterdrückung und Anpassung. In manchen Kindergeschichten aber sieht man, dass diese ursprüngliche Zielsetzung leider vergessen wurden.

VIELE KÖCHE VERDERBEN DEN BREI

Kinder haben ein sehr ausgeprägtes Rechtsempfinden und Gerechtigkeitsgefühl. Sie sind auch Weltmeister in der Erkennung von „Gesetzeslücken" und Inkonsequenzen elterlicher Erziehungsvorstellungen. Selbst in einem „intakten" Elternhaus schaffen sie es immer wieder, ihre Eltern gegeneinander auszuspielen, um dabei Vorteile zu erlangen. Dies ist normal und gehört zum Lernen, wie man sich Vorteile verschafft. In der Pubertät werden dann zusätzlich Auseinandersetzungen um Grenzen und Regeln erforderlich, an denen der junge Mensch seine Kräfte erprobt. Bei einer Patchworkfamilie hat ein Kind es meist mit einem leiblichen Elternteil zu tun und außerdem noch mit dem dazugehörenden Stiefelternteil. Geht es in den Auseinandersetzungen hart auf hart, versucht der Stiefelternteil bisweilen die Harmonie wiederherzustellen. Oft unterstützt er auch eine der beiden Positionen und erreicht damit allenfalls, dass sich die beiden anderen gegen ihn verbünden. Bisweilen geht der Stiefelternteil Koalitionen mit dem Kind oder dem Partner ein. Beide Koalitionen werden nicht halten, beide Strategien sind zum Scheitern verurteilt.

Ein Beispiel aus der klinischen Praxis verdeutlicht das:

Patricks Skateboard

VIGNETTE Patrick hat ein wunderschönes Skateboard von seinem Papa zum Geburtstag bekommen. Er nimmt es überallhin mit, am liebsten würde er es mit ins Bett nehmen. Als die neue Familie, Patrick, Mama und Mamas neuer Freund Richard, am Wochenende zu Richards Eltern fährt, packt der Bub sein Skateboard natürlich mit ein. Es kommt zum Streit. Seine Mutter kennt Richards Eltern noch nicht, ist etwas nervös und möchte keine zusätzlichen Unannehmlichkeiten. Sie hat Angst, dass sich Patrick dort verletzen oder er etwas kaputt machen könnte oder einfach mit dem Board schlecht auffallen würde. Richard sieht kein großes Problem darin, dass Patrick sein Board zu den Eltern mitnehmen will, und versucht, bei seiner Freundin Argumente für Patricks Wunsch vorzubringen. Patricks Mutter fühlt sich nun isoliert und fängt, da es inzwischen schon spät geworden ist, ziemlich nervös zu schreien an. Nun kippt Patrick, da er findet, dass der Streit nicht lohne und er auch ohne Skateboard den Besuch überstehen werde. Nun explodiert aber Richard; er wirft seiner Lebensgefährtin vor, Patricks bubenhafte Interessen nicht zu unterstützen und ihm nur deshalb das Skateboardfahren zu verbieten, weil das Board vom Vater gekauft worden ist. Überhaupt hätten Frauen für Sportgeräte bekanntlich kein Verständnis. Er findet, sie solle sich bei Patrick entschuldigen und sich nicht weiter in die Sache einmischen. Nun sind alle verunsichert und schreien sich gegenseitig an.

Patrick ist inzwischen die Lust an der Ausfahrt gänzlich vergangen und meint, er habe jetzt Kopfweh und bleibe zu Hause. Sein Stiefvater scheint enttäuscht und möchte ihm mit einer Aspirintablette helfen. Jetzt ist es ganz aus: Patrick wirft Richard vor, ihn mit Medikamenten voll stopfen zu wollen, nur weil er keine Konflikte ertrage und so harmoniesüchtig sei; die Mutter meint, Richard hätte sich nie einmischen sollen, die Sache sei nur zwischen ihr und Patrick zu besprechen gewesen, und Richard weiß überhaupt nicht mehr, wem er es recht machen soll oder will. Er steigt ins Auto und ist erstaunt, als kurz darauf Patrick (mit Skateboard) und seine Lebensgefährtin schweigend einsteigen. Auf der Fahrt wird nicht gesprochen, der Besuch verläuft steif, höflich und anständig. Richards Eltern loben Patricks Kunststücke auf dem Skateboard, und alle scheinen erleichtert, dass es durch das Brett überhaupt ein aktuelles gemeinsames Gesprächsthema und eine Ablenkung von heikleren Fragen gibt.

INTERPRETATION

Bei dieser kleinen Wochenendausfahrt haben sich viele Konflikte in einer kleinen Frage zusammengeballt. In jedem Zusammenleben finden sich die Konflikte immer wieder in kleinen Szenen. Selten bespricht jemand den Konflikt als solchen, schon gar nicht Kinder. Vielmehr werden die Konflikte ausgetragen, ausgelebt. Natürlich an Fragen, die alle beschäftigen.

Wer kann wissen, ob es so ist, wie Richard sagt, nämlich dass seine Frau kein Verständnis für Sportgeräte habe? Oder ob sie das Skateboard ablehnt, weil sie nicht will, dass ihr voriger Partner, Patricks Vater, in diesem Gegenstand bei ihrer neuen Schwiegerfamilie anwesend ist? Und wer kann wissen, ob Patrick das Skateboard nicht gerade deshalb mitnehmen möchte, weil er es von seinem Vater geschenkt bekommen hat, wo doch von ihm eine große Anpassungsleistung verlangt wird, nämlich dass er fremde Leute, Richards Eltern, respektvoll behandelt und in ihnen so etwas Ähnliches wie Großeltern sieht?

Wer kann sagen, ob Richards Position wirklich mit seinem besseren Verständnis für Sport zu tun hat? Vielleicht wollte er sich bei Patrick be-

liebt machen. Oder er hat verstanden, dass es für Patrick wichtig ist, zu der fremden Familie etwas Eigenes mitzunehmen. Oder er hat einfach nur seiner Partnerin widersprechen und eine „Wir Männer"-Koalition errichten wollen, um so längerfristig eine Basis mit Patrick zu haben.

Vielleicht war es auch Patrick angenehm, einen Grund zu haben, nicht zu den alten Menschen gehen zu müssen. Er hasst vermutlich die Essen mit Erwachsenen, wo man sitzen muss und einem so unendlich fad ist.

Vielleicht finden Sie aber, dass alle diese Überlegungen übertrieben sind und dass es eben auch einmal zu einem Streit kommen kann, besonders in einer Familiensituation, die noch unsicher ist. Vielleicht stimmt das auch. Überlegungen sind immer auch Unterstellungen. Und es ist nicht nötig, dass alle diese Beweggründe und Motive im Einzelnen verstanden werden, wenn man miteinander auskommen will.

Was diese Geschichte zeigt, ist, dass man im Zusammenleben in einer neuen Familienkonstellation immer kompromissbereit sein muss und dass es nichts nutzt, Streit um des Streits willen zu haben. Die Konflikte, die hier dargestellt sind, werden diese drei Menschen noch öfter haben. Sie sind aber besser in einer ruhigeren Situation zu besprechen, nicht bei der Abreise, wo sich alles zusammenballt. Vor allem aber zeigt die Geschichte, dass Richard die geringsten Chancen hat. Für ihn wäre es wahrscheinlich am besten gewesen, er hätte die Entwicklung des Streits zwischen Mutter und Sohn abgewartet und sich erst dann, am besten erst, nachdem er gefragt worden ist, eingebracht. Dann wäre es vielleicht möglich gewesen, in besserer Stimmung wegzufahren und anzukommen.

VIGNETTE Regina hat Magersucht. Sie ist dem aktuellen Trend, schlank sein zu wollen, gefolgt. Anfangs waren alle darüber froh, sie war stolz und genoss es, im Mittelpunkt zu stehen. Ihre seit Jahren geschiedenen Eltern begannen wieder miteinander zu sprechen, was ihr sehr gefiel. Als die Untergewichtigkeit immer deutlicher wurde, veränderte sich der Ton der elterlichen Betroffenheit. Nun stritten ihre Eltern wieder und warfen sich gegenseitig vor, der Tochter nicht genügend Zeit und Liebe gegeben zu haben. Für Regina wurde die Situation langsam unerträglich. Am besten ging es ihr noch mit den beiden Stiefeltern. Mit Corinna, der sehr schlanken Freundin ihres Vaters, konnte sie noch lachen und sprechen. Mit Hannes, dem Lebensgefährten ihrer Mutter und Vater ihrer beiden Halbschwestern, genoss sie es, Tennis zu spielen und mit ihm und den Zwillingen Ausflüge zu machen. Sowohl Corinna wie auch Hannes schienen sie normaler zu behandeln und sie vor allem bei den Mahlzeiten mehr in Ruhe zu lassen als ihre Eltern. Mit den Eltern war es schwierig. Wenn sie bei der Mutter war, solidarisierte sie sich mit ihr und machte den abwesenden Vater schlecht. Ja, sie fand auch, dass er zu zwanghaft wäre und dass ihr ganzes Interesse an gesunder Ernährung in seinem Haushalt begonnen hätte. War sie bei ihrem Vater zu Besuch, war sie mit ihm einer Meinung, dass ihre Mutter sie zu viel kontrollierte und sie dort praktisch gar keinen Freiraum hätte. Es schien ihr nichts anderes möglich zu sein, als jedem von ihnen Recht zu geben. Sie fühlte sich leer und zwischen den Eltern wie in einer Gletscherspalte eingeklemmt. Immer wieder nahm sie sich vor, eine eigene Meinung zu äußern, sich nicht mehr alles vorsagen zu lassen, aber es gelang ihr einfach nicht. Zu guter Letzt wog sie nur mehr 33 Kilo! In dieser Phase stritten die Eltern nicht mehr. Beide litten still und vorwurfsvoll und versuchten sie zur Vernunft zu bringen. Auch in dieser schweren Zeit, vor der Entscheidung, ins Krankenhaus zu gehen, war es seltsamerweise für Regina leichter, mit den beiden Stiefeltern Kontakt zu haben als mit den Eltern. Aber das konnte keiner verstehen, und den Eltern konnte sie es auch nicht eingestehen. Sie liebte beide, konnte aber ihre Anwesenheit kaum ertragen. Während des dreimonatigen Krankenhausaufenthaltes versuchte sie, sich von niemandem etwas sagen zu lassen. Mit großer Mühe erlernte sie Schritt für Schritt, dass sie ein Anrecht auf eine eigene Meinung hatte, sodass ihre Entscheidungen schließlich sogar gehört und akzeptiert wurden. Die Ärzte und Therapeuten bezogen sie sogar in die Planung der Behandlungsschritte mit ein, und langsam begann sie zu ahnen, dass es hier um sie selbst und nicht nur um ihr Gewicht ging oder um die Frage, wer zu Hause was sagte und was wie fände. Anfangs war das ein Schock. Ihre Identität war so zart und brüchig wie der Strohhalm, den sie als ihr Porträt zeichnete. Aber nach und nach lernte sie mit den Zimmergenossinnen streiten, lachen, spielen und Spaß haben, und als der Aufenthalt zu Ende ging, war sie fast traurig. Sie spürte erstmals seit langem sich selbst, und die Tränen, die sie weinte, machten sie fast lachen, weil es so schön war, wieder weinen zu können!

INTERPRETATION

Die Magersucht hat hier mehrere Komponenten. Sie kann als Versuch gesehen werden, die Beziehung der Eltern zusammenzuhalten. Oder als Auseinandersetzung damit, dass beide Eltern fehlerhaftes Erziehungs-

verhalten beim jeweils anderen suchen. Es ist für das Mädchen schwer, sich mit beiden Eltern zu verstehen. Vorsichtshalber setzt sie ihre eigenen Meinungen und Gedanken auf null, um so weder Mama noch Papa in die Quere zu kommen.

Natürlich ist Magersucht eine Krankheit, die sich in Zeiten des Überflusses entwickelt. Umgekehrt ist es sicher auch die Mode in einer Überflussgesellschaft, die das Auftreten derartiger Krankheiten begünstigt. Selbstverständlich spielt in unserem Beispiel Reginas Wunsch, schlank zu sein, eine wichtige Rolle. Bei der Problematik Reginas kommt aber noch der Faktor hinzu, dass die Eltern im Streit auseinander gegangen sind und nun ihre alten Probleme auf die Tochter übertragen. Sicher wäre es besser, wenn, wie es früher war, die getrennten Ehepaare keinen Kontakt mehr zueinander hätten. Damals war aber der häufigste Grund, warum einer der beiden Elternteile verschwand, dessen früher Tod durch Lungenentzündung, Pest oder andere Infektionskrankheiten, wie etwa das Kindbettfieber. Da der Mann - jedenfalls, wenn er in Friedenszeiten lebte - eher länger am Leben blieb als die Frau und folglich präsenter war und die Männer die Macht hatten, wurden die Kinder im Trennungsfall auch fast ausschließlich den Vätern zugesprochen. Heute ist das anders: Einerseits leben die Frauen länger, andererseits hat sich ihre gesellschaftliche Position verändert. Vor allem aber stellen sie für ihre Töchter kein eindeutiges Rollenvorbild mehr dar. Dafür können sie nichts, denn die Rolle der Frau hat sich geändert, egal, wie man dazu steht. Reginas Mutter muss sich ebenso um ihre Figur Sorgen machen wie ihr Kind, und sie muss die vielen Rollen erfüllen, die heute von Frauen erwartet werden - Geliebte, Ehefrau, Mutter und Geschäftsfrau. Wie auch immer, sowohl die gesellschaftlichen Erwartungshaltungen als auch die nicht gelungene Bewältigung der Trennung haben zu Reginas Erkrankung beigetragen. Vieles ist daran unveränderbar, manches aber kann man ändern. So zum Beispiel, nicht schlecht über den Expartner zu sprechen, oder die Trennung - schon wegen der Kinder - respektvoll zu leben.

ZUSAMMENFASSUNG

Die beiden Geschichten sprechen eigentlich für sich. Sie versuchen die Situation aus der Perspektive und der Erlebenswelt der Kinder zu zeigen. Die psychotherapeutische Begleitung von Kindern und Jugendlichen lehrt uns, demütig festzustellen, wie unwichtig letztlich erwachsenes Verhalten und erwachsene Ansichten über die Kinder sind. Was immer wir als Eltern oder auch als Therapeuten über die Kinder denken und wie klug wir uns dabei vorkommen mögen, meist hat es wenig mit dem, was in deren Köpfen selbst vor sich geht, zu tun. Jedes Kind und jeder Jugendliche muss und wird seinen Weg selbst finden. Wir Erwachsenen machen an seiner Seite ununterbrochen „Fehler"; diese sind aber notwendig, damit das Kind genug Konfliktstoff sammeln kann, um sich während der Pubertät abgrenzen und sich letztlich vom Elternhaus lösen zu können. In Patchworkfamilien läuft dieser Prozess grundsätzlich auf ganz gleiche Weise ab. Erfahrungsgemäß ist die Loslösung, das Hinausgleiten des Kindes in die Selbstständigkeit, hier fast etwas leichter, denn ein Stück Trennungs- und Lösungsarbeit scheint bereits durch die Trennung der Eltern geleistet worden zu sein. Ähnlich behaupten heute ernst zu nehmende Vertreter der Bindungstheorie, dass in der heutigen Welt der unsichere Bindungstyp Kinder bisweilen lebenstüchtiger macht und sie besser auf das Leben vorbereitet. Daraus kann vielleicht vorsichtig geschlossen werden, dass Kinder und Jugendliche in Patchworkfamilien in der Übergangs- und Neubildungsphase von einem alten in ein neues Familiensystem eine größere Anpassungsleistung erbringen müssen, was ihnen draußen im Leben vielleicht durchaus auch zugute kommt.

Bitte mischen Sie sich deshalb nur so viel in die Erziehung Ihres Stiefkindes ein, wie dieses es braucht, um sich emotional wertgeschätzt zu fühlen, grundsätzlich jedenfalls – unter größtmöglicher Wahrung der jugendlichen Autonomiewünsche und Respekt vor diesen – so wenig wie möglich.

MUSS ICH DEN X ZU MEINEM GEBURTSTAG EINLADEN?

Geburtstagsvorbereitungen und Probleme der Kinder nach der Scheidung

Geburtstagsvorbereitungen sind aufregend und schön. So richtig für das Kinderherz. In jeder Familie. Die Eltern sind gelangweilt, das Kind ist aufgeregt, beide verbergen das voreinander, dem Kind gelingt das meist weniger gut als den Eltern. Dann werden Einladungen ausgesprochen. Jetzt sind beide stolz. Die Eltern, weil sie ihr Haus herzeigen können, die Kinder, weil sie ihren Freunden ihre Schätze zeigen und mit ihnen spielen können. Und den Geschwistern wollen sie beweisen, dass sie Freunde haben. Dass es Menschen außerhalb der Familie gibt, die sie mögen und die auch ihretwegen kommen. Die Eingeladenen haben es da leichter: Sie kommen mit der Vorfreude auf ein gutes Stück Kuchen, ein bisschen Spielen und einen Nachmittag, an dem sie nichts lernen müssen.

VIGNETTE Daniel lebt in einer Patchworkfamilie. Bei ihm ist vieles anders. Er muss darauf Rücksicht nehmen, niemanden zu kränken oder zu beleidigen. Weder seine richtigen Geschwister noch seine Halbgeschwister noch die Kinder, die seine Eltern mit den neuen Partnern haben. Das sind schon sehr viele Menschen. Und er will eigentlich nur seine Klassenkollegen einladen, mit denen er in der Pause immer Fußball spielt und von denen er auch eingeladen wird.

Aber er wird immer daran erinnert, dass auch seine Geschwister ihn einladen und dass seine Eltern sich kränken würden, wenn er seine Geschwister kränkt. Und das Wichtigste an einer Geburtstagsfeier sind doch die Eltern, die sich langweilen und dann alle Kinder versorgen, Essen herrichten und wegräumen, alle fragen, was sie trinken wollen, und letzten Endes auch die Verantwortung für die kleinen Gäste tragen.

Also muss Daniel seine Eltern bei guter Laune halten, wenn er will, dass sein Fest ein Erfolg wird. Er beginnt langsam mit seinen vorsichtigen Fragen: „Mama, wen soll ich zu meinem Geburtstagsfest einladen?" – „Wen du willst!" Er weiß, dass das so nicht stimmt. „Wen hättest du gern dabei?" – „Mir ist das egal, ist ja dein Fest!" So kommt er nicht weiter. Er wird einen kleinen Angriff versuchen: „Wer hat denn Zeit von meinen Geschwistern?" Jetzt hat er den richtigen Punkt erwischt, glaubt er. „Wen hättest du denn gern?" So gehts also auch nicht. Mal sehen. Wie kann man die Frage richtig anschneiden? Denn er weiß schon, wen er nicht gern dabei hätte: den wilden Friedrich aus der zweiten Ehe des Vaters seiner älteren Halbgeschwister von Mutterseite etwa, der immer nur mit seinem Bruder spielt und deren Lieblingsspiel das Quälen des Kleinen vor seinen Klassenkameraden ist. Da steht er dann oft vor seinen Freunden wie ein begossener Pudel da und schämt sich unendlich. Oder ganz schlimm ist es, wenn die beiden ältesten Töchter kommen, um der Mama bei den Vorbereitungen zu helfen. Die fangen an, ihn zu bemuttern, und ringen um die Aufmerksamkeit von Mama und Papa, die jetzt jeweils in einer anderen Familie leben. Sie kommen eigentlich gar nicht zu seinem Geburtstag, sondern sie verwenden ihn nur, um zu Hause zu sein und ihm den Platz bei Mama und Papa wegzunehmen. Am schlimmsten wird es, wenn sie versuchen, lieb zu sein und sich bei seinen Freunden beliebt zu machen. Dann organisieren sie Spiele, wie sie vielleicht früher einmal üblich waren, heute aber total out sind und gar nicht cool. „Wollt ihr das Topfspiel machen?“, fragen sie dann, wenn sie merken, dass eine kleine Müdigkeit aufgetreten ist. Und statt dass man dann etwas isst und vielleicht ein bisschen fernsieht, was voll okay ist, muss man dann mit den Schwestern spielen, die sich lächerlich machen, indem sie im Kinderzimmer mit Kochlöffeln laut auf alte Töpfe schlagen, um zu erkennen, ob unter dem Topf etwas versteckt ist. Dann ist die Mama glücklich: „So schön, wie die Kinder sich mögen!“, ruft sie ein ums andere Mal aus und lacht. Dann wird gekocht und gegessen, und eigentlich findet Daniel es dann gar nicht mehr so schlimm, und manchmal glaubt er auch schon, dass die Schwestern kommen, um bei seinem Geburtstag dabei zu sein.

Daniel merkt, er muss es sich einfach machen: „Laden wir doch einfach alle meine Geschwister ein, du weißt schon, wirklich alle“, sagt er zu Mama. Die lächelt. Er hat sich überwunden. „Aber nein, wozu denn? Du willst doch mit deinen Kameraden sein, da brauchst du doch deine Geschwister nicht. Keinen, außer denen, die sowieso im Haus sind. Die kann man schwer wegschicken.“ Daniel spürt, wie die Falle wieder zuschnappt. Ein neuer Einfall: „Wie viele kann ich insgesamt einladen?“ „Wie alt bist du?“ – „Neun.“ – „So viele Freunde, wie du alt bist.“ – „Also neun. Zählt da Familie mit?“ Der nächste Versuch. „Nein, von denen kommt, wer will.“ Gut, so ists jetzt – zwar nicht gut ausgegangen, aber doch irgendwie. Was soll er machen? Die Familie ist einfach da. Er kann das nicht beeinflussen. Wenn er einmal größer ist, dann wird er vor allem die Leute einladen, die er selbst einladen will. Aber jetzt muss er mit dem auskommen, was er vorfindet. Und alle freuen sich mit ihm, das ist auch was. Besser, als wenn alle böse mit ihm wären. Und auf Urlaub kommt er auch mit allen gut aus. Nur wenn er Geburtstag hat, dann werden seine kleinen Brüder eifersüchtig und machen ihm das Leben schwer. Also muss er die Eifersucht verhindern, soweit es geht. Daniel beschließt, seinen Geschwistern etwas zu schenken. Eine Kleinigkeit. Oder sie einzuladen, mit ihm zu spielen. Jedenfalls wird er nicht versuchen, so wie letztes Jahr, vor ihnen davonzurennen und sich mit seinen Freunden im Garten zu verstecken. Das hat sie nur wütend gemacht, sie sind ihn suchen gegangen. Der Hunger hat ihn aber in die Küche getrieben, wo seine Mama und seine Geschwister auf ihn gewartet haben. Also einladen und freundlich sein.

Plötzlich steigen ihm Tränen in die Augen. Was soll er noch alles bedenken? Er hat keine Lust mehr, Geburtstag zu feiern, alles ist ihm zu kompliziert. Er will einfach wie alle seine Freunde Geburtstag feiern.

Bei „einfach“ fällt ihm ein, dass er nur ganz selten zu einem Fest eingeladen war. Und die Feste, bei denen er war, waren auch nicht alle einfach. Fast immer war nur die Mutter da, und der Vater, sofern es überhaupt einen gab, kam spät und war selten fröhlich. Und außerdem waren alle so komisch. Wenn er von seiner Familie erzählte, dann wollten sie das gar nicht hören. Oder bedauerten ihn. Und dann gab es – wirklich – Topfspiele! Man fasst es nicht. So was Blödes. Muss vor hunderttausend Jahren einmal lustig gewesen sein. Der Papa erzählt immer, dass er noch mit 16 Jahren bei einem Kollegen war, wo Topfspiele gespielt wurden. Und der Kollege ist jetzt Lehrer. Papa lacht dann immer. Warum, weiß man nicht.

Daniel findet, dass er das Wichtigste geschafft hat. Er hat seine Mama und seinen Papa nicht verärgert. Jetzt könnte man das Nächste probieren: „Kann ich mit meinen Freunden ins Kino gehen? Das Videoausborgen ist immer sooo fad!“ – „Nein!“ Er wusste es. Er soll zu Hause sein. Sie wollen sehen, wie er sich freut. Sie wollen nicht nur zahlen, sie wollens auch lustig haben. Er hasst das. Aber was soll er machen? Also, gerade durch.

„Was machen wir für ein Programm? Sport, essen und spielen?“ – „Was du willst!“

Das wird sicher ein schöner Geburtstag werden, wenn sie schon so reagieren. Ein kleiner Trick wieder, komisch, wie trickreich man wird, wenn man etwas will: „Vielleicht hat Friedrich einen Einfall, der neu ist?“ – „Was, du willst Friedrich auch einladen?“, wundert sich der Papa.

Wieso kommt der plötzlich in die Unterhaltung rein? Der war doch bisher ruhig und hat die Nachrichten im Fernsehen angeschaut. Das Einzige, was bisher von ihm zu hören gewesen ist, war ein lautes „Pscht!", und jetzt das. „Warum denn nicht?" – „Ich habe geglaubt, du magst ihn nicht." Wer mag den nicht? Papa ist einfach auf Friedrich eifersüchtig. Warum, weiß Daniel nicht. Er versteht das nicht. Aber was versteht er schon. „Der kommt doch gern", hört er sich sagen. Er kanns eh nicht verhindern. Warum es also dann probieren?

INTERPRETATION

Kinder in Patchworkfamilien sind von der Art und Fülle der Kontakte manchmal überfordert. Eltern auch. Aber sie zeigen das nicht so. Bei Festen wird die Überforderung sichtbar. Sie wird dann für alle sehr groß. Die Kinder versuchen, Lösungen zu finden, die ein gutes Fest ermöglichen, aber diese Lösungen sind gar nicht so leicht zu finden. Niemanden zu kränken und alle Beziehungen zu pflegen überfordert die kindlichen Fähigkeiten. Die Beziehungen und die Ansprüche der Erwachsenen ändern sich sehr schnell. Mal kommen sie besser miteinander aus, mal schlechter. Manchmal erinnern sie sich gern an alte Zeiten, und die jetzigen Partner werden dann eifersüchtig und manchmal sogar richtig aggressiv. Dann kennen sich die Kinder gar nicht mehr aus.

Bei Daniel geht alles an sich gut. Alle kennen sich, alle können ganz gut miteinander. Was keineswegs selbstverständlich ist. In vielen Familien, in denen es „deine, meine, unsere" gibt, ist das nicht so. Dann ists noch schwerer. Dann müsste Daniel noch viel vorsichtiger vorgehen. Aber selbst in seinem Fall muss er versuchen, langsam die Lage zu sondieren. Zu erheben, inwieweit seine eigenen Bedürfnisse eine Rolle spielen und was die andern wollen. Und versuchen, die Eltern bei Laune zu halten. Weil er das braucht und weil sonst ein Geburtstag nicht funktionieren kann.

Die Beziehungen der Eltern bestimmen, wie auch in so genannten normalen Beziehungen, die Feier. Das Kind möchte diese Art der Belastung nicht. Es käme gut damit aus, seine Schulkameraden einzuladen und mit ihnen zu feiern. Aber so spielt es das nicht. Also muss er es anders versuchen.

Das Buch einer Schweizer Psychoanalytikerin hat vor vielen Jahren Aufsehen erregt. Alice Miller gab dem Buch den Titel „Das Drama des begabten Kindes". In diesem Buch unterstellt Alice Miller, dass es Kindern dann besonders schwer fällt, ihr eigenes Leben zu leben, wenn sie sich andauernd Gedanken darüber machen, wie sie ihre Eltern erfreuen können. Sie hat das besonders an der Frage der Kinder psychisch kranker Eltern dargestellt, bei denen sich die Kinder wie Therapeuten verhalten. Kinder depressiver Mütter denken darüber nach, wie sie ihre Mütter zum Lachen bringen können. Oder Kinder von histrionischen Müttern wollen verhindern, dass ihre Mütter sich in der Öffentlichkeit auffällig verhalten, weil es ihnen peinlich ist.

Alice Miller hat Kinder in Patchworkfamilien noch nicht erwähnt. Vielleicht deshalb, weil diese Art des Zusammenlebens damals noch nicht modern war. Oder weil es gerade für Psychoanalytiker besonders schwer ist, sich Familien vorzustellen, die anders sind als die, die von ihren Theorien erklärt werden. Jedenfalls hat sie einen Mechanismus dargestellt, der neu war. Sie hat gezeigt, dass Kinder ganz automatisch versuchen, die Probleme der Eltern zu lösen. Die Medizin hat diesen Mechanismus schon früher gekannt. Wenn etwa Mütter während der Schwangerschaft an Diabetes mellitus (Zuckerkrankheit) erkranken, dann versucht das Ungeborene aus seiner Bauchspeicheldrüse Insulin zu erzeugen, um der Mutter zu helfen. Dabei kann das Kind selbst krank werden. Vor allem nach der Geburt hat das Kind dann zu viel an Insulin (weil es dieses auch für seine Mutter produziert hat) und kann an Unterzuckerung sterben. Das Kind versucht, die Mutter, die es über den Mutterkuchen ernährt, zu behandeln. Diese Umdrehung der natürlichen Verhältnisse, die darin bestehen, dass die Eltern das Kind ernähren, kann einem Kind schaden.

Ebenso ist es auch bei Beziehungen und Problemen der Eltern. Besonders empfindsame und sozial wache Kinder haben Fähigkeiten, die es ihnen erlauben, Probleme ihrer Umgebung zu erkennen und zu behandeln. Sie werden versuchen – auch wenn es vor allem um sie selbst gehen sollte, wie bei einem Geburtstagsfest –, die Eltern in eine gute Stimmung zu bringen. Sie versuchen, den Eltern zu helfen und ihnen Freude zu bereiten.

Dabei überfordern sie sich manchmal. Denn die Eltern haben ja nicht mit dem Geburtstagsfest Probleme (wobei das natürlich auch vorkommt, weil sie an ihre eigenen Kindergeburtstage schlechte Erinnerungen haben oder weil sie das Alter ihres Kindes an das eigene Älterwerden erinnert), sondern sie haben Probleme mit ihren Expartnern oder mit ihren Kindern, die sie nur selten sehen, oder sie wollen alle glücklich machen, was oft nicht gelingt.

Das Kind stellt sich dann oft eine Aufgabe, die es nicht bewältigen kann. Alice Miller hat vermutet, dass solche Kinder später unglückliche

Erwachsene werden, die immer mehr an andere denken als an sich selbst. Diese Überlegung ist problematisch, weil man bis heute nicht weiß, ob es solche Erwachsenen gibt und ob es Erwachsenen schadet, vor allem an andere zu denken. Außerdem scheint diese Art des Umgangs eher das Ergebnis einer weiblichen Sozialisation zu sein als das einer schlechten und überfordernden häuslichen Umgebung. So weiß man bis heute nicht, ob die Schlussfolgerungen Millers, die vor zwanzig Jahren vielen Menschen Angst gemacht haben, richtig sind. Gerade für das hier dargestellte Problem ist es aber ein Hinweis auf die Belastung Daniels. Er soll Probleme der Erwachsenen lösen, um sein eigenes Fest zu gestalten. Und es ist hier gut gegangen. Vielfach sind die Eltern selbst überfordert und brechen die gesamten Vorbereitungen ab, wenn sie ihnen zu kompliziert werden. Und es sind nicht nur Geburtstagsfeste, die so belastet sein können. Andere Feste, wie Weihnachten, können ungleich mehr Gefühle auslösen. Deshalb haben wir sie an anderer Stelle eigens besprochen.

Ein anderer Aspekt der Probleme Daniels, wie sie hier beschrieben sind, ist, dass diese Patchworkfamilie oft wie eine Schafherde zusammengehalten wird. Alle müssen immer zusammenbleiben. Alle sollen wie ein Rudel zusammengetrieben werden, manchmal auch dann, wenn sie einander stören. Schon in so genannten normalen Familien besteht eine Herausforderung darin, das Gehen und Kommen immer zu erlauben und nicht als eine Belästigung bzw. als ein Verlassen zu interpretieren. Familienleben heißt, Wandlung zulassen können. Menschen werden geboren, sterben, Ausbildungen werden begonnen und abgeschlossen, Kinder werden größer und verlassen das Haus, vorübergehend oder dauerhaft, sie kommen mit eigenen Kindern wieder und suchen Schutz und Hilfe, und letzten Endes zerfällt das Ganze. Wandlung ist das Thema aller sozialen Einheiten, Familien sind diesbezüglich besonders gefordert.

Der Mensch will den Wandel, aber er hasst ihn auch. Es macht ihm Angst zu sehen, wie Menschen gehen und ihn verlassen; es macht ihm Sorgen, sehen zu müssen, wie die ältere Generation krank wird und stirbt – schon weil er weiß, dass er der Nächste ist. Angst macht verzweifelt, und Angstbewältigung wird durch das Anstreben von Stabilität versucht, das jedoch in einer Welt, in der Veränderung täglich geschieht. Dieses Streben nach Stabilität sieht man an vielen Erscheinungen: Stabile Häuser, Mauern, die lange halten, werden gebaut, die gegen die Außenwelt, gegen Veränderung abschirmen sollen, Zäune werden errichtet, die die Familie vor der Außenwelt schützen, und langfristige Verträge werden angestrebt – bis hin zur Unauflösbarkeit der Ehe als Sakrament.

Patchworkfamilien sind einem noch größeren Wandel unterworfen als andere und müssen, um zu funktionieren, offen sein. Gehen und Kommen müssen erlaubt sein, egal, ob einem das passt oder nicht. Kinder aus allen Ursprungskonstellationen müssen kommen und gehen dürfen. Einfach deshalb, weil für jedes immer Platz sein soll. Wollen sie miteinander sein, ist es gut. Ertragen sie einander eine Zeit lang nicht oder nicht so gut, ist es auch okay. Kein Kind kann damit rechnen, immer am selben Ort zu schlafen (siehe auch: „Wer schläft wo"), meistens auch nicht damit, immer alles am selben Platz vorzufinden. Alle Kinder sollen aber damit rechnen können, jederzeit willkommen zu sein. Wandel und Offenheit sind die Grundvoraussetzungen für das Funktionieren der Familie.

In Daniels Geschichte ist der Zwang, zusammen zu sein, das Problem. Daniel will seine Freunde einladen und nicht alle Familienmitglieder. Er will einfach eine Party feiern. Und im Grunde käme er mit seinen Eltern als Unterstützer aus. Er wäre in diesem Fall gern ein Einzelkind, um das sich alles dreht. Aber die Art, wie die beschriebene Familie funktioniert, zwingt ihn dazu, ständig Rücksicht zu nehmen und immer alle wollen zu müssen, auch wenn das nicht so ist.

Es mag sein, dass diese Art, Familie zu leben, für alle belastend ist; es mag auch sein, dass diese Art des Zusammenlebens erfunden wurde, um Angst zu reduzieren – Angst vor dem Alleinsein. Es mag auch sein, dass Daniels Eltern wollen, dass die Kinder einander mögen – gleichgültig, ob das zum jeweiligen Zeitpunkt auch der Fall ist. Manchmal ist diese Art des Zwangs auch Ursache dafür, dass Kinder einander später ablehnen oder gar nicht mehr sehen wollen, manchmal ist sie aber auch die Grundlage für lebenslange Treue.

LÖSUNGSVORSCHLÄGE

- In einer Patchworkfamilie ist Gehen und Kommen unerlässlich. Behindern Sie es nicht. Patchworkfamilien funktionieren gut, wenn sie offen sind. Geschlossenheit vermittelt zwar Behaglichkeit an kalten Winterabenden und gibt das trügerische Gefühl von Sicherheit, aber die Familie wird dadurch unbeweglicher und die Gefahr entsteht, dass die Mitglieder mehr von den Nachteilen der neuen Familie erfahren als von den Vorteilen, wie zum Beispiel dauernde Verhandlungen mit den anderen Eltern oder Streitigkeiten der Kinder untereinander.
- Ihr Kind soll nie das ausführende Organ von Wünschen nach Zusammenhalt sein. Es ist nicht Aufgabe Ihres Kindes, alle Kinder zu-

sammenzuhalten und Brücken zwischen den Erwachsenen zu schlagen. Es ist für das Kind schon schwer genug, sich selbst zu orientieren. Belasten Sie es nicht noch zusätzlich.
- Feste sollen nicht damit belastet werden, dass man versucht, immer alle zusammenzuhalten. Feste sind eine Freude, und zwar für den Gefeierten. Auch wenn es Ihnen schwer fällt, gönnen Sie es ihm.
- Zwingen Sie Ihr Kind nicht dazu, immer alle zu mögen, es könnte sich später ins Gegenteil verkehren.

That's it. Und nun fragen Sie Ihr Kind oder Stiefkind, wann es wen zum nächsten Fest einladen möchte. Machen Sie mit ihm schöne Einladungen, vielleicht am Computer, und schenken Sie sich und ihm die Gelegenheit zu erleben, wie es selbst aktiv zum Gelingen des Festes beiträgt. Ein kleiner Tipp nach langjähriger Erfahrung: Nie mehr Kinder einladen, als das Kind alt ist.

WER SCHLÄFT WO?

Identität und Schlafplatz in Patchworkfamilien

VIGNETTE Unvergessen sind mir die zwei kleinen Mädchen Sophie und Valerie, neun und sechs Jahre alt, welche am Vorweihnachtsabend durch ein Eifersuchtsdrama ihrer Eltern zu Vollwaisen wurden. Die Eltern haben sich gestritten, die letzte Erinnerung des älteren Mädchens, Sophies, ist der Anblick ihrer Mutter, die, nachdem sie eben noch Weihnachtsbäckerei gemacht hat, blutüberströmt in der Küche liegt. Sie läuft ins Kinderzimmer, reißt ihre kleine Schwester aus dem Bett und läuft zur Nachbarin, um Hilfe zu holen. Die Tür fällt zu. Minuten später muss die Tür durch die herbeigeeilte Feuerwehr aufgebrochen werden, da niemand öffnet. Die Helfer finden beide Eltern tot vor, die Mutter verstümmelt, der Vater erschossen. Die Wohnung ist abgebrannt und mit Ruß bedeckt. Beide Mädchen werden – es ist schon spätabends – in die Kinderklinik gebracht. Die Ärzte erklären ihnen, dass ein großes Unglück geschehen sei und dass noch niemand wisse, was genau passiert ist. Beide Mädchen schlafen im Spital aneinander gekuschelt in einem Bett. Am nächsten Morgen kommen nahe Verwandte sie besuchen. Als man ihnen mitteilt, dass die Eltern tot sind, fallen sich die beiden Mädchen schluchzend in die Arme, weinen minutenlang neben ihren ebenfalls in Tränen aufgelösten Verwandten. Die Kleinere fragt als Erstes mit Tränen in den Augen: „... und wo werden wir dann heute schlafen?!"

Beide Mädchen werden danach von der Tante mütterlicherseits in liebevolle Pflege genommen, wo sie mit ihren fast gleich alten, ihnen sehr vertrauten Kusinen gemeinsam aufwachsen. Durch eine großzügige Spendenaktion des Dorfes kann die Einrichtung eines gemeinsamen, großen, neuen Kinderschlafzimmers finanziert werden. Da alles in der bisherigen Wohnung verbrannt oder verrußt ist, trägt diese Aktion den symbolischen Gehalt eines Neubeginns in sich. In der therapeutischen Nachbetreuung ist das Thema Schlafen immer wieder von zentraler Bedeutung, denn die große Schwester hatte am Unglücksabend ihre kleine Schwester, die bereits am Einschlafen war, wahrscheinlich dem sicheren Tode entrissen und fühlte sich wochenlang nicht in der Lage, alleine in einem Bett einzuschlafen. Sie erhielt die Erlaubnis, selbst zu entscheiden, wo und bei wem sie schlafen wollte, und konnte ihre Angst letztlich überwinden. Der Verlust der Eltern wird jedoch für Sophie und Valerie lebensbestimmend bleiben.

Diese Vignette stammt aus dem klinischen Kontext und zeigt exemplarisch eine der möglichen Bedeutungen des Begriffs „Schlafplatz" im Gegensatz zum Begriff „Zuhause" auf. Für viele Kinder ist Schlafplatz und Zuhause dasselbe, ihr Schlafplatz ist dort, wo ihr Zuhause ist. Das Gefühl, zu Hause zu sein, wird von realen und emotionalen Faktoren bestimmt. Sind die realen Faktoren, aus welchen Gründen immer, im Umbruch, und/oder ist die emotionale Atmosphäre über längere Zeit sehr belastet, befällt Kinder das Bedürfnis, weglaufen zu wollen, um ein neues Zuhause zu finden. Eine Abschwächung dieses extremen Lösungsversuches ist die Option, bei Freundinnen, Kusinen oder anderen Verwandten zu schlafen.

Kinder sind somit oftmals Seismographen in Sachen Konfliktfeststellung, und jede Änderung ihrer Schlafgewohnheiten kann und sollte zum Nachdenken über dessen Gründe aufrufen.

VIGNETTE Das fünfjährige und jüngste Kind einer Patchworkfamilie fragt: „Mama, wo darf ich heute schlafen?" – „Wo möchtest du denn schlafen?" – „Bei allen! Und ich will erst als Letzter schlafen gehen, ich lese dafür allen heute eine Gutenachtgeschichte vor!"

Die Familie hat ein neues Haus gekauft. Drei Kinder leben und schlafen immer hier. Drei Kinder leben und schlafen jeden Montag, Donnerstag und Freitag sowie jedes zweite Wochenende hier. Zwei Kinder kommen manchmal am Wochenende und öfter zu Urlaubszeiten, dann bringen sie meist auch Freunde mit. Eigentlich bräuchte die Familie mindestens fünf, eigentlich sogar neun Schlafzimmer, ein oder zwei Gästezimmer wären auch nicht schlecht. Das wäre aber schon eine kleine Pension! Diesen Bedarf kann das neue Haus nicht erfüllen. Die Lösung ist ein von einem befreundeten Kunsttischler gezimmertes Schiffsbett mit Platz für vier bis sechs Kinder nebeneinander, welches in einem sehr geräumigen Kinderzimmer steht. Dazu kommen zwei Ausziehcouches und zwei kleine Zimmer für die beiden jeweils Ältesten. Der Jüngste ist ein Kurzschläfer und ein Abendmensch. Der in Italien übliche Biorhythmus liegt ihm am ehesten. Er bleibt gerne bis Mitternacht auf, schläft in der Früh etwas länger und braucht insgesamt deutlich weniger Schlaf als sein älterer Bruder. Am liebsten schläft er irgendwo, mitten im Wohnzimmer, bei allen, ein und wandert dann oft irgendwann während der Nacht ins große Bett im Kinderzimmer. Schlafen ist kein wichtiges Thema in dieser Familie, alle schlafen am liebsten zufällig im Wohnzimmer ein, wachen dann meist irgendwann in der Nacht auf, legen sich dann in ein Bett, das gerade frei ist. Chaos?

Vielleicht, aber alle Familienmitglieder sind mit dieser Lösung sehr zufrieden und nennen diesen Schlafstil „Wanderschlafen".

So hatten auch wir über zehn Jahre ständig drei Kinder „ganz", jeden zweiten Tag sechs Kinder, an Wochenenden und im Urlaub acht Kinder und bei Geburtstags- und anderen Familienfesten bis zu zwölf Kinder zum Schlafen unterzubringen, weil die Größeren bereits Freunde mit nach Hause brachten. Die Devise „Open House" ist Kindern und Jugendlichen meist viel wichtiger als eigene Betten mit eigener Bettwäsche in eigenen Zimmern. Kinder sind sehr praktisch!

Ein Kind braucht weder unbedingt ein eigenes Bett, geschweige denn ein eigenes Bett in einem eigenen Zimmer. Diese Behauptung mag auf den ersten Blick überraschen, ist es doch in den industrialisierten Ländern anders. Dass Kinder ein eigenes Bett hatten, wurde als Fortschritt gefeiert. Noch vor hundert Jahren berichtete der Wiener „Stadtphysikus" von den vielen Kindern der ärmeren Schichten, die im gemeinsamen Bett von ihrer Mutter im Schlaf erstickt wurden. Ebenso war damals die Unterbringung von Kindern in den Laden einer Kommode nicht selten. So war denn auch ein eigenes Kinderzimmer aus der Sicht einiger politischer Parteien (vor allem der Sozialdemokratie), die sich für die Armen einsetzten, ein großer Fortschritt.

Die in den industrialisierten Ländern vorherrschende Ansicht, dass ein Kinderzimmer und ein eigenes Bett ein Fortschritt sind, basiert nebst den heutigen kommerziellen und werbetechnischen Argumenten auf diesem geschichtlichen Hintergrund. So entwickelte sich eine Schlafnorm, die weltweit aber nur auf 15 Prozent der Menschheit zutrifft (85 Prozent der Menschheit sind jedoch so genannte „Co-Sleepers", also grundsätzlich gewohnt und entsprechend erzogen, nicht alleine zu schlafen). Diese Schlafnorm wird in den westlichen industrialisierten Ländern ideologisch dadurch gestützt, dass Eltern eingeredet wird, dass sie dann besonders gute Eltern sind, wenn ihr Kind bereits wenige Wochen nach der Geburt alleine einschlafen kann. Diese Ideologie wird auch in vielen Ratgebern und Fachbüchern vertreten und psychologisch argumentiert. Das Entwicklungsziel, das hier verfolgt wird, ist der Erwerb früher Selbstständigkeit in der Schlafregulation und emotionale Unabhängigkeit. So werden wunderschöne Kinderzimmer mit viel Aufwand in Rosa oder Blau eingerichtet, und die Eltern entwickeln mit dem Kind Rituale rund ums Einschlafen: Geschichten werden vorgelesen, Tageserlebnisse erzählt, Ratespiele gemacht etc. Da praktisch kein gesundes Kind sich am Abend alleine zum Schlafen zurückziehen will, ist bei diesem allabendlichen Zeremoniell meist von den Kindern viel Widerstand zu erwarten. Das Zeremoniell besteht in vielen Familien aus einem Spiel, das aber zu einem Machtkampf werden kann. Die Eltern wollen dann ihre Autorität, die sich in der Aussage „Es ist Schlafenszeit, geh bitte ins Bett" spiegelt, unter Beweis stellen. Will oder tut das Kind nicht so, wie die Eltern wollen, dann wird schnell von einer Schlafstörung gesprochen. Dass aber jede elterliche Erwartung fast immer von kindlichem Widerstand begleitet ist, wird hierbei meist vergessen und führt bei Eltern und Kindern zur Verschwendung unnötiger Energien und Stunden, die man auch schöner hätte verbringen können, sei es allein oder zusammen.

Für die meisten heranwachsenden Kinder dieser Welt ist - dazu im Gegensatz - alleine schlafen kein Thema. Sie wachsen in Kulturen auf, die sich das Alleineschlafen weder leisten können noch wollen. Dieses Phänomen, grundsätzlich in der Gemeinschaft zu schlafen, heißt in der Fachliteratur „Co-Sleeping". „Co-Sleeping" beinhaltet das implizite Erziehungsziel, Kindern ein Schutz- und Verantwortungsgefühl als soziale Wesen in einer Gemeinschaft zu vermitteln. Durch das soziale Erlebnis während des gemeinsamen Schlafens in der Gruppe wird eine Gruppenzugehörigkeit real dargestellt, welche auch Folgen auf der symbolischen Ebene und für die gemeinschaftliche soziale und individuelle Identitätsentwicklung der Kinder hat. Vorteile sind etwa die Möglichkeit des emotionalen Auftankens während der Nacht und das körperliche Angebot von Wärme, Nähe und Schutz durch unterschiedliche Menschen, die dem Kind alle nahe sind.

Nachteile sind womöglich die erst viel spätere Selbstständigkeit in Bezug aufs Alleine-schlafen-Können oder eine mögliche lebenslange Bevorzugung des Nicht-alleine-Schlafens oder gar eine Abhängigkeit davon.

Für Kinder kann das Alleineliegen oder -schlafen-Gehen in stürmischen Zeiten, wie bei Trennung der Eltern und in einer Phase der familiären Reorganisation, sogar schädlich sein. Das häufig gehörte Argument, dass ein Kind Ruhe und ein sicheres Nest braucht, führt sich selbst ad absurdum, wenn das schöne und gute Bett mitten in einer unsicheren und verspannten Familienatmosphäre steht. Evolutionshistorisch betrachtet will der Mensch, ebenso wie die meisten Tiere, nicht alleine schlafen. Es macht ihm Angst, er will, dass man auf ihn aufpasst und er auf seine Jungen, seine Kinder, aufpassen kann. Anders wären die über Jahrhunderte in den allermeisten Ländern der Welt gewachsenen Bettstätten für die ganze Großfamilie sowie gemeinsame Schlafzimmer von Eheleuten unerklärlich und auch die vielen Kompromisse, zu denen

Menschen bereit sind, um nicht alleine schlafen zu müssen. Auch Kinder sind Menschen, die den Schutz eines „Nests" suchen, besonders in den ersten zehn Lebensjahren. Viele Kinder sind zu jeder Improvisation bereit, um nicht allein zu sein. Das kann ein Sofaplatz im Wohnzimmer, ein Schlafsack am Boden, ein Ausziehbett sein, das Ziel ist immer das gleiche: dem Erwachsenen, von dem man sich beim Einschlafen und beispielsweise bei einem schlechten Traum Trost, Schutz und Hilfe erwartet, nahe zu sein. Oft entstehen hieraus in Patchworkfamilien kreative Lösungen, etwa dahin gehend, dass mehrere und verschieden alte Kinder zu verschiedenen Zeiten schlafen gehen, woraus eine sich stark verändernde Kindergruppe entsteht.

Vor, während und nach Trennungen wollen Kinder bei allen spürbaren Spannungen, Ängsten, Sorgen und allem nicht Benennbaren auch ganz konkrete Dinge besprochen wissen. Nämlich: „Wer schläft heute wo und wann? Wer hat die Schulsachen? Wo sind die Skisachen? Wo wird der Hund sein?"

Aus heute nicht mehr nachvollziehbaren Gründen vertraten die traditionelle Psychologie und die Rechtspraxis die Ansicht, dass ein Kind einen einzigen und fixen Wohnort braucht! Und dass sein seelisches Gleichgewicht und seine innere Ruhe durch örtliche Stabilität erhöht wird. Diese Praxis stammt aus Zeiten, in welchen das traditionelle Familienmodell vorherrschte. Es ist darum heute für nicht mehr zeitgemäß und weitgehend überholt zu erachten. Das dieser Rechtspraxis zugrunde liegende Dogma führt aber unbeabsichtigterweise leider oft zu großen Loyalitätskonflikten bei den Kindern und zu massiven Machtkämpfen der Eltern um ihre Kinder – wer das Bett des Kindes erkämpft, hat sich seiner Liebe vergewissert! Als wäre es so einfach und banal!

Gerade heute, wo Transport, Verkehrstechnik und Distanzüberwindung selbst über Kontinente kein wirkliches Problem mehr darstellen, sollte die Frage des Standortes des Bettes in einer Trennungssituation nicht mehr Grund zu Streitigkeiten sein! Es ist in den allermeisten Fällen finanziell und räumlich zumutbar, dass Kinder bei beiden Eltern ein Bett oder ein Gastbett erhalten und also in beiden Domizilen „ihr" Bett haben können! Ist dies gesichert, bedeutet dies für das Kind symbolisch: „Ich bin bei beiden willkommen, sie lieben mich beide doch noch, ich bin ihnen also auf alle Fälle ‚ein Bett' wert!" Je nach Besuchsvereinbarung kann nun das Kind, wenn es die Distanzen erlauben, sogar unter der Woche seinen Schlafplatz wechseln und einen Papa-Montag oder einen Mama-Dienstag haben! Oft schließen sich an diese Vereinbarungen ganz praktische Argumente an: „Sie hat am Montag Ballett, das ist näher bei dir, da könnte sie ja danach bei dir schlafen, oder?"

In vielen Fällen entscheiden sich die Eltern sogar bewusst für die Ausübung des gemeinsamen Sorgerechts, was oft auch bedingt, dass beide zugunsten des Kindes beschließen, den alten und den neuen Wohnort oder ihre zwei neuen nicht zu weit voneinander zu organisieren. In den allermeisten Fällen wird es auch durchaus möglich sein, die Kleidung und Schulutensilien so weit in beiden Haushalten zu halten, dass ein regelmäßiges Wechseln zwischen beiden Haushalten gut machbar ist!

Da Bindung und Beziehung weder direkt proportional zur Distanz-Nähe-Relation zwischen Kindern und ihren Eltern noch zur Anzahl der an einem Ort verbrachten Nächte ist, erscheint es sinnvoll und zielführend, wenn die Handhabung der Wohnsituation möglichst flexibel ist und eher praktischen und lebbaren Voraussetzungen und Grundbedingungen folgt als Gerichtsbeschlüssen, die meist einen Partner hilflos oder zornig zurücklassen. Da es in der Haager Kinderrechtskonvention sowie im neuen Kinderschutzgesetz rechtlich festgelegt ist, dass jedes Kind ein Anrecht auf beide Eltern hat, sollten diese in einer Trennungssituation auf alle Fälle danach trachten oder sogar von außen dazu aufgefordert werden, jede mögliche Voraussetzung zur Erfüllung dieses sinnvollen Grundrechtes zu schaffen! Nicht bei jemandem schlafen zu können/dürfen/sollen, führt weder zum Vergessen dieser Person noch zur Verschlechterung oder Verbesserung der Beziehung. Es raubt der Beziehung nur Basis und Erdung! Was schade und bedauerlich ist, denn gerade in stürmischen Zeiten brauchen Kinder beides!

TIPPS

- Die Schlaf-Wach-Biorhythmik des Menschen ist ein autonomer, zentral gesteuerter Regelkreis. Er ist noch stärker als der Hunger-Sättigungs-Zyklus.
- Der Schlaf des Kindes gehört nur ihm selbst. Der kindliche Schlafplatz soll von ihm selbst gewählt und gestaltet werden.
- Es gibt weder eine „richtige" Schlafenszeit noch eine „richtige" Schlafdauer. Kinder sollen schlafen, aber nicht schlafen gehen müssen. Schlafen ist notwendig, gesund und schön, es soll nicht Trennung von der Gemeinschaft bedeuten. Wenn Kinder wegen der Schule oder dem Kindergarten in der Früh geweckt werden müssen und durch spätes Schlafengehen müde sein könnten, holen sie es später nach.

- Schlaf muss nicht verfolgt oder erzwungen werden, jeder müde Mensch wird vom Schlaf eingeholt.
- Keine Belohnung oder Bestrafung kindlicher Schlafenswünsche. Eine Koppelung von Zuneigungsbedürfnissen an den Standort des kindlichen Bettes ist als Übergriff und Missbrauch zu werten. Kinder können überall und in den seltsamsten Körperstellungen schlafen, sie nehmen keinen Schaden, wenn Schlafen nicht im Bett passiert.
- Schlafen ist wichtig, notwendig und ein normaler physiologischer Bestandteil des Lebens. Die durchschnittliche Schlafenszeit macht etwa ein Drittel der Lebenszeit aus. Die tägliche Schlafdauer ist individuell sehr unterschiedlich, im Kindesalter zwischen sechs und zwölf Stunden, und kann durch viele Variablen beeinflusst und gestört werden. Jede Intervention von außen kann die empfindliche Biorhythmik stören und zu psychologischen, körperlichen und psychosomatischen Disharmonien führen, welche dem Kind schaden.
- Das abendliche elterliche Bedürfnis, Ruhe zu haben und miteinander ohne Kinder Zeit zu verbringen, ist berechtigt. Die Kinder sollen dies nicht grundsätzlich zu sabotieren versuchen. Die Eltern in Ruhe lassen heißt nicht automatisch, schlafen gehen zu müssen. Kinder nehmen keinen Schaden, wenn sie sich in dieser Zeit selbst beschäftigen, lesen oder miteinander noch ihre Erlebnisse teilen. Paradoxe Ratschläge wie „Du darfst alles machen, nur nicht einschlafen!" helfen oft mehr, das elterliche Ziel zu erreichen. Geschlafen wird also weder für jemanden, noch wird gegen jemanden nicht geschlafen! Eine Entkoppelung der elterlichen Zweisamkeit am Abend vom Daseinszustand des Kindes ist erlaubt, sinnvoll und erreichbar, wenn mit Autonomiebedürfnissen gegenseitig respektvoll umgegangen wird.
- Am besten schläft das Kind meist, wenn sich niemand einmischt; im Auto, im fahrenden Zug, auf der Couch im Wohnzimmer oder im eigenen Bett.

Schlafen ist schön, wo immer es auch geschieht! Gut schlafen können Kinder nur in einer Atmosphäre des Wohlwollens und der Akzeptanz. Nicht schlafen zu können oder nicht schlafen zu dürfen, kann zu lebensbedrohlichen Störungen der menschlichen Psyche und zur Gefährdung der Gesundheit des Kindes führen, welche die Lebensqualität maximal beeinträchtigen können. Deshalb ist Schlafen eben wichtig, und deswegen haben wir diesem Thema ein eigenes Kapitel gewidmet.

DAS LIEBE GELD

VIGNETTE Der Junge ist gewachsen, er braucht eine neue Jacke! Franz kommt stolz mit einer neuen Winterjacke nach Hause. Seine Mama hat sie ihm gekauft, sie kauft ihm immer nur das Beste, was meistens auch eher teuer ist. Für ihren Buben ist ihr eben nichts zu teuer. Wenn seine Augen ein Objekt im Geschäft begehrlich anschauen, wird ihr Herz schwach, und sie denkt sich, dass er es auch nicht immer nur leicht gehabt hat und dass sie ihn schon genug in die von ihr bestimmte Lebensgestaltung einbezogen hat, dass also sein Leben durch die Fremdbestimmung im Rahmen der Familienreorganisation bereits stark geprägt ist. Sie hat nicht wirklich Schuldgefühle deswegen, sie steht dazu, aber er hat es eben mit ihr auch nicht nur einfach gehabt in der letzten Zeit. Vielleicht ist sie auch deswegen immer sehr großzügig, was die Kinder betrifft, vielleicht wäre das aber auch sowieso ihre Art. Wer weiß. Jedenfalls ist das eine schöne Sache, Franz, die Mama und die neue Jacke.

Nun besucht Franz mit ebendieser Jacke das andere Zuhause, sein väterliches Heim. Sein Papa bemerkt das neue Stück gar nicht, was ganz normal bei ihm ist und dem Buben gar nicht weiter auffällt. Die Stiefmutter meint jedoch mit deutlich kritischem Unterton, dass sie sicher sehr teuer war und dass es doch auch viel preiswertere Modelle gegeben hätte. Für Franz ist die Situation schwierig; er will weder seine Mutter verteidigen noch seine Jacke schlecht gemacht wissen. Er denkt sich einfach, es geht sie nichts an, wie viel seine Mutter ausgibt, weder im Allgemeinen noch im Besonderen für ihn. Irgendwie war der Kommentar einfach unnötig, und er weiß nicht recht, was er nun sagen soll. Einerseits findet er sogar, dass die Kritik seiner Stiefmutter durchaus berechtigt ist, andererseits irritiert und verunsichert in ihre Wertung. Er beschließt, beim nächsten Besuch wieder seine alte, kaputte Jacke zu tragen, um die Stiefmutter nicht zu kränken oder zu provozieren, was er ja nicht will. Nach einigen Wochen fragt sie aber, warum er wieder mit der viel zu kleinen, alten Jacke herumläuft und wo die neue sei. Ab diesem Zeitpunkt denkt sich Franz, dass er es eben machen muss, wie er will, und dass manches, was seine Mutter betrifft, in den Augen seiner Stiefmutter nie ganz in Ordnung sein wird und er eigentlich mit dieser Erkenntnis ganz gut leben kann. Nun kann er mit der neuen Jacke ganz gut in beiden Häusern ankommen.

INTERPRETATION

Das Beispiel veranschaulicht die Relativität des Geldes. Dieselbe Jacke ist in der Wahrnehmung der Käuferin eine gute und notwendige Investition, in den Augen eines zweiten Menschen jedoch eine fast unnötige Verschwendung.

DIE SITUATION MIT DEM GELD IM ALLGEMEINEN

Für die meisten Menschen in unserer materialistisch orientierten Welt ist Geld ein Thema. Es scheint immer zu wenig da zu sein, und man scheint ständig mehr zu brauchen und mehr zu wollen! Erst wenn existenzielle Probleme auftreten, wie das Zerbrechen einer Familie oder die Gewissheit einer in Bälde zum Tode führenden Krankheit, verliert das Geld plötzlich an Wichtigkeit. Geld ist schon in frohen und heilen Familien in der westlichen Welt fast immer ein Problemthema: Wer zahlt die unvermeidlichen Ausgaben, wer bestimmt die Wahl der zusätzlichen Ausgaben, wird eher ein neues Auto für den Papa gekauft oder in einen gemeinsamen Urlaub investiert, oder soll für das Studium der Tochter oder den Bau eines Wintergartens gespart werden? Prioritäten von Projekten werden nach dem Selbstwert und der Argumentationskraft der einzelnen Familienmitglieder hierarchisch gereiht! Der, der das Geld heimbringt, bestimmt entweder alles oder hat diese Rolle seit vielen Jahren gänzlich dem zu Hause mit den Kindern lebenden Partner übertragen. Hat man ein gemeinsames Familienkonto oder zwei getrennte Konten?

In fast allen funktionierenden Partnerbeziehungen kann man mit dem Thema Geld die unterschiedlichsten Wahrnehmungen von Realitäten feststellen: Sind wir arm oder reich? War etwas teuer oder günstig? Wer gönnt sich oder anderen leichter etwas? Was ist Luxus, was gilt als Verschwendung, was ist unbedingt fürs Leben notwendig? Schwierig ist außerdem, dass sich Menschen und Familiensysteme zumeist fast unmerklich an einen ständig steigenden, immer höher werdenden Lebensstandard anpassen; das heißt, eher immer mehr Platz zum Leben brauchen, eher mehr Geräte anschaffen wollen, eher mehr und größere Geschenke glauben kaufen zu müssen. So verhält sich das mit dem Geld in manchem also eher wie mit der Zeit; obschon es zutiefst real und wirklich ist und in den meisten Familien Pfund um Pfund, Franken um Franken oder nun eben Euro um Euro verdient werden muss, ist das Geld immer bereits schon weg, bevor es noch da ist! Geld ist also real, aber seine Kaufkraft ist imaginär, virtuell und magisch potent!

GELD UND TRENNUNG

Der folgende Witz veranschaulicht, dass Trennung und Familienkonstruktion finanziell meist aufwendig sind: „Frage: Was ist gleich bei einer Scheidung und bei einem Hurrikan? Antwort: Das Haus ist weg!" Aber auch diese Ansicht ist relativ, da Glück und Unglück unbezahlbar sind und Gefühle in irrealen Währungen gefühlt und gehandelt, also emotional behandelt, werden. Nichts ist so teuer wie der Rechtsanwalt oder die finanziellen Kompensations- und Reparationsleistungen des zerrütteten Selbstwertgefühls. Früher siegte einfach der oder die Stärkere, er tötete Frau und Kind, sie vergiftete ihn, oder der jeweils Aktivere ging und ward nie mehr gesehen.

Die Trauer oder die Wut, die Verzweiflung oder die Erleichterung über eine Trennung braucht eine Fläche des Abreagierens, eine reale Reibungsfläche. Heute wird über die Kinder oder übers Geld gestritten, meist über beides!

Stehen Boden, Haus und Hof zur Verfügung, werden diese Realitäten auch in das Kampfgebiet einbezogen. Menschen, welche an Verlustängsten leiden, klammern eher: „Wenn ich dich verliere, verliere ich mich selbst! Mein Ich hängt an diesen Wänden, ich habe mich da ja ganz verwirklicht! Deshalb muss ich in der Wohnung bleiben, sonst ist alles, bin auch ich selbst weg!"

Menschen, die mit Nähe, Vertrauen und Verschmelzung ein Problem haben, vermeiden die Auseinandersetzung eher: „Behalt nur das Haus, ich werde mir schon was finden; tu, was du tun musst, ich geh schon, ich steh dir nicht im Wege, vergiss mich einfach!"

In den meisten Familien ist der Vater derjenige, der das Geld bringt, oder zumindest der Hauptverdiener; dies macht ihn potenziell zum Bestimmer in konflikthaften Zeiten.

Trotz Kränkung und Trennung wird der eine oder andere Partner real und meist auch emotional zum abhängigeren von zwei ehemals gleichwertigen Eheleuten.

Rechtsanwälte und Therapeuten leben zum Großteil von dieser Situation, und dies nicht schlecht! Die Schuld an der Trennung, an der Auflösung der Liebesbeziehung wird in Schuldgefühle oder Aggression wegen des zur Verfügung stehenden Geldes umfunktioniert. Alte Stärken und Schwächen der Persönlichkeiten werden plötzlich als Vorwürfe formuliert: „Du warst schon immer verschwenderischer als ich! Ich habe immer schon gesagt, dass uns deine Schulden noch einmal auf den Kopf fallen werden!" Die Unterschiedlichkeit im Umgang mit dem Geld und in der persönlichen Einstellung zu ihm, die also bereits in vielen gut funktionierenden Liebes- und Lebensgemeinschaften zu immer wiederkehrenden Diskussionen und Auseinandersetzungen führen kann, muss also nahezu zwingend nach einer Trennung eskalieren. Auch die neuen Partner spielen da mit! „Was braucht sie (seine Mutter) ihm (seinem und ihrem Sohn) eine so teure Skijacke zu schenken, das gönne ich ja nicht einmal mir selbst!"

„Immer wenn die Kinder mit ihr auf Urlaub waren, glauben sie, die Welt koste gar nichts! Wieso müssen wir dann mithalten, wenn sie die Kinder so verwöhnt?" In der Argumentation, Kinder sollten also eine vernünftige und verantwortliche Einstellung zum Geld erlernen – was als grundsätzliche Aussage sicherlich berechtigt ist –, schwingen situativ Missgunst, Neid und Ängste mit. Erstens muss die neue Familie natürlich weder „mithalten" noch einen Stil übernehmen, mit dem sie sich nicht identifizieren kann. Zweitens kommt es Kindern natürlich aus ihrer Perspektive sehr entgegen, wenn die finanziellen Prioritäten in der Familie stärker auf sie selbst als auf teure Hobbys der Erwachsenen ausgerichtet werden! Insofern ist der Neid ja sogar berechtigt! Trotzdem sollte hier erlernt werden, dass der Umgang mit Geld von individuellen und systemischen Gegebenheiten abhängig ist und dass wertende Vergleiche hier ebenso wenig sinnvoll sind wie bei unterschiedlichen Geschmäckern bezüglich Kleidung oder Speisen. Kinder sind adaptiv, sie können ebenso leicht akzeptieren, dass Eltern unterschiedliche Sprachen mit ihnen sprechen, wie sie einen unterschiedlichen Umgang in finanziellen Dingen akzeptieren können, wobei sie aus den Unterschieden letztlich ihre persönlichen Konsequenzen und Lernerfahrungen ziehen. Insofern sind Neid und Ärger energetisch emotional ineffizient, außer zum Selbstzweck der Fokussierung von unangenehmen Gefühlen auf eine sich scheinbar anbietende Zielscheibe!

LÖSUNGSVORSCHLÄGE

- Definieren Sie erst alleine und dann gemeinsam die unausweichlichen, unverzichtbaren und unvermeidlichen Ausgaben; erstellen Sie dann eine Prioritätenliste von gewünschten und möglichen Anschaffungen oder Projekten; legen Sie ebenso eine Geldsumme für echte Notfälle fest!
- Definieren Sie die derzeitigen Verdienstquellen und mögliche realistische und weniger realistische Erweiterungen derselben. „Dann musst du halt einfach wieder Nachhilfestunden geben!" wird leichter gesagt

als: „Dann musst du halt auf den Strich gehen, um etwas dazuzuverdienen!“ Respektieren und reflektieren Sie die Eigenschaften des Partners sowohl als Schwächen wie auch als Stärken: Seine nervende Knausrigkeit kann ebenso als Fehlen von Verschwendungssucht gewertet werden! Ihr Konsumhunger kann als Lebenslust, seine Kaufsucht auch als Großzügigkeit definiert werden!

- Definieren Sie gemeinsame und getrennte Möglichkeiten, Wünsche und Verantwortlichkeiten. Wiegen Sie nicht die Ausbildung der gemeinsamen Tochter gegen seine zu pflegende Großmutter, ihre Liebe für einen prachtvollen Garten oder seine Liebe zu Sportautos gegeneinander auf! Streiten Sie lieber über Leidenschaften, Träume, Themen und Aufgaben als über Summen!
- Vermeiden Sie Worte wie: „immer“, „niemals“, „immer schon“, „jedenfalls“! Sprechen Sie in „Ich“-Sätzen und nicht in „Du“-Unterstellungen und -Vorwürfen: „Ich wünsche mir mehr Verständnis von dir“ kommt besser an als „Du hast mir eh schon nie zugehört“ und vermittelt dieselbe Botschaft! Versuchen Sie (A) in Streitgesprächen dem anderen (B) zuzuhören und einmal gar nichts zu sagen. Bitten Sie ihn (B) im Austausch dazu, Ihnen (A) zuzuhören und ebenso nichts zu sagen. Dann schreibt jeder die wichtigste Erkenntnis aus dem Monolog des anderen auf und wiederholt ihn. Der Inhalt wird wahrscheinlich aus der Perspektive der Wahrnehmung von A und B noch nicht korrekt sein und noch nicht genau vermitteln, was er oder sie gemeint hat: „Ich höre, dass du das oder dies sagst, und es macht Sinn, weil du ...“ – „Nein, das habe ich nicht ganz so gemeint, vielmehr ist für mich wichtig und richtig, dass ...!“ Machen Sie so lange weiter, bis A die Botschaft von B korrekt, von B bestätigt wiedergibt und umgekehrt!

Auch wenn die finanzielle Situation beider Partner nach einer Trennung deutlich unterschiedlich ist, ist das Konzept der finanziellen Ausblutung des anderen selten in seiner Gesamtbilanz lohnend! Das Schicksal von Tausenden nur mehr durch die monatliche Zahlung für ihre Kinder wahrnehmbaren Vätern beeinflusst letztlich die Güte und die Qualität der Beziehung zwischen Ihnen und Ihren Kindern und zwischen den Kindern und ihren Vätern!

Wie soll ein Sohn einen meist fernen Vater als Rollenvorbild und Entwicklungsmodell gut integrieren oder ihm sogar positiv nacheifern, wenn dessen Beziehung zu ihm indirekt über Jahre oder Jahrzehnte nahezu nur am Kontoauszug nachvollziehbar ist?

Eine weitere Hilfe stellt die möglichst baldige Entkoppelung der Dependenz vom Expartner hinsichtlich der finanziellen Versorgung der Kinder selbst dar. So ist es durchaus zielführend und sinnvoll, Kindern ab dem zehnten Lebensjahr ein Jugendkonto einzurichten, auf welches der Vater zumindest einen Teil seiner monatlichen Zahlungen für sie einzahlt. So ist das Geld direkt für sie - also direkt von ihm kommend und deshalb für sie selbst verantwortbar und spürbar - verfügbar! Dadurch kann das noch in der Entwicklung stehende Kind eine unserer Zeit angemessene Eigenverantwortung für Geld erlernen und auch selbstständig, ohne den Umweg über die Mutter, zusätzliche Wünsche, Notwendigkeiten und Sonderwünsche begründen und aushandeln. Wird in solchen Fällen die Mutter in die Sache einbezogen, macht es die Situation aus der Perspektive des Kindes meist nicht leichter. Der Vater beklagt sich oft, dass er schon so viel zahlt, wohingegen die Mutter meint, dass er fast gar nichts beisteuere, alles an ihr liege. Das Kind kennt sich nicht aus. Hat es jetzt einen großzügigen oder knausrigen zahlenden Papa? Da Geldfluss und Liebe vollkommen unterschiedliche Währungen sind, sollten sie im Sinne der Beziehungspflege für das Kind möglichst nicht vermischt werden.

Eine solche Lösung erlaubt Vätern meist, viel bewusster und realitätsnäher die Entwicklung ihrer Kinder zu begleiten, und sie sind stärker beteiligt, wenn sie sie beispielsweise mit dem neuen Snowboard sehen, da dieses ja von „ihrem“ Geld angeschafft worden ist!

Gut verarbeitet haben beide Partner ihre Trennung in finanzieller Hinsicht wahrscheinlich dann, wenn es wieder möglich wird, für den ehemaligen Partner eine Kleinigkeit zum Geburtstag zu besorgen oder mögliche Projekte für die Kinder, wie Feriencamps, Sprach- und Sportkurse etc., im Voraus gemeinsam zu planen und miteinander zu entscheiden!

WANN HABEN WIR DIE KINDER?

Urlaub und Freizeit ohne Bauchweh

Wir widmen dem Thema Urlaub ein eigenes Kapitel. Nicht, weil Urlaub an sich so wichtig ist, sondern weil sich gerade dann zeigt, wie und ob die Familie funktioniert oder nicht. Die Qualität des Urlaubs bemisst sich an der Planung, der eigentlichen Urlaubszeit und der Zeit danach, wenn man sich die Urlaubsbilder ansieht und feststellt, wie gut alle Beteiligten miteinander ausgekommen sind. Natürlich beeinflusst der Urlaub nur zum Teil das Leben während des Jahres. Aber das Gelingen oder Nichtgelingen eines Urlaubs hat oft lange Nachwirkungen, lange wird darüber gesprochen, denn er ist emotional und erlebnisintensiv und bleibt daher in der Erinnerung lange im Gedächtnis von Erwachsenen und Kindern. Die Zeit ist besonders wertvoll und hat großen Einfluss auf langfristige Beziehungswelten und -gestaltungen zwischen den Geschwistern, den Halb- und den Stiefgeschwistern.

Urlaub beginnt meist damit, dass man Pläne macht. Familien, die sich erst gründen, oder auch solche, die unmittelbar nach einer Trennung und vor einem Neuanfang stehen, sollten ihre Urlaubsvorstellungen und -wünsche möglichst frühzeitig besprechen. In unserer Zeit sind längerfristige Freistellungen und Buchungen notwendig, um den Urlaub organisatorisch und finanziell realisieren zu können. Bei Familien mit Kindern im Schulalter ist noch dazu eine ganz klare Aufteilung der Jahresurlaubszeiten zwischen den Eltern, wenn diese getrennt sind, notwendig, unabhängig davon, ob man nun verreist oder nicht. Auch ist auf eine zeitlich möglichst gleichwertige Aufteilung der Urlaubszeit zwischen den Eltern zu achten, bzw. ist dem Elternteil, der die Kinder während des Schuljahrs weniger sieht, entsprechend mehr Urlaubszeit zuzugestehen.

Der Elternteil, der das Sorgerecht hat, sollte großzügig sein, wenn der andere Elternteil mit dem Kind während des Urlaubs mehr Zeit verbringen möchte. Treten diesbezügliche Probleme auf, spielt auch hier oft Rache eine Rolle, die dann als Sorge um das Kind formuliert wird, jedoch oft nichts anderes ist als der Versuch, das Kind als Waffe im alten Streit zu verwenden.

Das Thema Urlaub verleitet aber immer wieder zu massivem Machtmissbrauch. Dabei ist jedoch zu bedenken, dass derjenige, der den Urlaub als Mittel zur Auseinandersetzung verwendet, oft das Gegenteil dessen erreicht, was er erreichen wollte. Denn unter Umständen sehnt sich das Kind dann noch mehr nach dem abwesenden Elternteil, entwickelt irreale Vorstellungen davon, was dieser nicht alles Lustiges und Tolles mit ihm unternommen hätte.

Oft wird dem Kind auch Angst vor dem, was der andere Elternteil mit ihm machen würde, eingeredet. Wenn es auch gelingt, dass das Kind sich anfangs wirklich fürchtet und den ehemaligen Partner von sich aus ablehnt, so werden die natürliche Neugier und das Explorationsverhalten des Kindes bald die Angst in Lust verwandeln.

Bleibt das Kind ängstlich und weist es den anderen Elternteil weiter zurück, so kann man über das Ergebnis auch nicht froh sein: Denn ein ängstliches Kind, das sich nichts traut und seine neugierigen Anteile unterdrückt, wird es im Leben schwer haben.

Oft wird vergessen, dass das Kind biologisch-genetisch zu gleichen Teilen das Produkt zweier Menschen ist, die ehemals eine Beziehung hatten. Das Kind hat unter allen Umständen das Recht auf ausgiebigen Kontakt mit dem Elternteil, mit dem es unterm Jahr weniger Zeit verbringen kann. Auch wenn gegen Väter oft eingewendet wird, dass sie die Kinder nur zur Großmutter brächten und sie selbst im Sommer kaum Zeit hätten: In der Tat kommt das oft vor. Aber einerseits haben die väterlichen Großeltern auch ein Recht auf ihr Enkelkind, andererseits trifft es dort den Vater. Da kann man sich als Mutter oft nicht in die Details der Begegnung einmischen. Weder weiß sie, wie und wann es zur Begegnung kommt, noch kann sie beurteilen, wie sehr es dem Kind nützt, das Leben des Vaters wieder einmal aus der Nähe zu sehen, um sich so ein realistisches Bild von ihm machen zu können. In jedem Fall ist hier die Wahrnehmung der Mutter verzerrt: einerseits durch eigene alte, unaufgearbeitete Gefühle und andererseits dadurch, dass ihr das Kind genau das erzählen wird, was es glaubt, das sie zu hören wünscht. Das sich daraus ergebende Bild passt zwar in ein schon vorhandenes, vorgefertigtes, doch für das Kind und den Urlaub ergeben sich keinerlei positive Effekte

Schulpflichtige Kinder haben in Österreich zwischen zehn und fünfzehn Wochen Ferien pro Jahr. Da berufstätige Eltern selten so viel Urlaub konsumieren können – maximal ungefähr nur halb so lang auf Urlaub gehen können –, ist ein möglichst weiches, anpassungsfähiges und vorhersehbares Urlaubsmanagement für alle Beteiligten letztlich positiv.

„Dabei ist es doch so einfach", sagen die Kinder, „Urlaub ist schön. Wenn du mich lieb hast, willst du doch, dass ich es schön habe, also bitte, lass mich in den Urlaub fahren (egal mit wem)!"

Wenn nun einmal die Urlaubsdauer und -zeiten geklärt sind, kann man die Frage, wohin man fährt und was gemacht wird, angehen. Fährt das Kind mit Papa auf Abenteuerurlaub: Wird Ski gefahren, wird gewandert, geraftet, gesegelt, berggestiegen, mit dem Hausboot gefahren oder auf Safari gegangen? Die Mütter haben bei solchen Angeboten Ängste: „Warum kannst du nichts Normales mit ihnen machen? Warum musst du sie gefährden? Was ist, wenn sie unterwegs krank werden?" und so weiter. Diese Ängste sind natürlich verständlich und bisweilen auch berechtigt. Die Mütter müssen sich aber fragen, ob sie diese Ängste auch hätten, wenn sie mit den Kindern gemeinsam diesen Urlaub verbringen würden, und überdies, ob diese Ängste tatsächlich wegen der Kinder bestehen, oder ob sie nicht noch Teil der schlechten Erinnerungen an den ehemaligen Partner sind.

Fährt man mit der Mama auf gemütlichen Verwandtschaftsurlaub, kann Kritik in die andere Richtung geäußert werden: Es sei zwar ziemlich gefahrlos, was geplant und gemacht werde, aber die Regelmäßigkeit und die Fadesse verhindere, dass das Kind neue Erfahrungen machen könne. Auch dies ist mehr oder weniger normal, denn streitet man nicht um den Anteil an Urlaubszeit, muss es ein anderes Ventil für Neid, Trauer und Kritik geben.

Einige Tipps für die Rückkehr des Kindes vom Urlaub mit dem Expartner: Fragen Sie nie mehr, als Sie Gutes vertragen! Kinder werden gerne über schöne Erlebnisse berichten, sofern dies ohne Missgunst, kleinliche Bemerkungen und Nörgeleien aufgenommen wird. Schaffen Sie das jedoch nicht oder noch nicht, empfiehlt es sich, einfach nicht zu fragen und es dem Kind zu überlassen, was es erzählen will und was nicht! Urlaub kann grundsätzlich als besondere Investition für die fernere Zukunft betrachtet werden; fragt man junge Erwachsene über ihre Kindheitserinnerungen, werden Urlaube fast immer mehr und eher erinnert als die zeitlich viel ausgedehnteren Nichturlaubszeiten! So kann also ein zwei Wochen langer Urlaub mit dem Elternteil, mit dem das Kind sonst nicht lebt, eine tiefe und gegenseitig wirklich lohnende Erlebniserfahrung sein!

GEBURTSTAGE UND ANDERE KATASTROPHEN

Familienfeste in der Großfamilie

Wie in jeder Familie sind Feste dazu da, um den Zusammenhalt zu festigen. Feste sind regelmäßig wiederkehrende Rituale, die eine gewisse Zeitlosigkeit erzeugen. Wir unterscheiden heute Feste, die einen religiösen Ursprung haben (wie Taufe, Beschneidungsfeier, Weihnachten, Ramadan, Pessach, Ostern etc.), von solchen, die sich eher zur gesellschaftlichen und individuellen Bewältigung des Lebenszyklus herausgebildet haben, wie Geburtstage, Hochzeiten, Begräbnisse etc. Letztlich gehen diese aber kulturhistorisch gesehen auch auf meist vorchristliche religiöse Wurzeln zurück.

Mit Feiern, Festen und Traditionen erreicht eine Gesellschaft die Fähigkeit, über sich selbst hinauszuwachsen und ihren kleinsten Strukturen, der werdenden und wachsenden Familie, Stabilität zu geben. Nur so ist es zu verstehen, warum die Teilnahme aller Familienmitglieder an diesen Feiern so wichtig ist - selbst in einer Zeit, in der viele Menschen nicht mehr nach einer Religion oder dem Kirchenjahr leben.

Insofern sind diese Feste auch Gelegenheiten, die Patchworkfamilien zu stärken oder - was öfter geschieht - zu schwächen.

VIGNETTE Eine Mutter kommt mir ihrem Kind zu mir. Die Trennung von ihrem Mann liegt mehr als drei Jahre zurück. Der Vater des Kindes, der in einer neuen Familie wohnt, möchte seinen nun zwölfjährigen Sohn heuer zu Weihnachten bei sich zu Hause haben. Sein Argument klingt für mich einleuchtend, aus der Sicht der Mutter jedoch ist es empörend und verletzend. Der Vater möchte „nur", dass sein Kind aus erster Ehe nun mit den beiden Kindern aus seiner zweiten Ehe Kontakt hat, damit sein Junge sich in der neuen Familie wohl fühlen kann, damit auch seine neue Beziehung von seinem Buben akzeptiert wird und die Kinder sich kennen lernen. Sie sollen einen schönen Abend miteinander verbringen, meint er, und dann schlafen gehen, das würde die Kleinen so freuen.

Mehrere Aber wirft die Mutter in die Diskussion ein: Ihr Bub kenne doch die anderen Kinder noch gar nicht gut; wieso solle er mit ihnen feiern, spielen und sprechen? Ihr Sohn wolle immer nur zu Hause bei ihr schlafen. Und außerdem wolle sie als Alleinerzieherin, die am Heiligen Abend sonst niemanden habe, mit ihm zusammen sein.

INTERPRETATION

Die Ehe ist kaputt, die Familie aufgelöst; man hat sich getrennt, sich scheiden lassen, ist ausgezogen, umgezogen, alles ist so einigermaßen glimpflich über die Bühne des Lebens gegangen. Alles ist also jetzt - drei Jahre später - ganz neu und anders, die Bühnen sind neu dekoriert, die Stücke neu inszeniert und neu konfiguriert; nur die Akteure sind dieselben, sowohl die Hauptakteure als auch die Nebenrollen und die Statisten. Aus der Perspektive des Kindes sind Mama und Papa ganz so, wie sie immer waren! Sie benehmen sich nur bisweilen etwas anders als früher.

Aus der Perspektive des Zuschauers ist die Situation aber ganz anders: Neukonfiguration, Reorganisation, neue Wohnorte, neue Schulen, neue Freunde, Teilfamilien mit Stiefeltern, Besuchsregelungen, die mal besser und mal schlechter klappen. Die Optimisten schwelgen im Aufzählen der neuen Chancen und Möglichkeiten, die Pessimisten trauern allein aus Gewohnheit dem Alten nach, das ihnen damals aber auch nicht besser zu sein schien als das Neue heute!

Da die meisten Menschen hochanpassungsfähige Lebewesen sind und zum Teil erstmals während einer unerwarteten Familienneugründungsphase ihre ihnen innewohnenden Anpassungsfähigkeiten mobilisieren müssen und dies auch können, geht das normale Leben, geht es mit Arbeit, Schule, Hobbys etc. eben für die meisten Menschen doch ganz gut weiter, jedenfalls auf einer gewissen oberflächlichen Ebene, an die sich bald die meisten der Akteure des vormaligen Dramas gewöhnen, sodass das neue Stück zum Alltag wird. Irgendwie arrangieren sich alle, die einen rascher, die anderen auf Umwegen.

Plötzlich tritt nun aber in diesen neuen und veränderten Alltag ein Ereignis der „alten Welt“ ein: ein Familienfest, ein Geburtstag, ein Feiertag; jedenfalls ein Tag, der transgenerationale und über die enge Familientradition hinausreichende Gültigkeit zu haben scheint. Bereits im Vorfeld äußern sich unheilvolle und skeptische Stimmen, welche - ohne frauenfeindlich klingen zu wollen -, doch meist den Damen der älteren Generation zuzuordnen sind: „Aber wie soll denn das gehen; wir können doch nicht die Großeltern von ihr einladen/ausladen?“ oder: „Also, ich werde mir nicht verbitten, ihr genauso etwas zu schenken wie bisher!“ oder: „Die braucht gar nicht glauben, dass sie je von mir noch irgendwas sieht!“. Jedenfalls wird lautstark und unüberhörbar im Vorfeld getratscht, Gerüchte werden verbreitet, Unheil wird verkündet und böses Blut gemacht! Kindern ist dies meist unangenehm, ja widerlich und zutiefst peinlich!

Plötzlich wird ein bisher schönes und im Vorfeld für viel positive Aufregung sorgendes Ereignis zum gefürchteten Skandal und zur explosiven Gefahr!

Das Kind hat in dieser fast unlösbar komplexen Situation oft nur einen einzigen wirklichen Feiertags- oder Geburtstagswunsch: noch einmal lustig mit seinen beiden Eltern ein Mittagessen im Gasthaus genießen und einen Spaziergang miteinander machen; ganz normal, ohne Streit und Aufregung! Einfach einen schönen Tag miteinander erleben, und alles vergessen, was sich inzwischen verändert hat; der Wunsch kann sich zum Wunschtraum verklären, oder aber zur Obsession werden!

Dies sind nun die Situationen, in welchen sensibel – und dies Jahr für Jahr auf unterschiedliche Weise – einerseits ein Schritt in die Zukunft getan, andererseits der Bogen des Möglichen nicht überspannt werden soll. Für das Kind ist es hilfreich, wenn verschiedene Varianten der Tagesgestaltung mit ihm gemeinsam als mögliche Optionen diskutiert werden können und es dabei sieht, wie die verschiedenen Familienmitglieder auf die diskutierten Varianten reagieren. Das Kind kann kaum zu jung für diese Art von autonomer Lösung sein; bereits im Kindergartenalter kann ein selbstbewusstes Kind seine Geburtstagsparty recht gut selbstständig planen: „Also, der Papa könnte mich abholen vom Kindergarten und mit mir und der Lisa und der Laura zum McDonald's gehen und mich dann erst zur Mama und der Mama-Omi bringen, wäre das gut?!" Oder vielleicht ein Jahr später, wenn die Trennungsqualen schon etwas verblasst sind: „Könnten die Mama und der Papa nur an meinem Geburtstag alleine nur mit mir ins Kino gehen? Würden das der Fritz und die Susi denen wohl erlauben?" Oder vielleicht fünf Jahre nach der Trennung ein Geburtstagsfest der 18 Jahre alt gewordenen Tochter, zum ersten Mal wieder mit allen Geschwistern und Halbgeschwistern, beiden Eltern, beiden Stiefeltern und allen Großeltern? Ist erst einmal der erste Sprung ins kalte Wasser gewagt, hat jeder genügend Zeit und Gelegenheit, seine Befürchtungen und Ängste zu äußern und wird er dabei ernst genommen, geht diese Art von Familientreffen oft erstaunlich gut!

Es darf dabei nicht unterschätzt und auch nicht vergessen werden, dass solche Großereignisse auch bei intakten Familien gerne als Anlass zum alljährlichen intrafamiliären emotionalen Energieablass und transgenerationalen Reinigungsritual genützt, benützt und manchmal auch missbraucht werden. Umso eher wird in systemisch noch instabilen und jüngeren Familien die Energie zur Aufrechterhaltung eines instabilen Gleichgewichtes fast eher aufgeboten werden, weil auf der unbewussten Ebene allen Beteiligten klar ist, dass die derzeitige Familiensituation irreversibel ist, und die meisten Familien zu einem Zustand von dynamischer Ruhe und Stabilität tendieren!

LÖSUNGSVORSCHLÄGE

- Übertragung der Planung an die Kinder oder an das Kollektiv der Kinder! Die großen Geschwister werden den jüngeren helfen, Ideen zu entwickeln und mit ihnen Strategien des Überredens und Attraktivmachens für die Skeptiker und Ängstlichen aushecken und besprechen! Kinder sind dabei viel kreativer und unkonventioneller, und solche Lösungen sind hier viel eher gefragt!
- Das Problem des nahenden Festes zur Herausforderung und zum Anlass für neue Experimente erklären! Die „Gegner" aktiv in die Planung einbeziehen, zum Beispiel bei der Wahl des Gasthauses, oder ihnen die Aufgabe übertragen, eine Torte zu machen oder ein Spiel zu planen!
  Nicht selbst zu sehr aktiv sein und somit die Verantwortung für das Gelingen ganz alleine tragen, was ja auch viel Druck erzeugen kann! Nicht zu viel Geheimnistuerei, sondern den zu Feiernden ebenfalls aktiv in die Diskussion einbeziehen.
- Jedes Jahr einen kleinen Schritt Richtung „Öffnung" machen und die alten Gräben ein wenig mehr zuschütten! Nicht gleich im ersten Jahr nach der Trennung krampfhaft die „heile Welt" zu demonstrieren versuchen, sondern eben auch mit Kompromissen einverstanden sein.
- Einfach nach dem Grundsatz „Probieren geht über Studieren" Neues versuchen und sich an kleinen Erfolgen freuen, wie zum Beispiel, dass das Kind zum ersten Mal seit der Trennung der Eltern wieder neben diesen und deren neuen Partnern frei und vergnügt spielen konnte und scheinbar keine Koordinierungs- oder Vermeidungstaktiken entwickeln musste!

Zukunftsmusik

PER ASPERA AD ASTRA

Nach vielen Verletzungen kann das Neue doch gut und schön sein

EINLEITUNG

Wer möchte es denn nicht gut und richtig machen? Wer möchte nicht mit sich und seinem Leben zufrieden und froh sein? Wer möchte nicht bei seinen Liebesbeziehungen eine sichere Hand oder einfach Glück haben? Wenn das grundsätzlich so einfach und klar wäre, wieso gibts da überhaupt Probleme? Wieso nicht einfach sein Leben seinen Wunschvorstellungen angleichen und sie verwirklichen? Wieso ein Buch schreiben oder lesen, wenn man sich doch nur auf das Grundsätzliche konzentrieren sollte, nämlich die vier wichtigen Bereiche: die Versöhnung mit der Vergangenheit, das Hier und Jetzt, die Mitgestaltung der Zukunft und die Auseinandersetzung mit der Endlichkeit unserer Existenz?

Dieses Kapitel ist fast ein Geständnis. Ein Geständnis, dass es eben doch (oder sogar oder überhaupt oder wie auch immer betrachtet) schön sein und gut gehen kann. Und dass es nicht nur darum geht, alte Wunden, Konflikte und Probleme besser oder weniger gut zu überwinden, zu ertragen und zu verarbeiten, sondern eine Veränderung an sich zu akzeptieren und als eigenständige Realität gutzuheißen. In der modernen psychologischen Fachterminologie werden dafür die Begriffe „Akzeptanz" oder „gutheißen", „annehmen" oder „dazu stehen" benützt. Diese Worte werden leicht und oft sehr unbelastet ausgesprochen, Fachleute geben ihren Klienten um teures Geld Ratschläge, die so oder ähnlich klingen. Aber worum geht es da nun wirklich, und was ist eben daran gar nicht so leicht, wie es klingt? Wir leben zu jedem Zeitpunkt immer mit unserer gesamten Vergangenheit im Hier und Jetzt; mag sie sich manchmal auch nur in unseren Träumen darstellen, mit uns ist sie immer.

DIE IST-SITUATION

Jahre nach einer Trennung können und werden auch immer wieder Spannungen und Konflikte auftreten. In der neuen Beziehung, im veränderten Leben, mit oder ohne Zusammenhang mit der alten Lebenswelt, die verlassen wurde. Die westliche Kultur ist eine Wegwerfkultur. Flucht und Trennung sind erlernte Reaktionen in Konfliktsituationen. Ist dein Auto kaputt, wird es ersetzt, ist der Fernseher hin, wird er ausgetauscht. Gibt es ein Problem mit dem Lebenspartner, ist es ein nahe liegender Gedanke, ihn gegen einen anderen auszutauschen. In manchen so genannten erfolgreichen und hochentwickelten Kulturen tauschen Menschen Lebensabschnittspartner scheinbar leichter als Kleider aus. Aber irgendwann läuft sich dieser Lösungsmodus tot. Eines Tages wacht man auf und merkt, dass es so nicht weitergeht - abgesehen von der finanziellen Seite. Dass das Leben eben nicht nur sonnige Tage hat, dass nicht jeder Tag Feiertag ist und dass jeder Mensch Stärken und Schwächen in eine Partnerschaft mitbringt. Dies ohne Groll und Enttäuschung akzeptieren zu lernen, ist Teil eines lebenslangen Reifungsprozesses der individuellen Persönlichkeitsstruktur. Immer wieder ist das Gewohnte auch wieder neu, und das Neue zeigt auch immer wieder ungewohnte Gesichter.

VIGNETTE Sie hat unerwartet Nachtdienst. Er beschließt, mit den gemeinsamen drei Kindern und „ihrer" 15-jährigen Tochter Ski fahren zu gehen. Obwohl keineswegs geplant, ist die Situation unerwartet eine Premiere für alle. Die Mutter fragt sich, ob das gut gehen wird. Ob sie den Vater der Tochter wohl fragen müsste, ob er etwas dagegen hat, wenn die jugendliche Tochter mit dem Stiefvater wegfährt? Oder ob die Tochter selbst den Vater fragen sollte? Oder ob es genauso normal ist, mit dem Stiefvater wegzufahren, wie zu Hause zu sein? Das Wochenende erweist sich als ein Erfolg für die Weggefahrenen: Die große Tochter und Halbschwester war für die drei Buben eine wertvolle, liebevolle und fürsorgliche Unterstützung in der Männergruppe, was alle genossen. Es gab keine Probleme oder Spannungen, es war einfach ein tolles Wochenende. Darf die Tochter das ihrem Vater freudig gestehen und sich selbst eingestehen? Ist das Vertrauen groß genug, um es dem Vater genauso unbekümmert erzählen zu können wie jedem anderen? Darf sie sogar erzählen, dass der Stiefpapa ihr etwas Hübsches geschenkt hat? Ja, es geht. Es geht gut, und es sollte gar nicht so kompliziert sein, wie man sich in seinen angstvollen Fantasien vorstellt.

Die neuen Partner bringen sich immer wieder in die Beziehungen mit den „anderen" oder „früheren" Kindern ein und erleben dabei Gutes und Schlechtes. Die Kinder werden zu Jugendlichen und haben ihre Pubertätsprobleme auch mit den Stiefeltern, die sich in ihre Lösungsstrategien einmischen. Jetzt kommt die Probe, ob die Konstruktion der neuen Familie gelungen ist: ob man gelernt hat zu respektieren, dass Blut dicker als Wasser ist, wenn man der Nicht-Blutsverwandte ist, ob man gelernt hat, die neuen Kinder als Bereicherung zu erleben, oder ob man noch immer findet, dass sie die Chancen auf ein neues Leben verringern, und zuletzt, ob die neue Partnerschaft das hält, was sie anfangs versprochen hat.

Welche Schritte sind notwendig, um neue Schönheit zu erleben? Zuerst die innere Erkenntnis, dass die Veränderung teuer ist. Da muss man weniger auf Großeltern, Eltern, Verwandte und Freunde hören, die es sowieso immer besser wissen. Dann der Aufbau einer liebevollen, aber distanzierten Beziehung zu den neuen Kindern; die Herstellung einer korrekten Beziehung zum Expartner des Partners, des Elternteils der „neuen" Kinder. Dazu muss man sich so weit im Griff haben, dass man Fehler auch bei sich selbst sucht und erkennt, und nicht beim anderen. Das ist oft schwer, weil einem manche Verhaltensweisen, die noch durch die Trennungsarbeit oder einfach die Eifersucht bedingt sind, unerträglich erscheinen. Diese Phase muss man überstehen und sich so liebevoll wie möglich mit dem „Ex" des Partners auseinander setzen, sodass man dessen vererbte Charakterzüge in den Kindern mögen lernt und nicht verdrängen oder bekämpfen will - denn sonst gehts nicht. Wenn Wesenszüge und Charaktereigenschaften des anderen immer quälend sind, dann bleibt einem das Kind fremd, wenn nicht sogar unerträglich.

Aber geht es denn wirklich bei der Auseinandersetzung mit den „anderen" Kindern immer um den abwesenden, getrennten, aber imaginär immer vorhandenen Elternteil, dessen Erbmaterial und/oder Erziehungseinfluss schwerer oder leichter zu akzeptieren sind? Anders als bei adoptierten oder in Pflege genommenen Kindern ist der abwesende Elternteil imaginär oder real in jeder Situation dabei. Eifersucht oder Verlustangst können nicht alleine dafür verantwortlich gemacht werden, dass Erwachsene mit ihren Stiefkindern Probleme haben. Beim Versuch, sie wie die eigenen Kinder zu behandeln, erleben die Stiefeltern im Konfliktfall oft die emotionale Ungleichheit zwischen biologischen Kindern und Stiefkindern. Dies mag einem bisweilen sogar direkt unfair vorkommen, beide Seiten können aber nichts dafür. Man kann sich aber auch ganz anders und offensiv positiv zu diesem Thema verhalten, also eine aktive und ganz bewusste Freude daran empfinden, dass man eine Beziehung zum Stiefkind aufgebaut hat, dass es einen wahrnimmt, wenn auch etwas anders. Dass es mit einem etwas unternehmen will und man eigentlich ein Kind (oder auch mehrere) geschenkt bekommen hat. Man kann dafür dankbar sein, diese Erweiterung des persönlichen Horizontes durch die anderen Kinder erleben zu dürfen.

VIGNETTE Das war einfach cool. Alle Kinder und alle Erwachsenen der Großfamilie waren froh, weil etwas Besonderes geschah. Heute waren alle miteinander Ski fahren! Es hat über ein Jahrzehnt gedauert, bis dieses kleine Wunder zustande kam, aber heute waren nun alle „meine, deine, unsere“ und auch die „neuen“ Kinder ihres Exmanns dabei! Vier Erwachsene und zehn gesunde Kinder zwischen 6 und 24 Jahren, die alle fürsorglich und liebevoll miteinander umgehen und einfach Freude daran hatten, so eine lustige und aktive Großfamilie zu sein. Das Fahren am Skilift ergibt alternierende Zweier-, Vierer- und Sechsergruppen, unterschiedliche Fahrgeschwindigkeiten und Gondelsysteme, verschiedenste Kombinationen des Miteinander-Zusammenseins und des Ausprobierens, was gut und ohne Spannungen miteinander möglich ist. Das ist einfach schön! Und irgendwie scheint es fast, als wären sich alle dessen bewusst und sogar ein wenig stolz darauf.

Natürlich findet Großfamilie nicht nur beim Skifahren statt. Aber gemeinsame Aktivität, das Erinnerungsbild von der Alm, auf dem die Kinder in der ihnen jeweils eigenen Art in das Bild schauen; die Erinnerungen an Stürze und kleine Missgeschicke; die Momente des Zusammenkommens in der Hütte und der unterschiedlichen Art der Bestellung und des Umgangs mit den unvermeidlichen Frustrationen – eben diese Erinnerungen an einen Skitag formen neue Erfahrungsmöglichkeiten und Gemeinsamkeiten. Plötzlich ist es leicht, dass sich alle duzen. Erinnerungen an alte Zeiten werden wach: Die ehemaligen Partner geraten in romantische Stimmung und denken an den letzten Skitag, den sie noch ohne Kinder zusammen verbrachten. Der neue Partner spricht mit der zweiten Frau des „Ex“ und wird misstrauisch angeschaut. Komplimente über Skikleidung und sportliches Können werden ausgetauscht, die Kinder beobachten genau, ob das gute Verhältnis der Erwachsenen echt ist, oder ob sie nur spielen. Alle wissen, dass es sich um eine Extraleistung in Sachen Beziehungsfähigkeit handelt, denn es wäre schon genug, nicht miteinander zu streiten und einander zu bekämpfen. Und dementsprechend stolz sind sie auf sich. Ein zufällig vorbeikommendes, bekanntes Ehepaar ist auch entsprechend verwundert, und das freut alle sehr.

Es geht also darum, die entstandene Großfamilie als eine Bereicherung zu erleben und die alten Wunden nicht nur zu verschließen, sondern das Neue zu begrüßen, zu schätzen und zu mögen. Das ist nicht immer leicht. Die Anwesenheit des „alten“ Paares kann die neuen Partner unsicher machen, sie sind von Erinnerungen ausgeschlossen, die vor die gemeinsame Zeit zurückreichen. Es kann dem neuen Partner seltsam vorkommen, wenn die Stiefeltern mit ihren Kindern gemeinsam fahren oder mit ihnen Spaß haben. Auch Erziehungsunterschiede des neuen und des alten Paares werden deutlich: Es ist viel Toleranz gefordert, um sich weder einzumischen, noch innerlich zu grollen.

Insgesamt ist es nicht natürlich, sondern eine Kulturleistung, wenn solche Ereignisse möglich werden. Es ist sehr erfreulich, aber es kann nicht gefordert, sondern nur angeregt werden.

Und es ist schön zu berichten, dass der eigene Sohn dann plötzlich Mut zu einer neuen Sportart fasst, weil der Sohn aus der neuen Beziehung des „Ex“ diese bereits betreibt. Und es ist nett, wenn der „Ex“, der seit vielen Jahren nicht mehr Ski gefahren ist, wieder seinen alten Anzug auspackt und auf die Piste geht, um mit allen zusammen zu sein. Und es ist nett, dass er zwei Tage mit den alten Skiern zu fahren versucht und sich dann auch neue ausborgt, weil er sieht, wie gut das geht. Und es ist erfreulich, wenn dann der Kleinste zu diesem Mann so großes Vertrauen bekommt, dass er nur mehr mit ihm fahren will, nachdem der große Mann ihn beim Lift beschützt hat. Und es kostet Überwindung, wenn der Kleinste plötzlich die Grenzen der Familie verlässt und sich auch in der anderen Familie wohl fühlt. Aber im Großen und Ganzen ist es eine Bereicherung und mancher Schmerz, der plötzlich da ist, wird von der Freude und dem Stolz übergedeckt, dass man hier etwas Wertvolles geleistet hat.

VIGNETTE Muttertag! Alle Kinder, die „Ihrigen“ aus der ersten Ehe und die „Unseren“ aus der jetzigen Beziehung, bereiten einen Muttertagsbrunch vor. Es herrscht positive Spannung, wohlwollende Hilfsbereitschaft und gute Stimmung. Der Brunch beginnt, alle freuen sich, der Kleinste sagt ein Gedicht auf, die Sonne lacht vom Himmel. Da meint die älteste Tochter zu ihrer Mutter: „Du, Papa wollte mit dir noch das Finanzielle besprechen, er und seine Frau kommen am Nachmittag her!“ Die Mutter findet den Termin unpassend. Sie wäre gerne gefragt und nicht vor vollendete Tatsachen gestellt worden. Es wäre ihr aber auch unangenehm, ihrem Exmann abzusagen. Sie weiß, dass ein Gespräch ansteht, aber der Termin passt schlichtweg nicht, und sie weiß schon im Voraus, wie das Gespräch verlaufen wird. Sie findet es schade um die Zeit und den schönen Tag. Aber sie weiß andererseits, dass es gar nicht nur um den Inhalt geht, sondern um die Demonstration der elterlichen Einheit. Die Einschränkung der töchterlichen Freizügigkeit mit dem Geld der Eltern soll besprochen werden. Die Mutter macht also den überraschenden Vorschlag, den „echten" Vater der gemeinsamen ältesten Tochter mit seiner Familie zum geplanten Grillen einzuladen. Die Familie des Vaters besteht aus seiner Frau, mit der er seit vielen Jahren zusammen ist, und zwei süßen Kindern. Die Kinder aus der neuen Beziehung der Mutter haben gute und freundschaftliche Beziehungen zu ihnen. Die Idee, miteinander den Muttertag zu verbringen, finden alle gut. Nun wird aufgetischt, gemeinsam gegessen, getrunken und über dieses und jenes geplaudert. Die Zeit vergeht schnell. Die Älteste, die das Gespräch der Eltern angeregt hat, muss bald abreisen. Sie hat dessen ursprüngliches Thema fast vergessen. Im letzten Moment fordert der „Ex" das Gespräch jedoch ein. Die Tochter ist nervös, sie mag derartige Unterhaltungen nicht, sie hasst Gespräche über Geld und erst recht die Problematik ihrer Abhängigkeit. Es hat gar nichts damit zu tun, dass die Eltern getrennt leben. Sie würde das Gespräch genauso hassen, wenn die Eltern noch zusammenlebten. Auch wenn die Trennung schon über ein Jahrzehnt zurückliegt, kränkt sie sich in solchen Augenblicken noch immer darüber. Sie fühlt sich verletzlich, sie erlebt die alten Schuldgefühle, als ob sie es war, die ihren Vater gekränkt hat, und nicht ihre Mutter, die ihn verlassen hat. Sie ist so verletzlich, dass sie solche Gespräche gar nicht führen will. Sie überlegt, diese Gespräche zu umgehen, sie denkt sogar daran, aufs Geld zu verzichten. Diesmal verläuft das Gespräch in einer positiven Atmosphäre. Die Tochter wird von ihren Eltern zum Zug geführt, das Gespräch dreht sich im Kreis. Es ist emotional erfreulich, es werden aber keine Entscheidungen getroffen. Keiner der Beteiligten ist davon überzeugt, dass solche Gespräche wirklich Konsequenzen haben. Die Tochter ist danach sehr erleichtert, sie denkt, dass sie Glück mit solchen Eltern hat. Sie ist froh wie ein kleines Kind, das sich bei seinen Eltern sicher aufgehoben fühlt und von der Komplexität moderner Beziehungen noch nichts ahnt!

Eine neue Art, Muttertag zu feiern. Aber vielleicht auch eine neue Art, in der die Bedürfnisse der Kinder an die Mutter besonders deutlich werden dürfen und in der alle Beteiligten Neues lernen können. Es ist doch wahrscheinlich, dass der Vater an diesem Tag nicht so streng sein wird, wie es die Tochter vielleicht befürchtet. Beide Eltern werden gütiger sein als sonst und manche finanzielle Übertretung der Tochter in einem milderen Licht betrachten. Lustig ist die Situation auch für die zwei neuen Partner des ursprünglichen Paares. Sie sitzen inzwischen bei einem Glas Wein im Garten und plaudern. Die anderen Kinder spüren, dass die Spannungen zwischen den Paaren offensichtlich zu bewältigen sind. Die kleineren Kin-

der spielen miteinander, die größeren besprechen, wohin sie das nächste Mal ausgehen, und sogar die Mutter des „neuen“ Mannes nimmt an der Geselligkeit teil. Sicher, Muttertag ist nicht Alltag. Aber es ist für keinen der Anwesenden der erste Muttertag, und auch die neuen Familien sind gefestigt, die Partner einander innig verbunden und, soweit das möglich ist, sind die Kinder miteinander bekannt. Und das Thema Geld ist bei studierenden Kindern immer aktuell. Also muss es besprochen werden. Und wie bei jeder Diskussion über Geld ist die Atmosphäre wichtig. Ist sie gut, dann wird das Gespräch für alle befriedigend ausgehen. Streitet man aber, oder ist man nur einfach im Stress, weil die Tochter den Zug erreichen will, so können Dinge gesagt werden, die besser verschwiegen worden wären.

Alltag heißt eben auch, miteinander zu feiern, vor allem aber, dass nicht jede Situation neu erfunden werden muss, sondern für alle Beteiligten Sicherheit und Verlässlichkeit mehr oder weniger selbstverständlich werden. Wie in der Ski-Geschichte sind alle Beteiligten auch ein wenig stolz darauf, dass sie es so weit gebracht haben. Wenn sie auch anfangs wegen der Kinder so vernünftig waren, nicht miteinander zu streiten, sondern damals sachlich geblieben sind, so haben sie jetzt doch Menschen gewonnen, die ihnen in schwierigen Situationen beistehen und ihnen helfen, wenn es nötig ist. Das ist für alle eine Bereicherung und zeigt den Kindern, wie man Konflikte friedlich beilegt und dass man es sich sehr genau überlegen sollte, mit wem man streitet und wen man sich so zum Feind macht. Alltag in diesen zwei Geschichten ist ein Alltag der zum Großteil gelungenen Versöhnung. Versöhnung damit, dass eine Ehe und eine Familie zerbrachen, dass neue Familien entstanden sind und die Kinder in diesen Familien ein gutes Leben führen. Dazu war es notwendig, Konflikte so zu lösen, dass man sich jeweils in die Rolle des anderen Menschen hineinversetzte. Ob das die Veränderung des Hauses und das neue Schloss am Haus waren, ob das die anfangs sehr genau gehandhabten Regelungen bezüglich des Aufenthalts der Kinder, die Beachtung der Abgrenzungswünsche des ehemaligen Partners oder die Situation der beiden neuen Partner waren – immer musste Rücksicht genommen und darauf geachtet werden, nichts Unbedachtes auszusprechen.

An diesem Muttertag jedoch zeigte sich, dass sich alles gelohnt hat.

FAZIT

In Beratungsgesprächen mit Eltern in einer neuen Partnerschaft mit Kindern aus vorangegangenen Beziehungen erlebt man häufig, dass diese bemüht sind, „alte“ Fehler nicht zu wiederholen. Das ist nicht leicht. Es ist auch für den Zuhörer oder gar Helfer nicht leicht, hier Sinnvolles zu raten. Denn die Realität und die Erzählung sind zwei Dinge, kein Gefühl ist einfach reproduzierbar. Deshalb sollte vor allem zu Offenheit geraten werden und zur Bereitschaft, bekannte Konfliktsituationen neu zu betrachten, die Perspektive der Betrachtung zu verändern und die dem Ratsuchenden bekannten Fallen in seinen Beziehungen zu meiden. Das ist ganz schön viel. Auch langsam und behutsam Zeit miteinander zu verbringen, in der Vertrauen und Sicherheit wachsen können. Man kann so weit kommen, dass es einfach gut, schön und okay sein darf, so wie es ist. Die Alltagsbewältigung, die Routine, hat in der „neuen" Familie einen anderen Charakter als in der ersten „unschuldigen" Beziehung. Man ist überempfindlich gegen alte Fallen, man fürchtet gewisse bekannte Themen, man möchte gar keine Fehler machen. Diese Erwartungshaltung bewirkt einerseits Spannung im guten Sinne, weil man viel bewusster und behutsamer mit möglichen Konfliktsituationen umgeht. Sie bewirkt andererseits aber auch Spannung im anstrengenden Sinne, da man sich sozusagen keine Krisen erlaubt und jeden Streit vermeidet. Aber Konflikte, Spannungen und schwierige Situationen gehören zum Leben. Sie müssen immer bewältigt werden, unabhängig davon, ob man allein lebt oder in der ersten, zweiten oder x-ten Beziehung. „Eine Beziehung ist so gut wie die Krisen, die sie bewältigt" ist ein guter Satz. Er erlaubt Konflikte, gibt einem die Erlaubnis zur Uneinigkeit, verhindert falsche Harmonie und fordert flexible Konflikt- und Kampfstrategien. Beziehungen, die von jungen Menschen eingegangen werden, können das oft noch nicht. Sie sind nicht biologisch, aber psychologisch zu jung. Sie sind vom eigenen Elternhaus noch emotional abhängig und ungeübt in dauerhaften Beziehungen. Sie wissen noch nicht, dass Streit zum Leben gehört und auch nicht, dass es nur schön sein kann, wenn es auch unschön sein darf! Lebendigkeit in der Beziehung bleibt erhalten, wenn Spannung und Entspannung in einem den Lebensaufgaben angemessenen Rhythmus stehen.

WEM GEHÖREN DIE KINDER?

Dokumente als Falle

Franz, geboren Franz Meier, lediger Name der Mutter Müller, Name im neuen Pass Huber! Halbgeschwister Meier und Huber. Alles o.k.? Wer kennt sich aus?

Die Pässe sind abgelaufen. Die Kinder sind unterschiedlich alt. Viele Bedingungen müssen erfüllt sein, damit die Kinder neue Pässe bekommen können: Die Eltern müssen einverstanden sein. Ein Elternteil muss sich einen Tag freinehmen und von Amt zu Amt laufen, immer von den Beteuerungen der Beamten begleitet, dass jetzt – in Zeiten des Computers – alles viel leichter geworden ist. Welche Namen tragen die Kinder jetzt? Nach österreichischem Recht können die Kinder keinen Doppelnamen tragen (außer einen ererbten Adelsnamen), sondern müssen den vereinbarten Ehenamen tragen, was nicht in allen Ländern Europas so ist. Ist ein Kind noch in einer früheren Ehe geboren (oder im Rahmen einer Frist von maximal 180 bis 360 Tagen nach deren Auflösung), so ist der Ehemann dieser vorangegangenen Ehe der rechtliche Vater. Ist er das nicht oder lehnt er die Vaterschaft ab, so muss er das Kind (auch wenn das nicht sein Wunsch ist) klagen, weil er aus rechtlicher Sicht der Vater ist. Dieses Verfahren trägt den hübschen Namen „Vaterschaftbestreitungsprozess". „Gewinnt" er, so muss das Kind die Kosten des Verfahrens tragen, und beim Standesamt wird „von Amts wegen" der ledige Name der Mutter als Familienname des Kindes eingetragen.

Braucht dieses Kind nun einen Pass, erhält es den ledigen Namen der Mutter. Heiraten seine Eltern danach, dann muss – nach österreichischem Recht – der Ehename eingetragen werden.

Im Geburtenbuch des Kindes steht nun zuerst einmal der eheliche Name der Mutter in erster Ehe. Wenn das Ergebnis des Vaterschaftbestreitungsprozesses dem „Verflossenen" Recht gibt, wird der ledige Name der Mutter als Familienname des Kindes eingetragen, und schließlich, bei einer erneuten Verheiratung, der eheliche Name des Kindes, je nachdem, welchen Namen das Ehepaar als gemeinsamen führt.

Zu Hause wird das Kind mit beiden Namen gerufen, weil man ja gelernt hat, beide Namen zu respektieren. Hat das Kind noch eine andere Nationalität, wird das komplizierter. An sich gilt das Namensrecht des Landes, in dem das Kind lebt. Da die einzelnen Staaten sich aber nicht wirklich darum kümmern, wo ihre Bürger leben, muss das nicht so sein.

So kann das Kind in einem anderen europäischen Land – an ein außereuropäisches Land gar nicht zu denken – ganz anders heißen.

Kinder können dabei erleben, ob eine Trennlinie durch die Familie geht: Nach wem gerate ich? Zu wem gehöre ich?

Auch in der Familie selbst ist es nicht einfach: Oft gibt es noch Kinder aus der ersten Ehe beider Partner. Diese tragen den Familiennamen der ersten Ehe und haben daher den Namen gemeinsam mit dem ersten Ehepartner. So heißt keines der Kinder so wie die Mutter, außer, einer der beiden Männer hat sich entschlossen, den Namen der Frau anzunehmen. Und die Kinder aus zweiter Ehe haben zumindest eindrückliche Eintragungen im Geburtenbuch, über die der nette Beamte im Standesamt freundlicherweise hinwegzusehen versucht.

Das Namensrecht sieht Folgendes vor: Die Frau kann einen Doppelnamen tragen, auch wenn das – gerade im Deutschen mit den zusammengesetzten Hauptwörtern – nicht immer leicht ist. Da kommen schon mal Namenungetüme von dreißig bis vierzig Zeichen heraus. Eine andere Möglichkeit ist die, dass sie ihren Namen behält. In diesem Fall muss bei der Anmeldung zur Trauung einer der beiden Namen als Name der Kinder festgelegt werden. Zumeist erhalten die Kinder den Namen des Vaters.

Lässt sich aus dieser Tatsache ableiten, dass nur das Erbgut des Mannes – jedenfalls, was den Namen betrifft – weitergegeben wird, bloß weil es immer unsicher bleiben wird, ob es tatsächlich seine Kinder sind? Drücken sich hier gesellschaftliche Normen aus, die der Frau noch immer kein Recht auf ihre Kinder geben?

Im Scheidungsfall trifft es sicher nicht mehr zu. Da bekommen die meisten Frauen ihre Kinder in Pflege und Erziehung zugesprochen. Aber solange sie mit dem Mann zusammen sind, setzt er sich durch.

Emotionen kommen rund um das Namensrecht hoch: Aus der Sicht der Konservativen gibt es dabei überhaupt kein Problem. Sie gehen von einem Ehemodell aus, das es kaum mehr gibt: Zwei jungen Leute heiraten – heute angeblich aus Liebe, jedenfalls nicht mehr arrangiert –, und dann bleiben sie ein Leben lang zusammen. Sie tragen den Namen des Mannes als Ehenamen, und die Frau kann – als neue Spielerei – ihren ledigen Namen behalten. Die Fortschrittlichen haben auch kein Problem. Sie meinen, dass sich doch das Ehepaar dazu entscheiden soll, den Namen der Frau zu führen. Dann heißen alle Kinder nach ihr, und der Mann kann ja seinen ledigen Namen weiterhin führen, als Doppelnamen eben. Wenn die Menschen noch nicht so weit sind – bitte sehr –, dann kann man doch nicht vom Gesetz verlangen, dass das Gesetz weiter sein soll, als es die gesellschaftliche Entwicklung ist. Und die Gleichgültigen? Sie finden, dass das alles doch viel zu ernst genommen wird. Sollen doch die Kinder selbst bestimmen, wie sie heißen wollen, wenn sie 14 Jahre alt sind und sich selbst entscheiden können.

Das ist eine Variante, die noch fehlt. Dann würden die Kinder, die einen neuen Pass bekommen sollen, folgendermaßen vorgehen müssen: Mit 14 Jahren gehen sie zum Standesamt, Abteilung Geburtenbuch, und beantragen eine Namensänderung. Diese muss von den Eltern unterstützt und vom Pflegschaftsgericht genehmigt werden. Dann bekommen sie eine neue Geburtsurkunde (die wie vielte bereits?) und gehen damit wieder aufs Meldeamt, aufs Passamt und am besten gleich zu ihrer Schule. Wenn alle Dokumente wieder geändert sind – was etwa 200 Euro kostet –, heißt das Kind dann zum Beispiel so wie die Mutter. Oder wie es selbst heißen will.

Aber wie weiß ein Kind nach allen diesen Eintragungen in sein Geburtenbuch noch, was es selbst will?

In den USA können die Kinder beliebige Vornamen tragen. Da gibt es Straßennamen, Zahlen, putzige Bezeichnungen wie Melody oder Ähnliches. Der Staat schützt das Kind nur davor, anstößige Namen zu bekommen, die dem Kind immer schaden werden. Sonst vor nichts. Selbst der Familienname ist zwar geschützt und Streitpunkt zwischen den politischen Parteien, aber doch selbst zu bestimmen.

Kann daher das Kind schon so heißen, wie es der neuen Struktur der Patchworkfamilie entspricht? Kann es beiden Elternteilen, allen vieren, gehören? Und wo ist das Kind zu Hause – bei dem früheren Mann, der früheren Frau? Welche Anstrengungen unternehmen die Eltern, um das Kind an sich zu binden? Welche Wege gehen sie, um den eigenen Namen weiterzugeben? Und welche Kosten entstehen ihnen bei Vaterschaftbestreitungsverfahren, Namengebungen, Umschreibungen und neuen Pässen? Wer kann sich das leisten? Ist die Patchworkfamilie eine neue Spielwiese für die Reichen, und die Armen müssen weiter streiten, vor Gericht unter Einbeziehung des Standesamts? Was soll eine Patchworkfamilie machen, die weniger Geld hat? Einfach die Dinge so akzeptieren, wie sie sind? Oder sich auflehnen und Prozesse führen?

Was macht eine Patchworkfamilie, in der die Eltern der verschiedenen Kinder nicht gut miteinander auskommen? Kämpfen diese dann darum, dass die Kinder ihren Namen tragen? Aber wie soll das gehen? Zuerst trägt die Mutter den Ehenamen der ersten Ehe. Dann heißt sie kurz so, wie sie früher geheißen hat, und so heißt auch ihr außereheliches Kind. Bei der zweiten Eheschließung mit dem Vater des Kindes ändert sie den Namen, das Kind wird „naturalisiert“ (welche Anmaßung –

welche Natur bekommt es? – doch die vom Vater). Nun heißt kein Kind mehr wie sie. Nach einer eventuellen Scheidung kann sie wieder ihren ledigen Namen annehmen. Aber welches Kind kann sie auf diesem Weg mitnehmen? Nur jene Kinder, die über 14 sind und mit ihr gehen wollen und für deren Umbenennung sie Zeit und Geld investiert. Dann könnte es sein, dass die Mutter ein Kind hat, das den Namen ihrer Familie, der wiederum zumeist der ihres eigenen Vaters ist, weiter trägt.

Vaternamen – Muttersprache. Immer wieder werden Entscheidungen getroffen, die für den jeweils anderen gar nicht so leicht zu verkraften sind. Gefühle werden berührt, wenn Namen oder Sprache oder andere Zugehörigkeiten ein Thema werden. Zu welcher Familie, zu welchem Haus sagt man „zu Hause"? Was muss man machen, damit das Kind sich zu Hause fühlt? Wie müssen die Erbregelungen aussehen, damit kein Kind benachteiligt wird? Kann man sich darauf einlassen, dass man ein eheliches Testament macht? Wird der hinterbliebene Partner, die hinterbliebene Partnerin auch die Kinder bedenken, die er/sie nicht gezeugt/geboren hat? Und mit welcher Motivation?

Die Psychologie bietet in der Namensdiskussion einige Erklärungsmodelle an:

- Die Frau bekommt nach der psychoanalytischen Theorie das Kind für ihren eigenen Vater (Serge Lebovici: L'enfant imaginaire, 1975). Trifft dies zu, dann müsste jede Frau wollen, dass das Kind so heißt wie ihr Vater und dass der Ehemann gar nicht aufscheint. Der Ehemann wiederum müsste dies bekämpfen, denn es würde bedeuten, dass er gar nicht vorkommt und nur dazu verwendet wird, die tatsächliche Inzucht zu verhindern. In matrilinearen Gesellschaften ist das so. Die Mutter bekommt das Kind von einem exogamen Mann. Es heißt nach ihr, etwaige Entscheidungen werden vom Mutterbruder oder der Mutterschwester getroffen. In Samoa wird bis heute, trotz Christianisierung und Verwestlichung, so gelebt und erzogen.
- Die Psychobiologie vertritt die Ansicht, dass es das einzige Ziel der Vermehrung sei, das Erbgut weiterzugeben. Alle Gefühle, die empfunden werden, seien nur so zu erklären. Daher werden beide Elternteile in einer Patchworkfamilie gut zu ihren gemeinsamen Kindern – die beide ihr Erbgut tragen – sein, es wird sich hingegen der nichtbiologische Elternteil immer zwingen müssen, auch zu den anderen Kindern nett zu sein. Alle Streitigkeiten (wie sie auch in diesem Buch beschrieben sind), die mit den Sätzen „Dein Kind hat/hat nicht ..." eingeleitet werden, wären dann nur so zu erklären, dass man das fremde Kind vom Futtertrog weg-

schicken will, damit es den eigenen Kindern nichts wegfrisst. Und alle Bemühungen der jeweiligen Partner gegenüber dem nichtbiologischen Kind wären dann nur Lügen, die vorgebracht werden, um das Nest für die eigene Brut zu sichern. So radikal. Diese Kinder haben dann eine gute Chance, wenn der andere Partner alleine geblieben ist. Dann haben sie einen biologischen Elternteil, der in ihnen seine einzige Vermehrungschance hat. Hat aber dieser auch wieder einen Partner und mit dem sogar Kinder, wiederholt sich das Spiel dort wieder: Der neue Partner müsste nach den Gesetzen der Psychobiologie wieder nur auf seine eigene Brut schauen und würde die mitgebrachten Kinder allenfalls als Babysitter missbrauchen, sie vielleicht auch als Beweis der Zeugungskraft des neuen Partners ansehen. In jedem Fall würde er aber versuchen, sie vom Futtertrog wegzustoßen, um den eigenen Kindern freien Zugang zu ermöglichen. Je größer der Futtertrog ist, desto leichter lassen sich diese Probleme lösen. Vor allem, wenn er nicht zu groß ist und keine Landwirtschaft daran hängt und kein Besitz an Grund und Boden. Oder kein Adelspatent. Aber leicht ist das nie.

- Die gute alte Psychoanalyse (bevor die Franzosen sie so lange bearbeitet haben, bis sie ganz philosophisch wurde) lässt uns ohne Antwort. Denn alle Konflikte in Familien, die die Psychoanalyse kennt (siehe auch Kapitel: Die neue Familie), finden in perfekten Klein- oder Großfamilien statt und nicht in unüberschaubaren Ansammlungen von Menschen.
- Die sozial ausgerichteten Tiefenpsychologien, wie die Individualpsychologie, sehen das Problem als eines des Selbstbewusstseins an, als ein Problem der Selbstsicherheit und der Minderwertigkeit, also nicht zuletzt auch als ein Problem des bürgerlichen Seins und der bürgerlichen Gesellschaft, wo es etwas zu vererben gibt und dieses Erbe dann auch dem Richtigen zukommen soll. Die Problematik wird nicht auf das Individuum bezogen, sondern in einem weiteren Rahmen gesehen.
- Jetzt wirds dann modern: Ein systemischer Familientherapeut schließlich würde alles als ebenso richtig wie falsch ansehen. Er würde das Problem als eine Äußerung der Beziehungen interpretieren, die eben schief gehen oder gut laufen. Nach längerer Zeit würde er dann alle Beziehungen, die in diesem Geflecht eine Rolle spielen, aufgezeichnet haben – und dann? Ja, was dann? Kann man dann den Schmerz einer Frau erklären, wenn keines ihrer Kinder so heißt wie sie? Kann man dem Mann raten, sich nach der Frau zu nennen, wenn sie das glücklicher macht? Oder kann man dem Vater der Frau raten, stolz zu sein, wenn der Mann, der ihm seine Tochter weggenommen hat und dem er sich

überlegen fühlt, nun so heißt wie er, nur damit auch seine Enkel so heißen wie er und sein Name weiterbesteht, besonders, wenn er „nur" Töchter hat? Wie soll man diese Beziehungen einrenken, wie sie schwingend machen, angesichts der Tatsache, dass Namen vergeben werden je nach den gerade herrschenden Vorstellungen der Gesellschaft? Und wie kann man sich anmaßen, die Funktionsfähigkeit einer Familie dadurch sicherzustellen, dass man allen Recht gibt und Spannungen benennen und allenfalls abbauen will, wenn doch keine Spannungen bestehen, sondern nur der verstehbare und allenfalls berechtigte Wunsch, dass die Kinder so heißen sollen wie man selbst. Denn man ruft sich selbst ein wenig, wenn man den anderen ruft. Und man besteht fort, auch im Namen und in der Gestalt, die man geben konnte.

So geht es fast allen so genannten „humanistischen Tiefenpsychologien" – sie können die unterschiedlichen Lebensformen nicht erklären oder bearbeiten. Wenngleich sie sich präsentieren als die, die wissen, wie man Probleme löst, hier gibt es kein Problem zu lösen, sondern nur einen angeborenen Wunsch zu besprechen.

JETZT HABEN WIR ES ALLE BESSER!

Nun, da wir bei einem der letzten Kapitel dieses Ratgebers angelangt sind, möchten wir natürlich ein „Happy End"! Unsere Sehnsucht strebt nach Glück, träumt vom Glück, Bindungen und Verbindungen zwischen Liebenden sollen bestehen und lebendig bleiben, ist doch die Liebe seit Jahrtausenden die Würze und oft der Sinn unseres Lebens.

Um so mehr in der heutigen Zeit, wo doch vieles unsicher geworden ist. Wertsysteme ändern sich, nach zwei Jahrhunderten des wirtschaftlichen Aufschwungs gewinnen auch alternative und einfachere Lebensmodelle wieder an Aktualität. Je turbulenter die Zeit, desto größer ist die Sehnsucht nach emotionaler Stabilität in Liebesbeziehungen. Der energetische Motor, der Beziehungen die kränkenden und schmerzlichen Höllen von stürmischen Umstellungszeiten überstehen lässt, ist letztlich die Überzeugung, dass es sich lohnen wird, dass danach alles deutlich besser wird, dass alle erlittenen und zugefügten Kränkungen sich gegenüber dem höheren gemeinsamen Ziel der „Weltverbesserung", also der Beziehungsverbesserung für sich selbst und die eigenen Kinder, als sekundär erweisen werden.

„Ja, jetzt haben wir es doch alle besser" wird als Ausruf, als Überzeugung, als Wunsch, als Gebet, als Versprechen, als Trost, als Beruhigung und als Rechtfertigung formuliert und ersehnt. „Mama, es ist doch irgendwie auch gut, denn jetzt habe ich eigentlich vier Eltern! Du bist einfach die Mama, der Papa kann mir am besten in Chemie und Physik helfen, die Susi ist die Beste in Mathe, und ohne Fritz würde ich nicht Fußball spielen" klingt, aus dem Kindermund gesagt, praktisch, überzeugend und stellt letztlich eine positive Bilanz seiner neuen Beziehungsrealität dar! Oder: „Mama, ich find es eigentlich super, dass Papa und du euch nicht so mit Rechtsanwälten bekriegt habt; stell dir vor, sonst müsste ich sicher eine Psychotherapie machen, und die wäre ja auch sehr teuer!"

Natürlich gibt es Optimisten und Pessimisten, Weltverbesserer und ewig Unzufriedene; trotzdem ist der Mensch nicht gerne ein Idiot vor sich selbst, er erklärt sich ungern selbst den Konkurs in Liebesdingen. Vorübergehend schon, aber nicht als Fernziel! Insofern kann jede neue Situation aus dem Erleben der unterschiedlichen beteiligten Persönlichkeiten als gut oder schlecht, als besser oder schlechter erklärt, empfunden oder im Nachhinein definiert werden. Und meist werden die aktiven Veränderer, die Ausbrecher, die Unruhestifter, rascher das Positive an der neuen Situation erkennen als die passiveren, sekundär überrumpelten und sich eher als Opfer definierenden Teilnehmer. Insofern ist jede Interpretation einer gegebenen Situation persönlichkeitsabhängig und eine Frage des persönlichen Stils!

Die weit verbreitete Täter-Opfer-Dynamik von Beziehungsumstrukturierungen ist vor allem aus der entwicklungspsychologischen Perspektive des heranwachsenden Kindes oder Jugendlichen katastrophal! Will oder kann ein heranwachsender Bub sich mit einem gemeinen Bösewicht identifizieren? Oder ein heranwachsendes Mädchen sich mit der armen, sitzen gelassenen Mutter? Oder das Mädchen die unmoralische, sexuell unbefriedigte und unzufriedene Art seiner Mutter gutheißen? Kein Kind will emotional Opfer sein, nur weil sich einer der Eltern oder beide so definieren; diese Rolle ist für kein Kind attraktiv oder lohnend, weder bezüglich seines Selbstwertgefühls noch seines Images bei seinen gleichaltrigen Freunden; Opfer sein ist nicht schwierig und überhaupt nicht cool und chillt nicht!

Aus dieser zur Jugend gehörenden Dynamik kann auch für die beteiligten Erwachsenen Kraft und positive Argumentation fließen; die Natur des Menschen strebt „nach Höherem, Besserem"! Gelingt es also, diese Form der Interpretation in einem Familiensystem für alle zu stärken, wird sich langsam, aber stetig die Überzeugung durchsetzen, dass alles „doch einen Sinn hatte" und der moderne Satz „Krise als Chance" zur Anwendung gekommen ist!

Ein zweites Argument dafür, dass „alles jetzt doch sicher besser geworden ist", ist, dass der Mensch trotz des aussichtslosen Kampfes gegen die Zeit und das Älterwerden etwas gelernt hat. Denn wenn er sich schon damit abfinden muss, nicht jünger zu werden, sollte er doch zumindest ein bisschen klüger und vernünftiger und zufriedener werden, sollte er gegenüber seinen eigenen Schwächen gütiger, in seinen Ansprüchen an den Partner vielleicht auch bescheidener und dankbarer und sich in älteren Jahren der Irreversibilität seines Lebens bewusster werden.

Dies kann wirklich dazu führen, dass die Lebensdauer von „zweiten" Beziehungen in Sachen Liebespflege, Feinfühligkeit für den Partner, Reflexionsbereitschaft eigener Anteile in Konflikten besser und reifer ist, einfach durch die Gnade des Alters und des Vergessens und die Abnahme jugendlicher Impulsivität! Andererseits bleiben wir natürlich immer dieselben, wir bringen uns selbst bei jedem Beziehungswechsel mit und verändern uns grundsätzlich nur minimal! „Lerne deine eigenen Schwächen gütiger zu ertragen, und deine Partnerschaft wird es dir danken!"

Ein letztes Argument für die Hypothese der grundsätzlichen Verbesserung von Beziehungssensibilität und Stabilität ist der Zwang des Menschen, alles ausprobieren zu müssen. Seitensprünge aus scheinbar stabilen Beziehungen heraus werden oft von der Dynamik des Verbotenen angetrieben, vom Reiz des Nichterlaubten, vom Gefühl, „es“ noch nicht erlebt zu haben und „es“ sonst möglicherweise zu verpassen! Jeder heranwachsende Jugendliche muss selbst durch alles durch, keine Belehrungen oder Beschwichtigungen durch die Eltern oder andere Außenstehende können ihm die eigenen Erfahrungen ersparen und ihn vor Liebesdramen schützen. Dies bewirkt häufig, dass die Wahl des ersten Liebespartners eine revolutionäre, gegenläufige und sehr eigenwillige Komponente hat! Die Wahl des Partners soll den Vorurteilen der Herkunftsfamilie standhalten, oft etwas beweisen oder ein herzeigbares Modell für Wahrhaftigkeit und Echtheit in der Liebe sein! Geht diese erste Beziehung schief, kehrt das nun erwachsen gewordene Kind häufig enttäuscht und vielleicht sogar etwas verbittert, aber einsichtiger in das Wertsystem der Herkunftsfamilie zurück und nimmt dies eher als unbewusstes Wahlkriterium für die Suche nach einem neuen Liebespartner in Anspruch. So ist jede erste Liebesbeziehung im Leben eines Menschen viel stärker ein Versuch, Autonomie und Spontaneität in Liebessachen zu erzwingen, während die weiteren Versuche weniger von diesem Motor angetrieben sind.

Die Weisheit, dass „der Mensch nur aus seinen Fehlern klüger werde“, steht natürlich bei dieser Hypothese Pate!

PAARHYGIENE – ODER: ACHTEN SIE AUF DAS PAAR

VIGNETTE Anna und Felix gehen ins Autokino. In der folgenden Woche gehen sie miteinander schön essen. Am folgenden Wochenende gehen sie miteinander Golf spielen.

Derzeit wird sogar von einem einwöchigen Wander- oder Badeurlaub gesprochen. Was ist daran so aufregend? Gar nichts, es ist nur schön. Und recht ungewöhnlich. Denn Anna und Felix sind die Eltern von zwei Söhnen von ihr, einer Tochter von ihm, einer Stieftochter von ihm und eines süßen kleinen gemeinsamen Mädchens. Also gibt es da fünf Kinder, die auf unterschiedliche Weise ihren Protest äußern:

Ihre beiden Buben, vier und sechs Jahre alt, sagen lakonisch zur Mutter: „Nie bist du da."

Seine kleine Tochter, fünf Jahre alt, meint verführerisch: „Ich möchte auch mitgehen!"

Seine große Stieftochter, 14 Jahre: „Ist das nicht etwas kindisch?"

Nur das Baby gibt noch keine Kommentare ab und scheint sich im Zusammensein mit den vier Geschwistern wohl zu fühlen. Nur wenn diese weg sind, schreit es nach der Mutter. Ein Beispiel für Paarhygiene.

VIGNETTE Lisa hat alle Hände voll zu tun. Die drei Kinder und das neue Haus nehmen sie ganz in Anspruch. Das jüngste, Max, hat Schulanfang. Er ist das berühmte „Kind der Liebe" gewesen. Er ist der Stolz seiner Eltern. Alles scheint sich um ihn zu drehen. Maxi hin, Maxi her, Maxi braucht, Maxi will, Maxi muss ...

Die beiden größeren Halbgeschwister, zehn und sechzehn Jahre alt, beides Mädchen, sind nicht so anstrengend. Helene, die kleinere, scheint sich überhaupt in den Familien ihrer beiden besten Freundinnen einquartiert zu haben, sie will dauernd bei ihnen übernachten und kichert ganze Nachmittage und Wochenenden hindurch. Ist sie zu Hause, ist sie schwierig, eifersüchtig auf Max und neben der großen Schwester Maria eben die Kleine, die noch keine wirklichen Probleme hat. Maria ist mitten in der Pubertät, dauernd will sie weg, abends. Will keine Grenzen akzeptieren, hält sich an keine Vereinbarungen. Wenn sie nicht stundenlang vor dem Spiegel steht, hat sie die Ohren mit Musik zugeklebt und tanzt vor sich hin, von der Außenwelt isoliert.

Lisa weiß nicht recht, was los ist. Seit Maxis Geburt war sie kein einziges Mal mit Bernhard mehr aus. Max war ein schwieriges und anspruchsvolles Baby, ein Schreikind, dann ein anstrengender Krabbler, und eben jetzt ist er ein Schulanfänger. Dazwischen wurde Haus gebaut, der ganze Wahnsinn, das volle Programm. Das Haus ist wunderschön geworden, aber inzwischen ist Bernhard für Lisa hundert Jahre weit weg. Einfach weit, weit weg. Sie grübelt über das Wort Paarhygiene nach und versteht nicht, wie das gemeint ist.

INTERPRETATION

Bei Patchworkfamilien sind meist viele Menschen zu versorgen. Da kann es schon geschehen, dass die Kinder wichtiger werden als das Paar, das sich anfangs aufeinander eingelassen hat. Dann wird der Zweck der Veranstaltung allerdings infrage gestellt. Wozu haben alle diesen Schritt getan, wenn nun das Paar nicht mehr vorkommt? Und die wachsende Kreatur drängt sich aus einer inneren Dynamik nach vorn. Jeder will als Erster am Trog sein, jeder rechtzeitig gefüttert werden. Also heißt es achtgeben auf das Paar. Denn die so genannten Aufzuchtsaufgaben und die Bedürfnisse des Paares stehen nur zum Teil miteinander in einem Zusammenhang. Die Bedürfnisse des Paares und die Anforderungen der Kindererziehung stehen zueinander in einem gewissen Gegensatz, wenn auch das Kinderkriegen der Wunsch jedes liebenden Paares ist. Wieso ist das so? Und ist das neu?

Nein, es war immer schon so. Nur hatten andere Gesellschaften andere Lösungen dafür. Entweder wandte sich der Mann von seiner Frau ab, wenn sie schwanger war und stillte, und hatte „Nebenfrauen", so wie in der Bibel beschrieben, in der sie in der deutschen Übersetzung meist Kebsweiber heißen. Oder, da die Familie größer war als sie es üblicherweise heute ist, es gab andere Frauen, die schon nicht mehr im gebärfähigen Alter waren und sich der Kinder annahmen. Oder, wie es zum Beispiel bis heute in Indien der Fall ist, die älteren Schwestern nahmen sich der kleineren Kinder an und entlasteten so einerseits ihre Mutter und lernten andererseits früh, mit Kleinkindern entsprechend umzugehen. Jedenfalls war es immer schon bekannt, dass die Aufgaben, welche die Kinder an das Paar stellen, dieses letzten Endes ruinieren.

Heute ist die Situation in den westlichen Ländern eine andere. Es gibt keine Hausangestellten mehr, die Frauen der unteren Schichten werden nicht mehr als Ammen missbraucht, und die Frauen, die unter Umständen bereits Kinder hatten, bevor sie die neue Partnerschaft eingegangen sind, sollen nun sowohl Geliebte als auch Mutter und manchmal sogar arbeitende Frau unter einen Hut bringen. Da wirds dann schwer, denn die Haushaltshilfen sind stumm geworden und stehen als Waschmaschinen, Geschirrspüler und Staubsauger herum und reden nicht mit der Frau, und sie kann die Vielzahl der Aufgaben nicht bewältigen.

Für die Kinder bleibt dann oft nur eine müde Mutter und für den Mann eine grantige Frau.

Das Konzept der Paarhygiene soll dieser Entwicklung entgegenwirken. Die Idee dieser Art des Zusammenlebens von Mann und Frau richtet sich gegen die Bevorzugung der Kinder, des reinen und perfekten Haushalts und gegen das alleinige Aufgehen in der Ausführung von Notwendigkeiten. Der Mann hat es da meist leichter. Einerseits „spielt" er Arbeit, was heißen will, dass er sich durch die und mithilfe der Arbeit den Familienaufgaben weitgehend entziehen kann; anderseits ist er mit den Bedürfnissen der Kinder nicht so sehr konfrontiert, er erlebt die Kinder eher schlafend als wach, in einem Zustand, in dem jedes Kind anspruchslos und herzig ist.

Insofern kommen in der Paarhygiene dem Mann und der Frau verschiedene Rollen zu: Die Frau kann ihr Leben so führen, wie sie will. Immer werden ihr die Kinder vor die Bedürfnisse des Mannes gehen; immer wird sie erschöpft sein und die Fülle der Aufgaben kaum bewältigen können; immer wird ihr der Beruf zusätzliche Schwierigkeiten machen; und immer wird sie die innere Verpflichtung haben - besonders in der zweiten dauerhaften Beziehung -, auch auf den Mann und seine Bedürfnisse, auch auf ihr Bedürfniss, geliebt zu werden, zu achten, weil sie sonst wieder allein bleibt und wieder nur die Schlechtigkeit der derzeitigen Gesellschaftsform und/oder die Männer anklagen kann. Denn es ist natürlich politisch sehr in Ordnung, auf die Männer und die angeblich von ihnen so gebaute Gesellschaft zu schimpfen, wenn man allein geblieben ist, aber es macht das Bett nicht warm und wärmt auch nicht das Herz.

Der Mann hat eine ganz andere Aufgabe. Natürlich wird bei ihm aufgrund seiner Prägung und Ausrichtung der Beruf eine sehr große Rolle spielen. Natürlich soll Interesse an den Kindern vorhanden sein, wie es sich in seiner Freizeit und an den Wochenenden äußert. Aber er soll auch seiner Frau das Gefühl geben, attraktiv für ihn zu sein, eine Frau zu sein und nicht „nur" eine Mutter oder eine Hausfrau und/oder eine Geschäftsfrau, sondern eine Geliebte, die ihn anzieht, die er anzieht und die für ihn in ihrem Sosein eine interessante Frau ist.

Das kann man nur zum Teil spielen. Vor allem wenden sich viele Männer ab, weil sie gegenüber den Kindern immer wieder benachteiligt werden, und wenn sie sich beschweren, dann wird ihnen vorwurfsvoll entgegnet, dass irgendwer ja die Lücke füllen muss, die sie gähnend weit offen lassen. Also versinken sie in Schuldgefühlen und suchen sich eine Freundin, bei der sie sich noch ganz als Mann fühlen können. Das führt meist genau zu dem Ergebnis, das man schon aus der ersten Beziehung kennt, und dieses Ergebnis verursacht Spesen und lässt einsame Menschen zurück, und Kinder, die sich wieder neu adaptieren müssen. Ihre Aufgabe, auch gegen den Widerstand der Kinder ihre Frau aus dem Alltag herauszureißen, vernachlässigen sie oft. Aber wie soll das auch funktionieren, wenn sie ihren Alltag zu ernst zu nehmen beginnen, Angst um den Arbeitsplatz haben und die Zwänge des Lebens verinnerlichten.

In der Tat sind wir für die Paarhygiene in der Erziehung schlecht ausgerüstet worden. Die meisten haben als Ziel des Lebens Anstand, Arbeitsfreude und Ehrlichkeit mitbekommen. Das hilft bei der Paarhygiene alles fast gar nichts. Denn damit sie wirksam werden kann, bedarf es der Möglichkeit auszusteigen, den Job nicht allzu ernst nehmen zu müssen, sich ums Paar auch dann zu kümmern, wenn die Kinder einmal nicht so gut in der Schule sind oder wenn der Kühlschrank einmal nicht voll ist. Auch bedarf es der Fähigkeit, auf sich selbst zu schauen, und die Urteile der Umgebung nicht allzu ernst zu nehmen. Denn diese Urteile, die meist unverlangt eintreffen, sind tückisch. Befolgt man sie und geht man als Frau ganz in Haushalt und Kindererziehung auf, so wird die Ehe darunter leiden. Zerfällt die Ehe dann, werden gerade die, die einem geraten haben, sich so und nicht anders zu verhalten, die Ersten sein, die Häme und Spott über einen ausgießen. Also Vorsicht, die Falle der Wohlanständigkeit und des „Ich-mache-alles-für-meine-Kinder“ vermeiden!

Ebenso ist es die Aufgabe des Mannes, sich nicht in diese Vorstellung von Anständigkeit treiben zu lassen. Das Paar funktioniert nur insofern, als das, was heute alleine die Stabilität des Paares garantiert, funktioniert: Liebe und Sexualität, die gegenseitige Anerkennung und die Freude am Leben. Alles andere hat zwar historische Wurzeln, spielt aber heute fast keine Rolle mehr. Und daher ist es wichtig, dass der Mann seine Männlichkeit nicht dadurch zu beweisen sucht, dass er für jedes Kind ein Kinderzimmer finanziert oder dass er ein größeres Haus baut, sondern dadurch, dass er an seiner Frau als Frau interessiert bleibt. Das kommt nicht von selbst, ebenso wenig wie das Hausbauen von selbst kommt. Denn viele Männer glauben ihr Interesse und ihren guten Willen für eine neue Familie vor allem durch die Herstellung der wirtschaftlichen Voraussetzungen unter Beweis stellen zu müssen. Dabei verausgaben sie sich ebenso wie sich die Frau in der Kindererziehung verausgabt. Und dann bleibt für das Paar nichts übrig, besonders wenn der Mann unter der Woche einem besonders guten Lohn nachjagt und am Wochenende dann Häusl baut. Zwar ist er dann so ein Mann, wie er glaubt, dass Männer sein müssen, und er kommt auch nicht in Versuchung, sich Gefühle und andere Äußerungen weiblichen Lebens anhören zu müssen, aber das, was er zu fördern und zu erhalten glaubt - nämlich die neue Familie - das zerstört er, indem er seine letzten Kraftreserven ausschöpft.

Daher muss sich auch der Mann anders verhalten, als er es gelernt hat, will er nicht mit der neuen Beziehung ebenso Schiffbruch erleiden wie mit allen vorangegangen. Er muss es vermeiden, dass auf ihn finanzieller Druck ausgeübt wird. Und er darf sich von der Frau nicht wegstoßen lassen, sondern muss seinen Platz in der Familie behaupten. Denn es nützt Männern nichts, wenn sie so sind, wie Frauen wollen, dass sie sind. Sie werden deshalb nicht mehr geliebt, und auch die Frauen fühlen sich nicht mehr geliebt, wenn Männer sich so verhalten, wie sie es angeblich wollen. Zu unterschiedlich sind die Fähigkeiten, zu unterschiedlich sind die Kenntnisse, zu unterschiedlich ist der Beitrag, der zum Familienganzen geleistet werden kann. Und vor allem ist ein Mann, der seiner Frau ganz gehorcht, besonders wenn er sich dann auch noch von den Familienaufgaben durch die Flucht in die Arbeit drückt, für die Frau nicht attraktiv.

Folgende Regeln können bei der Verwirklichung dieser Grundhaltung helfen, sie müssen weder alle zugleich eingehalten werden, noch sind sie in ihrer Reihenfolge bestimmend. Sie sind nur Hilfen, Anstöße, um nachzudenken, um sich eine Chance zu geben, sich zu überlegen, ob das Paar nicht doch an der einen oder anderen Stelle besser funktionieren und man besser miteinander auskommen könnte. Sie sind ein wenig unkonventionell und sind als Ratschläge wahrscheinlich ebenso verzichtbar wie alle anderen, die sie bekommen. Aber sie stellen eine Sammlung von Anregungen dar, die vielleicht helfen, etwas besser mit der Paarhygiene umgehen zu lernen.

- Klären Sie miteinander, ob Sie ein gemeinsames „Ehebett“ haben möchten.
  In vielen ersten Beziehungen hat man selbstverständlich ein gemeinsames Ehebett. Ja, oft ist es das erste oder gar zentrale Anschaffungsstück gewesen. Dort hat es vielleicht gute, aber auch schwierige Stunden gegeben. Das Thema Ehebett ist mit großer Wahrscheinlichkeit jedenfalls in der Zeit nach einer Trennung für einen oder beide Partner „besetzt“. Dieser Ausdruck möchte darauf hinweisen, dass das Thema oder das Möbelstück gedanklich und thematisch nicht frei und neutral ist. Daher suchen Sie nach neuen Lösungen, die für Sie und Ihren Partner eher

stimmen. Lassen Sie die Routine des Ehebetts beiseite, besonders wenn Sie dazu neigen, die Kinder ins Bett zu lassen, die letzten Endes an Ihrer Intimität zu Ihrem Partner nicht wirklich interessiert sind.

- Klären Sie miteinander, ob sie wollen, dass die Kinder im gemeinsamen Bett schlafen, klären Sie es aber vor allem für sich selbst. Die Kinder werden immer wieder Gründe finden, die ein gemeinsames Schlafen erforderlich scheinen lassen. Krankheiten, Ängste, Nöte und andere Probleme werden vorgebracht. Seien Sie misstrauisch. Die Kinder wollen Nähe, und das ist verständlich. Aber diese Nähe geht auf Kosten des Paares, stellt eine Entfernung für das Paar da, auch wenn Ihnen in verschiedenen Werbespots und Filmen die Sonntagsmorgensituation von Kindern im Bett der Eltern als besonders angenehm nahe gebracht wird. Wenn Sie das schon wollen, dann beschränken Sie die gemeinsame Situation wenigstens auf diesen Sonntagvormittag. Aber vermeiden Sie eine Routine, die gegen das Paar gerichtet ist und von den Kindern verlangt, immer wieder Krankheiten oder andere Probleme zu produzieren, nur um in das Bett der Eltern zu kommen.
- Klären Sie bewusst, welche Stunden während der „normalen" Arbeitswoche nur dem Paar gehören sollen, zum Beispiel ein gemeinsames Mittagessen als wöchentliches Ritual oder ein Abend in der Stadt oder ein gemeinsamer sportlicher Termin ohne Kinder.
  Ebenso wie das morgendlichen Aufstehen oder die Notwendigkeit, die Kinder zur Schule zu bringen, zur Routine wird, sollte auch das Paar eine Routine bekommen. Ebenso wie manche anderen Routinen nicht eingehalten werden, kann es geschehen, dass auch die Paarroutinen einmal ausfallen oder sich im Laufe der Zeit ändern. Es kann sein, dass einem oder beiden Partnern manche Beschäftigungen nicht mehr so interessieren, oder es kann auch sein, dass sich manche Beschäftigungen überleben. In jedem Fall sollten sie aber nicht ersatzlos gestrichen werden, sondern andere Regelmäßigkeiten sollten an ihre Stelle treten. Denn Beziehung braucht Platz und vor allem Zeit. Gerade die Beziehung der Partner zueinander braucht Zeit, man möchte sich austauschen, auch Sinnloses miteinander teilen und fröhlich sein. Dafür muss Zeit sein, und man kann nicht davon ausgehen, dass mit dem Älterwerden diese Ansprüche kleiner werden. Denn auch der Wunsch, geliebt zu werden, wird mit dem Alter nicht kleiner.
- Gönnen Sie sich und einander ein bis vier Wochen Paarurlaub im Jahr. Alle werden dagegen sein. Alle werden wollen, dass sie bei der Familie bleiben und diese versorgen. Denken Sie jedoch daran: Wenn es das

Paar nicht mehr gibt, weil es nicht gepflegt wurde, dann ist auch die Familie weg. Pflegen Sie das Paar. Denken Sie daran, dass es selbstverständlich ist, dass die Liebe erkaltet, vor allem wenn sich die Eltern nur mehr um Alltägliches kümmern. Daher müssen Sie sich im Interesse aller um sich selbst kümmern. In den Zeiten, in denen Sie sich selbst haben, erfrischen Sie die Beziehung. Machen Sie das nicht erst, wenn es zu spät ist und als „Rettungsversuch“ angesehen werden muss.

- Machen Sie als Paar Pläne für das laufende Jahr, die nicht primär mit den Kindern zu tun haben, geben Sie sich Ziele vor.
  Denken Sie an die heilende Wirkung der „dritten Sache“, wie es noch im Kommunismus geheißen hat. Man muss etwas miteinander machen, etwas miteinander gestalten wollen. Paare, die länger zusammenleben, haben oft gemeinsame Interessen, dies nicht nur deshalb, weil sie sich einander angepasst haben. Pflegen Sie diese Interessen. Machen Sie gemeinsam etwas. Wandern Sie, schreiben Sie, lesen Sie einander vor – nur vermeiden sie allzu viel Passives wie Fernsehen oder andere an Konsum ausgerichtete Verhaltensweisen. Traurig wird es, wenn Sie sich vor dem Abend zu fürchten beginnen.
- Definieren Sie klare Konfliktsignale, und finden Sie als Paar ihr „bestes“ Konfliktlösungsmuster.
  Nicht jedes Paar will reden. Aber keines wird es immer vermeiden können. Manche reden gern über Geld, andere über Liebe, Dritte über die Kinder. Aber in allem werden Differenzen deutlich, die notwendig sind, denn nur durch die Differenz kann ich auch meinen eigenen Standpunkt definieren. Seien Sie nicht immer einer Meinung, es lohnt nicht. Konfliktvermeidung allein ist zu wenig. Natürlich ist Harmonie schön, aber man sollte nicht aus Angst vor Konflikten bestehende Differenzen unbesprochen lassen.
- Sagen Sie sich immer wieder Positives, auch dann, wenn Sie es nur bedingt für berechtigt halten.
  Jeder will Gutes über sich hören. Jeder braucht das. Sie sollen nicht lügen, aber Sie sollen es auch nicht nur schweigend zur Kenntnis nehmen, wenn sie finden, dass der Partner Gutes gemacht hat, vor allem wenn es für die Beziehung nützlich war. Vermeiden Sie es, ihn/sie immer nur wegen der Leistung und/oder der Kindern zu loben. Wenn eine Frau sagt: „Ich habs gern, wenn der Papa zu Hause ist!“ und mit „Papa“ ihren Mann meint, dann ist die Beziehung tot. Es ist aus der Liebe eine Aufzuchtsgemeinschaft geworden. Denken Sie daran, dass Sie sie/ihn einmal als attraktiven Menschen für sich kennen gelernt haben, und denken Sie daran, dass heute die Beziehungen nur mehr die Liebe zusammenhält.

- Genießen Sie die Kinder des Partners, und verlieren Sie nicht Paarchancen, indem Sie sich in die Erziehung der Kinder, die ja nicht die Ihren sind, einmischen oder sogar abfällige Bemerkungen hinsichtlich des Verhaltens der Expartner und dessen Eltern machen. Sie zwingen dadurch den Partner, diese Menschen in Schutz zu nehmen.
  An vielen Stellen in diesem Buch haben wir diesen Ratschlag schon gegeben: Verbrauchen Sie nicht Energien, indem sie sich einmischen. Letzten Endes funktioniert das nicht. Denken Sie an die Partnerschaft und nicht an das, was Ihnen die fremden Kinder antun. Vielleicht meinen sie es auch gar nicht so.
- Ihr berechtigtes Bedürfnis, die besten Voraussetzungen für Ihre „Brut“ zu schaffen, soll nicht dazu beitragen, dass Sie die der nicht-eigenen „Brut“ schmälern. Versuchen Sie den Kindern des Partners etwas wegzunehmen, muss sich Ihr Partner von Ihnen entfernen.
  Es wird ihnen schwer fallen. Aber nur so gehts. Alle Kinder haben ein Recht auf Liebe und Glück, sagt die Weltorganisation für Kinder in den Vereinten Nationen (UNICEF). Also stimmt das für die Kinder, mit denen Sie leben, auch. Nehmen Sie sich zurück und schauen Sie zu. Vor allem aber versuchen Sie großzügig zu sein, dann wird der Partner sich mehr oder weniger ebenso verhalten.
- Versuchen Sie nicht, es immer besser machen zu wollen, als es in der vorangegangenen Beziehung gegangen ist. Ihr Partner ist einerseits derselbe geblieben, wird also auch diese Beziehung nach seinen Möglichkeiten mitgestalten, andererseits legen Sie sich damit eine Messlatte, die möglicherweise zu hoch ist.
  Der dauernde Vergleich macht unsicher. Sie machen etwas Neues, auch wenn Sie sich mitgenommen haben. Wenn Sie etwas ändern wollen, dann fangen Sie bei sich an. Belasten Sie die Beziehung nicht über Gebühr.
- Der Erhalt und die Pflege dieser neuen Paarbeziehung ist auch die Voraussetzung dafür, dass diese Familie Bestand hat. Sie ist auch der Beweis dafür, dass es funktionieren kann. Genießen Sie diesen Triumph.

Wie jedoch können diese wohlmeinenden Empfehlung im Trubel des Alltags in Realität umgesetzt werden?

Gewiss ist es schwer, aber einen Versuch ist es allemal wert. Die Autoren bemühen sich andauernd darum, und das mit wechselndem Erfolg. Viel Glück!

TRENDS UND TRADITION

Die Patchworkfamilie im Scheinwerferlicht

Zu allen Zeiten versuchen Menschen, ihre Träume zu verwirklichen. Träumen ist ein wichtiger psychologischer Motor menschlicher Entwicklung und Kreativität. Es gibt kaum etwas Lustvolleres, als Träume zu haben, an ihnen zu basteln und zu versuchen, sie umzusetzen. Träume können aber auch platzen.

Liebesbeziehungen sind immer Traum und Wirklichkeit zugleich. Besonders in der ersten Phase der Verliebtheit ist jedes Erleben und jede Wahrnehmung der Wirklichkeit - der subjektiv erlebten Realität - vom süßen, rosa Zauber eines Traumnebels eingehüllt. „Liebe macht blind." Dabei wird jedes Zureden, jeder Kommentar, jede Warnung von außen abgelehnt, der Liebende fühlt sich in entschlossener Leidenschaft von der Richtigkeit seines Tun und Fühlens überwältigt, und er „muss da durch!".

Wenn der Traum nun aber der nüchternen Erkenntnis weicht, dass die Liebesbeziehung vorbei ist, fällt das Erwachen schwer. Man steht da, beschämt, verzweifelt, zerstört. Später, wenn der Schmerz nachlässt, kommen auch andere Gefühle dazu: Befreiung, Erkenntnis, Öffnung, Transparenz.

In unserer heutigen Gesellschaft koexistieren verschiedene Familientypen: Es gibt die alten, traditionellen und daneben die „modernen" Lebensformen, wozu auch die Patchworkfamilie gehört. Ein solch buntes Gemisch von unterschiedlichen Lebensformen und Familienmodellen bevölkert die Städte eher als das Land und wird auch entsprechend unterschiedlich wahrgenommen und erlebt.

Erwachsene haben die Wahl ihrer Lebensform selbst in der Hand. Im Gegensatz dazu sind Kinder nicht freie Akteure in ihrem Lebensstil und einer neuen Lebensform. Sie sind mitgebracht, mitgesiedelt, mitgenommen, mitorganisiert worden. Jedenfalls sind sie passiver in der Gestaltung und Organisation der Veränderung ihrer bisherigen Lebenswelt.

Die Öffentlichkeit steht jeder Veränderung meist skeptisch bis abwertend gegenüber, sie ist oft moralisch, moralisierend und kennt kein Mitleid. Sie fühlt sich aufgerufen, mögliche Opfer von unfreiwilligen Entwicklungen zu schützen, auf das Leid der passiv Mitbetroffenen aufmerksam zu machen, und spielt insofern gerne, meist unaufgefordert, den Anwalt der Kinder. Trennt sich Boris Becker oder irgendein Medienzar von seiner bisherigen Traumfrau, so wachen Hunderte Journalisten von ebenso vielen Zeitschriften mit deren Tausenden Lesern über das weitere Wohlergehen und die Entwicklung der Kinder. „Das Wohl des Kindes" wird von der Öffentlichkeit mit ebenso viel Aufmerksamkeit und Sorgsamkeit beachtet wie im Gerichtssaal. Aber beide Wächter, die Medien und die Familienrichter, sind konservativ und altmodisch. Sie sehen in der Veränderung der Werte deren Verlust und sind der Tradition mehr verpflichtet als den modernen Trends. Und die Wissenschaft kann diesbezüglich nur wenig ausrichten. Die Designs wissenschaftlicher Studien zu Themen wie etwa die Verarbeitung von Trennungserfahrungen oder Familienreorganisation sind ebenso tendenziös wie Opfer vorgefasster Hypothesen. Kollektivpsychologisch sind jedoch Trend und Tradition unter Berücksichtigung ihrer Polarität immer in einem Fließgleichgewicht. Rechts gegen links, Struktur gegen Chaos, Sicherheit gegen Exploration, Tradition gegen Avantgarde, Kunst gegen Kultur, Halten und Lassen, Binden und Lösen sind Kontrapunkte. Und auch die Zeit vermag die Dynamik dieses Flusses nicht anzuhalten.

Gelungenes Patchwork

VIGNETTE Junges Glück. Leonhard und Jenny haben vier Kinder. Sie sind eine moderne und glückliche Familie. Lenny ist beruflich sehr erfolgreich und verdient genug Geld, um seiner Familie einen gehobenen Lebensstandard ermöglichen zu können; seine Frau hat die Option, zu Hause bei den Kindern zu bleiben, frei gewählt. Das Konstrukt bricht nach 15 Jahren zusammen. Er ist inzwischen Generaldirektor und 16 Stunden täglich weg, sie hat sich in der Zeit, da die Kinder in der Schule waren, dem neuen Medium Internet zugewandt und einen Chatpartner kennen gelernt. Harry, ein Vater von vier Kindern, ebenfalls sehr beschäftigt, aber leidend.

Die beiden neuen Internetfreunde Harry und Jenny lernen einander nach einer intensiven Phase des Liebeswerbens im Netz real kennen und beschließen, nun endlich zu leben. Als Liebespaar, ohne Kinder. Dadurch werden acht halbwüchsige Kinder zu „Internetwaisen"! Das neue Liebespaar jettet nun durch die Welt, meldet sich via Netz von irgendwo und ist für jede Form von kurzfristiger Übernahme elterlicher Pflichten zu haben. Aber Familie im bisherigen Sinn, das reale Leben in der kinderreichen Familie mit Waschen, Kochen, Bügeln wollen beide nicht mehr. „Endlich selbst leben" ist ihre Devise!

Leonhard ist mit der Reorganisation seiner Kinderschar sehr beschäftigt, er merkt plötzlich, was Jenny früher alles gemanagt hat. Er hat genug Geld, um Kindermädchen, Haushaltshilfen, ja sogar Taxifahrer zu engagieren, aber er sieht, dass diese Konstruktionen aufwendig, mühsam und besonders für die Kinder emotional nicht befriedigend sind. Die Witwe eines vor einigen Jahren verstorbenen Freundes, Lola, hilft ihm nun aus. Auch sie hat vier Kinder. Nach dem Tod ihres Mannes ist sie eine kompetente, allein erziehende Mutter geworden. Die beiden werden auch ein Paar. Sie ziehen zusammen und kaufen ein riesiges Haus, zehn Schlafzimmer, ebenso viele Badezimmer, das ganze Drum und Dran. Die Kinder sind im Alter zwischen fünf und achtzehn Jahren, sieben Buben und ein Mädchen in der Mitte. Das Haus quillt über vor Skateboards, Baseballhandschuhen, Rollerskates und sportlichen Ausrüstungen aller Art.

Leonhard und Lola sind wirklich glücklich, eine echte Patchworkfamilie ist entstanden, auf ein gemeinsames Kind warten sie mit Spannung, doch bis jetzt kündigt sich noch nichts an. Es ist ganz anders als vor zwanzig Jahren, als sie beide jung waren. Sie sind irgendwie zufrieden, dankbar und glücklich. Sie haben viel durchgemacht und viel gelernt. Alle zwei Monate kommt Jenny für mindestens eine Woche vorbei und übernimmt das Haus und die acht Kinder. Den acht Stiefgeschwistern geht es miteinander gut, alle acht Kinder denken bisweilen in bittersüßer Sehnsucht an ihre ursprünglichen Familien zurück, aber der einen Vater ist tot und der anderen Mutter ständig unterwegs. So sind sie Profiteure und zugleich Opfer ihrer Zeit. Jennys neuer Partner, Harry, macht es bei seinen Kindern und dem neuen, aber kinderlosen Freund seiner Exfrau ebenso. Zwölf Kinder wachsen also in diesen neuen Großfamilienkonstruktionen auf und erleben liebevolle und ihnen zugewandte Erwachsene, die sie fördern, wo es nur geht. Wie sich aber diese neuen Großfamilien auf ihre spätere Partnerwahl oder ihr eigenes Beziehungs- und Familienleben auswirken werden, ist offen, und Enkelkinder sind ja noch nicht in Sicht! Die beteiligten Großeltern, welche anfangs besorgt die Köpfe schüttelten, blicken inzwischen stolz auf die Kinderschar und wundern sich über die neue Zeit.

VIGNETTE Ein Ärztekongress. Pause, erfolgreiche Frauen und Männer, Akteure für wenige Stunden und vor wenigen Zuschauern. Gespräche, Konversationen in der Pause. Die perfekt gestylten, überdurchschnittlich schlanken – weil hungernden, rauchenden und joggenden – Gattinnen der Ärzte aus und in konventionellen Familienmodellen begutachten die berufstätigen Frauen in weniger konventionellen Beziehungen mit Argusaugen.

„Wenn Blicke töten könnten!“, wie es so schön im Sprichwort heißt. Die Zensur, das moralische Auge, führt einen unsichtbaren Scheinwerfer im Saal umher und versucht, Opfer zu finden. Es ist eine großbürgerliche Razzia unter dem Motto: „Siehst du, ich wusste es ja, es kann nicht gut gehen!“

Frau B. kommt auf Frau D. zu: „Wie gehts denn Ihrer reizenden Tochter? Singt sie noch immer?“ Frau D. hasst diese Art von Fragen, sie ist nie ein Partytiger und eine Freundin gesellschaftlicher Konversationen gewesen, aber sie wird den Verdacht nicht los, dass Frau B. sie mit der Frage quälen will. Sie will ihr beweisen, dass die frühe Trennung Frau D.s den Kindern geschadet hat. Sie weiß, ihre alten Schuldgefühle werden von Frau B. geweckt. Sie fühlt sich nicht schuldig, sie will sich auch nicht schuldig fühlen, sie steht zur damaligen Entscheidung, wohl wissend, dass die drei Kinder damals sehr klein waren. Aber unter diesen wohlanständigen und strengen Blicken fühlt sie sich wie in einem Kreuzverhör. Ja, sie singt, sie ist glücklich, und sie hat seit vier Jahren einen entzückenden Freund. Sie merkt, dass sie ihr vor lauter Unwohlsein viel zu viel Material zuwirft. „Aha, einen Freund hat sie auch, ja hoffentlich überlegt sie sich aber gut, ob sie schon im Studium eine Familie gründen will.“ „Nein, eine Familie scheinen die beiden noch nicht gründen zu wollen.“ „Blöde Kuh“, denkt Frau D. und wendet sich verzweifelt lächelnd einem berühmten älteren Professor zu. Mit diesem unterhält sie sich angeregt, er scheint entzückt, sie ist entsetzt, wie alt die Herren geworden sind, die mit ihr flirten wollen. „C'est la vie“, geht es ihr kurze Zeit später wieder etwas versöhnlicher durch den Kopf!

VIGNETTE Ein multikultureller Kindergarten. Natürlich eher Kinder aus Mittelschichtfamilien, die bewusst fördern möchten, dass ihr Kind bereits im Kindergarten gut Englisch lernt und seinen Horizont für fremde Kulturen früh erweitert. Die meisten Kinder entstammen anderen Kulturkreisen, es gibt zwei koreanische, mehrere amerikanische, eine französische Familie. Das kleine Kollektiv der Familien zusammen ergibt eine attraktive, multikulturelle Mischung. Im Laufe der Jahre hat sich mehr als die Hälfte der österreichischen Kindeseltern in neue Beziehungen begeben. Das ist daran zu bemerken, dass die Kindergärtnerin und die Angestellten sich mittags, wenn die Kinder abgeholt werden, kaum mehr auskennen, weil aus ursprünglich zwanzig Kindern mit vierzig Eltern nun fast sechzig erwachsene Menschen geworden sind, die mittags die Kleinen abholen. Dazu kommen noch vereinzelte Großeltern, die wegen der berufstätigen Mütter (die berufstätigen Väter werden diesbezüglich nicht erwähnt) auch in den Abholdienst eingespannt sind.

Die Kleinen sind überaus herzig. Die überdurchschnittliche Anzahl von neuen Eltern, also auch die neuen Partner der Eltern, sind modern, locker im Umgang miteinander, freundlich und für Improvisationen und neue Pläne der Kleinen, die Flexibilität fordern, gerne zu haben. Kein Kind hat offensichtliche Probleme, die kleine Gemeinschaft scheint fast ein Beweis dafür zu sein, dass die moderne Patchworkfamilie Zukunft hat. In dieser scheinbaren Idylle wird aber ein kleines Mädchen doch auffällig. Sandra ist schon das dritte Jahr im Kindergarten, sie ist das Kind einer allein erziehenden Mutter. Die Kindergärtnerin und auch alle Kinder merken, dass Sandra plötzlich so wild und unausstehlich geworden ist. Bei ihr zu Hause hat sich auch eine Veränderung ergeben. Eine Freundin der Mutter ist zu Hause eingezogen. Man munkelt, dass die beiden eine lesbische Beziehung führen. Homoerotik und Kleinkind, wie soll das wohl zusammengehen? Das könnte doch sicher die Erklärung sein. Aber es ist ein moderner und liberaler Kindergarten. Homosexuelle Beziehungen werden nicht grundsätzlich mit Ablehnung betrachtet, es ist nur das erste Mal, dass diese Gruppe von Eltern vor der neuen Situation steht. Sie sind verunsichert. Und Sandra ist wirklich kaum wiederzuerkennen. Ein Elternabend wird einberufen. Sandras Mutter und ihre Freundin kommen miteinander. Sie lassen keinen Zweifel offen, dass sie wirklich ein glückliches Paar sind. Das gemeinsame Gespräch, die Diskussion über Aggression im Allgemeinen und bei Sandra im Speziellen ist anfangs unerfreulich und peinlich, Klischees und Vorurteile werden ausgetauscht. Ein Vater berichtet sogar von einer wissenschaftlichen Studie, die das Phänomen erklärt, weshalb einzelne Töchter von lesbischen Frauen den Männerpart darzustellen versuchten und deswegen wild und ungezogen werden müssten. Sandras Verhalten sei also psychologisch gut erklärbar. Die Diskussion ist leidenschaftlich, offen und für einige Teilnehmer hart an der Grenze des Erträglichen.

Die unsichtbare Grenze zwischen Tradition und Trend, zwischen Anpassung und Nichtanpassung, die ewige Diskussion, was denn überhaupt normal sei, bricht in aller Heftigkeit aus. Nach einigen Stunden hat man viel ausgetauscht, scheint erleichtert und hat wenig Neues gelernt. Seltsamerweise ist aber nach dem Elternabend das Eis gebrochen, die beiden Frauen sind als Paar in die Gruppe aufgenommen, und Sandra wird danach viel normaler und unauffälliger erlebt. Symptom und Interaktion, Aktion und Reaktion im Wechselspiel.

INTERPRETATION

Was mit diesen drei Vignetten ausgedrückt wird, ist Fluch und Segen gesellschaftlicher Zensur. Wie man selbst lebt, ist für einen persönlich bedeutsam und für die anderen weniger. In den drei Vignetten wird die Wertung von außen, die Außenzensur, behandelt. Jeder einzelne Mensch und jede Familie, also auch jedes Familiensystem im Umbruch, ist für sich autonom und zugleich auch in der Gesellschaft eingebettet, also von ihr kontrolliert und in ihr enthalten. Diese Funktion gehört zu den ältesten psychologischen Kollektivleistungen einer Gesellschaft und ist in jeder Tradition oder Religionsgemeinschaft kodiert. Es könnte fast behauptet werden, dass die theoretische Analyse der evolutionshistorischen Leistung von Bindungs- und Lösungsritualen in zwischenmenschlichen Beziehungen immer auch im Kollektiv, also in der Gesellschaft, seine Abbildung hat. Die Kontrolle, die Zensur, die Kraft des Konservativen hat also auch Schutzfunktion. Sie kritisiert und verunsichert den Fortschritt, verhindert aber damit auch immer wieder allzu heftige oder gar destruktive Umbauprozesse. Diese Dynamik lässt sich täglich in den Diskussionen über Genmanipulation, Fortschritte in der Medizin und Fertilitätsforschung und nicht zuletzt in jeder politischen Rechts-links-Thematik ersehen. Jeder Mensch, der einen neuen, vielleicht auch unkonventionellen Schritt in seiner Familienplanung macht, wird diese Kräfte zu spüren bekommen. Heiratet er, ist es gut. Trennt er sich wieder, ist es meist weniger gut. Heiratet er gar nicht, ist es auch nicht so gut. Die gesellschaftlichen Erwartungen und Wertungen des Kollektivs sind unendlich. Ein Sprichwort sagt: „Wie mans auch macht, macht mans falsch!" Und es stimmt auch: „Wie man sich bettet, so liegt man", und dies kann im Einzelfall einen großen qualitativen Unterschied ausmachen. Wer sich wegen oder nach einer familiären Reorganisation wohl fühlt und auf die Grundbedürfnisse der ihm emotional verbundenen Menschen auch Rücksicht zu nehmen weiß, wird im Gleichgewicht zwischen entwicklungshemmenden und -fördernden Lebenseinflüssen flexibel bleiben. Und er wird seinen Kindern zumindest die Erfahrung einer vernünftigen Konfliktlösungskultur und die Gabe der emotionalen Anpassung unter Beibehaltung von Selbstachtung und Identität mitgeben.

FORDERUNGEN AN EIN NEUES VERSTÄNDNIS VON PSYCHOTHERAPIE

Psychotherapie wird heute medial angegriffen, verteufelt, gelobt, propagiert und gefordert; besonders wenn es um die eigene Betroffenheit mit dem Thema geht, wird sie im konkreten Einzelfall aber meist heftig geleugnet und verschämt verdrängt. Psychotherapie ist kein Erfolgsrezept, um eine Partnerschaft zu stabilisieren, ganz im Gegenteil! Viele Ehen erfahren eine existenzielle Erschütterung in der Phase der späten Entwicklung der Frau nach den Jahren der Kindererziehung, wenn diese sich entschließt, eine Psychotherapie zu machen. Diese soll Reifungsfantasien unterstützen, die aber im Zuge ihrer Bearbeitung innerhalb einer Einzelpsychotherapie, die den „Egotrip" unterstützt, oft eine Trennung der bisherigen Partner nach sich zieht. Die Unart von Psychotherapeuten, nicht oder kaum befriedigte narzisstische Bedürfnisse mit dem übermäßigen Binden von Klienten ausgleichen zu wollen und deren Dependenz zu genießen, hat in den letzten Jahrzehnten Tausende Ehen zerrüttet und muss kritisch als absoluter Kunstfehler betrachtet werden!

Psychotherapie kann weder eine Ehe erhalten, noch eine Ehe zerstören! Psychotherapie bietet jedoch nahezu immer eine konkurrenzierende neue Beziehung an, welche bewirkt, dass die eheliche Partnerschaft aus einer neuen Perspektive betrachtet wird. Und dies kann zu tröstlichen und positiven Erkenntnissen oder aber auch zu destruktiven und trennenden Einsichten führen.

PSYCHOTHERAPIE UND TRENNUNG

Beginnt es zu kriseln, werden meist nicht bewusste Schuldgefühle der beteiligten Erwachsenen in übermäßigem Liebsein gegenüber dem Kind oder auch im Wunsch nach einer Stützung des „unschuldigen" Kindes durch Psychotherapie sichtbar. Am häufigsten ist die Dynamik anzutreffen, dass der Vater als Aggressor empfunden wird, dass er weg ist und deswegen scheinbar aktiv die Familie zerstört und dass die passivere Mutter sich um den Schutz des Kindes, eben durch das Aufsuchen von Außenhilfe im Sinne einer Psychotherapie kümmert.

Psychotherapeuten sollten sich dabei hüten, ihren geschwächten Klienten in dieser Situation eine Trennung als Lösung zu suggerieren! Dies würde einem Missbrauch dem Kind gegenüber entsprechen und wäre selten positiv argumentierbar. Sinnvoll, auch aus der Perspektive des sich entwickelnden Kindes, ist es jedoch, seine eigene Motivation zu prüfen und bei gutem Kontakt zwischen Psychotherapeut und Kind eine psychotherapeutische Begleitung anzubieten!

Die psychische Situation von Eltern während einer Beziehungskrise ist immer angespannt; ihre emotionalen Elternschaftsressourcen sind reduziert. In dieser Not sind ihre Erziehungsvorstellungen oft restriktiv, kontrollierend, einseitig und langweilig. Oder es führt das schlechte Gewissen zu unauthentischem Verwöhnungsverhalten, das letztlich oberflächlich und konfliktvermeidend ist, auf Dauer aber nicht hält. Das Elternsein scheint sich zum Zeitpunkt der Inanspruchnahme von Außenhilfe oft auf eine negativ erlebte Aufpasser-/Erzieherrolle reduziert zu haben; die Kommunikation zwischen Eltern und ihren Kindern ist oft „auf Eis" gelegt. In der Not wollen belastete und unfrohe Eltern einfach, dass sich ihr heranwachsendes Kind nach ihren und den gängigen Vorstellungen und Möglichkeiten entwickelt und sich möglichst keinen Zentimeter von dieser Sollvorstellung entfernt, weil in der Beziehungskrise nicht auch noch Kraft oder gar Verständnis für eigene Vorstellungen der Kinder aufgebracht werden können. Diesen Eltern fehlt situativ bedingt jegliche Fantasie, und das Erinnerungsvermögen an die eigene Kindheit, die Reflexionskraft für ihr elterliches Agieren, jegliche Freude und Begeisterung für ihre Kinder sind reduziert. Oft werden die Kinder in dieser Phase der Partnerschaftsauflösung zum Partnerschaftersatz, was von außen betrachtet oft zärtlich und lieb aussehen kann, letztlich aber ein Übergriff des leidenden Elternteils auf sein Kind darstellt!

Wer will/braucht also nun Psychotherapie, wer braucht Kinder- und Jugendlichenpsychotherapie, wann sollte systemisch interveniert werden? Diese Fragen erscheinen sinnvoll, kommen aber in dieser Form als freie Entscheidungsmöglichkeit selten vor. In Notsituationen wird der Satz „Du gehörst ja zu einem Therapeuten" meist eher als Beschimpfung denn als Empfehlung geäußert und führt selten zur Motivationssteigerung beim Partner.

Psychotherapie für Kinder und Jugendliche wird im Allgemeinen und besonders in Krisenzeiten meist nicht von ihnen selbst gewünscht oder angefordert und läuft damit einer der primären Voraussetzungen jeglichen psychotherapeutischen Handelns entgegen: nämlich der der bedingungslosen Freiwilligkeit. In der auslösenden Situation, welche zum Entschluss einer Inanspruchnahme von Psychotherapie führt, brauchen und wollen die Erwachsenen oft viel eher eine Veränderungsunterstützung von außen. Es ist jedoch Folge unserer grundsätzlichen hierarchischen Gesellschaftsstruktur, dass meist der Erwachsene sein Kind zum Therapeuten bringt und nicht umgekehrt.

Die relative Unangepasstheit von Kindern als Klienten rührt einen als Therapeuten und imponiert einem oft. Gerade in Krisen kann man von Kindern und Jugendlichen oftmals verblüffende, ehrliche und oftmals philosophisch weise anmutende Äußerungen hören, die den Wortmeldungen der beteiligten Erwachsenen an Reflexionsklarheit und analytischer Fairness weit überlegen sind. Psychotherapie besteht also in einer Ist-Analyse der Situation aus der Perspektive aller Anwesenden mit möglichst wenig Hypothesenbildung über Kausalitäten und mögliche Fantasien von Nichtanwesenden!

Kindern und Jugendlichen gegenüber ist Psychotherapie ein Begleiten des spannungsreichen Slaloms zwischen den bewussten und weniger bewussten kindlichen Bedürfnissen und der sich damit konfrontierenden Welt der im Umbruch befindlichen Familie und der sozialen Außensysteme Schule und/oder Freundeskreis.

Ziel dieser Reisen ist es, mit dem Kind oder Jugendlichen die Klippen und Hindernisse, die es dabei zu überwinden gibt, zu umschiffen und irgendwie und irgendwann lebend und liebend anzukommen. Lieben lernen miteinander, einander, voneinander, zueinander; in allen Variationen darüber philosophieren, spüren, weinen, lachen, träumen und ganz selten, wenn es glückvoll verläuft, manchmal auch reden! Und dies in Zeiten, wo rundum in Liebesdingen Krieg oder Eiszeit herrscht.

Psychotherapie hat also mit Lieben zu tun?! Und wie erklärt man dies den streitenden und subjektiv leidenden Eltern? Und dann erst noch in einer Konfliktsituation, in der meist Ärger, Angst, Vorwürfe und Leid im Vordergrund stehen? Die Kunst besteht vielleicht darin, einen dünnen Seidenfaden mit dem Jugendlichen haltend, die uneinigen Eltern zu bitten, der Verbindung Kind-Therapeut vorübergehend eine kleine Chance einzuräumen. Das Ziel dieser Bereitschaft, die ja meist auch ein finanzielles „Opfer“ von den Eltern abverlangt, kann nur die Aussicht auf eine Rückführung in den „emotionalen Schoß“ und eine Annäherung an die ursprüngliche Liebesbeziehung mit beiden Eltern sein; und dies auch, wenn deren Partnerschaft sich gerade von der gemeinsamen Elternschaft löst. Ziel ist gegenseitige Annäherung und Versöhnung.

Die professionelle Abwägung, welche Art von Psychotherapie in Anspruch genommen werden soll, hängt viel weniger von der Art des Problems als von der Bereitschaft der aktiv Partizipierenden ab. Sind trotz Krise in der Familie alle bereit, zu einem Gespräch einen Psychotherapeuten aufzusuchen und sich dort gegenseitig zuzuhören, ist eine systemische Therapie sinnvoll, auch wenn der Ausgang der Therapie eine Klärung der Trennung sein sollte! Will einer oder wollen beide Elternteile, dass sich nur der jeweils andere ändern solle, ist keine Psychotherapie indiziert! Will der eine oder wollen beide Elternteile, dass das gemeinsame Kind Hilfe bekommt, ist meist eine individuelle Psychotherapie mit dem Kind angesagt.

PSYCHOTHERAPIE ALS TRENNUNGSBEGLEITUNG

In jedem Alter des Kindes kann es also vorkommen, dass sich seine Eltern trennen. Statistisch gesehen ist die Wahrscheinlichkeit, dass ein Kind mit dieser Situation während seiner Kindheit oder seines Jugendalters fertig werden muss, heute in der westlichen industrialisierten Welt sehr hoch. Sie liegt heute bereits zwischen zehn und fünfzig Prozent! Hoch genug, dass nicht jedes Kind in dieser Situation als gestört, verstört, traumatisiert bezeichnet werden sollte, wobei die in den Medien benützten Termini wie „Scheidungswaisen“ oder „Trennungsopfer“ den Kindern selbst am allerwenigsten helfen. Die Rolle des Kinder- und Jugendtherapeuten besteht hier meist darin, eine Insel im extrafamiliären System zu sein, auf welcher die Fragen „Warum?“, „Wieso?“, „Wann?“ und „Wie gehts weiter?“ vom Kind selbst in einer neutralen Atmosphäre fantasiert, gedacht, besprochen und auch betrauert werden sollen.

Das Kind muss dabei keineswegs immer „Opfer“ der Situation sein. Seine Liebesbeziehung ist ja nicht kaputtgegangen; seine bisherige Liebes- und Beziehungswelt ist nur durcheinander geraten und befindet sich in einer Reorganisationsphase, die mehr oder weniger destruktiv abläuft. Ziel des Therapeuten ist es, dem Kind einen Weg zu zeigen, seine sich trennenden Eltern als sich trennendes Liebespaar zu erleben und es auf dem Übergang vom gemeinsamen Elternpaar zu zwei getrennt lebenden Eltern zu begleiten. Eltern, die trotz Trennung, Zwist und Konflikten miteinander ihrem gemeinsamen Kind, den gemeinsamen Kindern weiterhin, oft noch inniger als bisher, zur Verfügung stehen. Die Permutation der familiären Triade bedingt eine große Verwirrung seiner gesamten kindlichen emotionalen Welt, seiner individuellen und interaktiven Entwicklungskompetenzen, was oft auch eine negative Auswirkung auf seine Integration in seiner gleichaltrigen Freundesgruppe hat.

So kann eine Trennung der Eltern manchmal sogar eine Chance sein, mithilfe einer Psychotherapie emotionale Inhalte besprechbar zu machen, im Therapeuten einen „Übergangsfreund“ zu haben, mit dem man einfach das derzeitige Leben besprechen kann und bei dem man sich eine Stunde pro Woche außerhalb des Heims emotional ausruhen darf, ohne von und mit den aktuellsten Problemen der anderen überfrachtet zu werden.

Experten werden immer wieder gefragt, in welchem Alter der Kinder eine Trennung oder Scheidung am relativ wenigsten traumatisierend sei. Ob es also besser sei, gleich Schluss zu machen, wenn es kriselt, oder eben erst im Schulalter, oder ob es nicht gar besser sei, die ganze Kindheit abzuwarten und sich erst dann zu trennen, wenn die Kinder bereits aus dem Haus sind. Auf diese Frage kann – ähnlich wie auf die Frage, wann das Kind eine Impfung bekommen sollte –, dem Kind zuliebe nur geantwortet werden: „Wenn es sein muss, dann gleich, am besten aber nie!"

Da Kinder unterschiedlichen Alters jedoch diesem entsprechend charakteristische Entwicklungsphasen durchlaufen, wird das Thema „Psychotherapie und Lebensabschnitt" gesondert behandelt und nun in chronologischer Folge bearbeitet.

PSYCHOTHERAPIE MIT SÄUGLINGEN

Als *state of the art* in der Säuglingspsychotherapie gilt nach fachärztlicher Untersuchung des Kindes der so genannte interaktionszentrierte Ansatz mit dem Säugling und einem oder beiden Elternteilen. Vorstellungsgründe sind in diesem Alter meist quälende Ein- und Durchschlafstörungen, Fütterungsschwierigkeiten oder das bekannte exzessive Schreien. Säuglinge gelten geradezu als sensitive Seismographen elterlicher Spannungszustände. Schreit ein Baby länger, als es als Kommunikationsmittel nötig ist, ist oft eine Partnerschaftsproblematik mit im Spiel. Das kausale Suchen im Ursache-Wirkungs-Kreis ist hier kontraproduktiv. Das bedeutet, dass Streitereien um die Fragen „Sind wir so fertig mit den Nerven, seit das Baby auf der Welt ist?" oder „Schreit das Baby so viel, weil wir miteinander Schwierigkeiten mit dem Übergang vom Paar zur Elternschaft haben?" nicht lohnen. Eine qualifizierte Diagnostik und Fachberatung ist hier von großer Wichtigkeit, da unnötige medizinische Untersuchungen das Baby belasten und häufig die Isolation der jungen Mutter mit dem „kranken" Baby gegenüber dem sich aus Hilflosigkeit absentierenden Vater nur vergrößert.

PSYCHOTHERAPIE FÜR KLEINKINDER

Trennungen und Familienrekonstruktionen fordern von Kleinkindern enorme Anpassungsleistungen. Diese geschehen aufgrund des jungen Entwicklungsalters meist nonverbal: Schlafstörungen, aggressives Verhalten, Introversion, Sprachverlust, Stottern, Ausscheidungsstörungen, Somatisierungen aller Arten gehören zum Repertoire der Anpassungsversuche der kindlichen verunsicherten Seele! Die gewohnten Beziehungswelten des Kleinkindes sind erschüttert, seltsame neue Menschen betreten die Bühnen ihrer Lebensräume und sind aus seiner Sicht plötzlich unverhältnismäßig lieb oder distant. Das Kleinkind spürt, dass es mit Mama nicht über Papa und mit Papa nicht über Mama und auch nicht mit anderen darüber kommunizieren oder reden kann, was ihm seltsam, neu und fremd vorkommt. Das Betätigungsfeld klassischer Spielpsychotherapie!

Das auffällige, auffallende, verstörte oder gar „gestörte" kindliche Ich zeigt durch sein Verhalten, dass es verbal und vor allem spielerisch gut durch eine außerfamiliäre Person zugänglich ist. Kinder mit von Erwachsenen georteten Problemen lieben die Spieltherapie in diesem Alter; es bedeutet für sie oft die einzige Stunde ihrer Woche, in welcher sie selbst ganz Dirigent ihrer Welt sind. Die analytisch orientierten Spieltherapien nach Freud und Jung sind hier noch immer konstruktive Klassiker im Versuch, sich einen Weg in die magische kindliche Fantasiewelt zu bahnen, in der Bindungsforschung hat der Psychotherapeut die Rolle, eine späte, aber doch meist noch sehr effiziente „sichere Basis" (*secure base*) zu schaffen, aus deren Schutz das Kind seinen Explorationsradius wieder gestalten und neu definieren kann.

INTERAKTIONSZENTRIERTE THERAPIE IM KINDERGARTENALTER

Der Kindergarten ist oft die erste Situation, in welcher Eltern-Kind-Beziehungen plötzlich ins Rampenlicht des erweiterten sozialen Gefüges treten und „von außen" beurteilt werden. Dies ist brutal, aber auch für manche Kinder eine große und gute Chance! Fallen der Kindergartenbeginn und die Auflösung der bisherigen Familie nun zeitlich zusammen, steht das Kind gleichzeitig vor zwei voneinander unabhängigen massiven Anpassungsanforderungen! Gerade unsichere, ängstliche Mütter wenden sich nun gerne vertrauensvoll an die fachlich kompetente Beurteilung durch Kindergärtnerinnen und hoffen auf Zuspruch und darauf, dass sie hinsichtlich ihrer Sorgen und Schuldgefühle entlastet werden. Die Worte beim Hinbringen und Abholen des Kindes sind täglich geschätzte oder gefürchtete Wertungen für den unsicheren, bangenden und letztlich sich nach Stütze sehnenden Elternteil. Noch lange bevor ein Kleinkind „symptomatisch" wird, ist die einfache Frage nach dem „Wie geht es Ihnen denn mit ...?" entlastend und wichtig.

Der interaktionszentrierte Ansatz braucht keinen Symptomträger, gerade die in diesem Alter häufige Trennungs- und Trotzproblematik wird durch den Therapierahmen positiv beeinflusst und bearbeitbar gemacht.

PSYCHOTHERAPIE IM SCHULALTER

Nun treffen Familienkrise und Leistungswelt das Kind mit voller Härte. Es soll Wegsein von einem im Umbruch befindlichen Zuhause, Gruppenintegration, Begegnung mit Hierarchie und enorme kognitive Leistungen wie das Schreiben- und Rechnenlernen bewältigen. Ja, überhaupt soll es plötzlich dieses und jenes lernen, und auch der Zeitpunkt, an dem es dies tun soll, wird von außen vorgegeben.

Ein gesundes Kind hat jedoch als Kehrseite seines evolutiv-logischen und genetisch determinierten Bindungsverhaltens auch eine „angeborene", von Geburt an aktive Explorationslust, die Neugier, die Welt kennen zu lernen und seinen Bewegungsradius und dadurch seinen Erfahrungshorizont ständig zu erweitern. Ein natürliches Paradoxon, ein primäres kindliches Dagegensein, ein primärer Wunsch, seiner Autonomie und Selbstbestimmung zu folgen. Es will selbst bestimmen, wie und wann was gelernt wird. Es folgt seiner Neugier, seinem Lustgefühl und seinem inneren Vektor, die es in die Arme derer führen, die nicht nur Druck machen. Dies alles mit den Ausdrücken Widerstand, Trotz, Faulheit und kindlichem Stursinn abzuwerten, führt nicht auf einen glücklichen Weg im Versuch, kindliches Anderssein und kindliche Verhaltensauffälligkeiten oder gar „Verhaltensstörungen" zu verstehen.

Der Kindertherapeut wird in diesem Lebensalter entweder durch die Lehrpersonen und die Schule selbst eingeschaltet oder trifft die von der Schule zu ihm geschickten, meist tief gekränkten Eltern mit ihrem mitgeschleppten Kind. Diese anfängliche Dreieckssituation ist für alle Beteiligten meist schwierig und beinhaltet viele Fallen triadischer Kommunikationsstrukturen. Das bereits tief betroffene Selbstwertgefühl des Kindes, das zusätzlich zur vorwurfsvollen Situation zu Hause auch in seiner Altersgruppe in einer leidvoll erlebten Außenseiterposition einsam dasteht, leidet oft schon sprachlos. Oft kann ein therapeutischer Zugang nur mehr über das Spiel gefunden werden, der Therapeut ist aber auch durch den realen Leistungsdruck der Eltern und der Schule (das Kind „verliert" ein Jahr) häufig mitbetroffen, was natürlich für seine Verbindung mit dem Kind kontraproduktiv ist. Hier bewegt sich die therapeutische Reise in einem Hin und Her: einerseits mit dem Kind „auf die Schule sch..." und andererseits gleichzeitig dabei mit ihm Freude und Begeisterung am Entdecken neuer Erfahrungswelten teilen. Also letztlich auch Neues zu lernen. Der Weg zurück zu einer positiven Einstellung zur Schule darf keinen Gesichtsverlust des Kindes zur Folge haben. Selbstlob heischende Bemerkungen der Erwachsenen wie „Siehst du, die Schule ist doch toll“ können oft Wochen positiver Entwicklung des Kindes wieder zunichte machen.

Das Motto heißt: den Leistungsdruck so weit zurücknehmen, bis das Kind selbst wieder „Leistung fordert“. Also eine paradoxe Reise über einen Umweg in die Unterforderung zurück zur Förderung und zum positiven Erleben von schulischen Anforderungen.

PSYCHOTHERAPIE IN DER PUBERTÄT

Nach dem Motto: „Pubertät ist, wenn die Eltern schwierig werden“ ist diese Lebensphase auch in glücklichen Zeiten gefürchtet! Fällt die Pubertät des Kindes in eine instabile Partnerschaftsphase der Eltern oder gar in eine deutlich in Zerrüttung befindliche Partnerschaft, ist es für alle Beteiligten doppelt schwer! Ist der Jugendliche bereit, sich „so einen Verrückten“ (gemeint ist der Psychotherapeut) mal anzuschauen, hat man meist keine Probleme, den Jugendlichen kennen zu lernen und sich in seine Not einzufühlen. Das Problem liegt nun darin, den Jugendlichen emphatisch zu begleiten, ohne in eine Koalition mit oder gegen seine Eltern einzutreten, von denen er sich aber letztlich lösen muss. Lösen kann sich aber nur, wer vorher geliebt und gebunden war. Wie kann man aber für diese aus dem Blickwinkel des Jugendlichen uncoolen, destruktiven, blöden, feigen, unfairen, absurden, fernen und völlig altmodischen Eltern Liebe empfinden? Oft hat er dieses Gefühl seit Jahren nicht mehr oder noch gar nie gehabt.

Psychotherapie in der Pubertät gleicht oft einem Seiltanz über dem Abgrund; Nähe und Distanz wechseln wie Kalt und Warm in einem Kneippbad. Die Heftigkeit der pubertären Gefühlsstürme kennt kaum Grenzen. Ist der Therapeut „zu nah“, wird er als „Psychoschleimer“ abgewehrt; kommt er gar nicht heran, hat er keine Chance, sich aus dem Urwald der pseudocoolen, doofen und unnahbaren Erwachsenen herauszulösen. Gibt er den Eltern freundlich die Hand oder spricht er gar einige nette Worte mit ihnen, ist er ein Verräter. In dieser Situation ist es oft hilfreich, die Psychotherapie zu „splitten“, das heißt eine Person ganz für den Jugendlichen freizustellen (den Jugendlichen-Therapeuten) und einen Therapeuten als Moderator für intermittierende gemeinsame Gespräche zu reservieren.

Dieses Setting ist nicht dasselbe wie eine systemische Familientherapie, es respektiert den Konflikt und ähnelt in seinen Grundregeln der Kommunikation mehr den Friedensgesprächen in der Politik!

FAZIT

Jede Psychotherapie ist eine Reise in die Zukunft und Vergangenheit, in die Realität und in die Fantasie und die Magie und stellt einen intensiven Austausch zwischen Klient und Therapeut dar. Wichtig ist vor allem, dass die Atmosphäre passt und dass für das Projekt „Psychotherapie" besonders bei familiären Krisen oder Rekonstruktionsphasen nach einem nicht verpflichtenden Erstkontakt eine unverbindliche Kennenlernphase mit dem Ausarbeiten von konkreten und erreichbaren kurzfristigeren Zielen angefügt wird. Trauerarbeit und das Erarbeiten von längerfristigen und grundsätzlichen Entwicklungszielen können meist erst post festum erfolgen; insofern stellt die Psychotherapie sowohl in der Trennungssituation der bisherigen Familie wie auch in der Rekonsolidierung der neuen Patchworkfamilien meist eine Krisenintervention dar, die niemandem vorenthalten werden sollte, der sich davon auch nur eine einzige positive Stunde erwartet!

FORDERUNGEN AN EINE NEUE FAMILIENPOLITIK UND AUSBLICK

SIE

„Irgendwann hat alles ein End", „Schluss ist Schluss", „Es ist vollbracht", „Es wird langsam Zeit" ...

Wie auch immer, dieses Buch hat ein natürliches Ende, das Erreichen der letzten Seiten. Natürlich ist dies gleichermaßen ein unnatürliches. In Zeiten von Internet und Webseiten ist kaum ein Text als fertig, als vollendet, als endgültig zu bezeichnen. Aber beim Medium des guten alten Buches ist es wirklich so. Das Ende des Arbeitens und Schreibens an diesem Buch fiel mit dem gemeinsamen Feiern des Beginns eines neuen Kalenderjahres zusammen. Es ist der Kalender einer quantitativen Minderheit, der aber einigen Millionen Menschen auf diesem Erdball immer noch viel bedeutet. Die seit mehreren Tausend Jahren überlieferte Symbolik dieses jüdischen Feiertags ist die Öffnung des Himmels mit dem Aufblättern des Buches des Lebens. Während der dem Beginn dieses neuen Jahres folgenden zehn Tage hat nun jeder Mensch Gelegenheit, sich mit seinem Herrgott, seiner moralischen Instanz, mit sich selbst auszusöhnen und dafür zu bitten, dass seine Eintragung in das Buch des Lebens für das kommende Jahr mit Glück und Segen bedacht werde.

Davor lagen noch ein mehrwöchiger Urlaub auf einer Insel im Golf von Neapel mit einer wechselnden Anzahl von Kindern - mindestens drei, höchstens acht - und - zum Teil - deren Partnern und ein Kongressbesuch in Berlin. Hier tauchten plötzlich alle Kinder auf, „meine", „deine" und „unsere"! Alle Kinder, die schon zum Teil keine mehr sind, aber doch immer für uns Eltern Kinder bleiben werden, waren plötzlich da, wollten gemeinsam feiern und zusammen sein. Die Oma von fünf Kindern war auch dabei, ebenso der Freund der ältesten Tochter, ein Philosoph. Alles ging in diesen Tagen so leicht. Niemand war der Chef, niemand diktierte nach einem über Jahre entwickelten System; es gab „Konferenzen", wie es vom Jüngsten genannt wurde, in welchen individuelle Ziele und Wünsche für den Tag gleichsam in einen Interessenpool gelegt und dann diskutiert wurden. Irgendwann und irgendwie setzten sich dann plötzlich alle, ein Dutzend Menschen zwischen 6 und 78 Jahren, oder auch nur einige in Bewegung. Die Mahlzeiten, die Aktivitäten, die Ausflüge, dazwischen ausruhen. Niemand war der Chef, niemand diktierte, niemand folgte einem vorbereiteten Plan. Plötzlich wurde mir klar, was eine Patchworkfamilie ist. Im Gegensatz zum Ausdruck „Herkunftsfamilie", die meist kleiner ist und ein Bild aus der Kinderperspektive kennzeichnet, ist die Patchworkfamilie ein meist größeres und deshalb auch komplexeres und dynamischeres Konstrukt. Ein System mit größerer Variabilität, größerer Flexibilität, größerem Konfliktpotenzial, aber auch größeren Ressourcen. Es sind einfach mehr Menschen mit allen Vor- und Nachteilen einer größeren Gruppe.

In der Eigenanalyse meiner Kindheit hatte ich immer das Gefühl, in meiner kleinen, geordneten Zweikindfamilie „zu viel" Mutter gehabt zu haben. Zu viel im wertenden Sinne, zu viel für mich. Zu viel Präsenz für meine Entwicklungswünsche. Es war kein einfaches Gefühl, die Thematik hatte mich jahrelang beschäftigt und letztlich auch dazu geführt, dass ich früh beschloss, als spätere Mutter selbst berufstätig sein zu wollen. Dieser Beschluss schien für mich selbst, aber vor allem für meine Kinder wichtig. Ich sah mich nicht als eine ausschließlich durch ihre Tätigkeit in den vier Wänden erfüllte Mutter, Haushaltschefin und mit guten Mahlzeiten auf den Mann wartende Frau. Diese Fantasie erfüllte mich immer wieder mit Sorge und Ängsten, dass ich für meine Kinder „zu viel da" sein könnte. Ich hatte meine eigene Mutter im zeitlichen Sinn viel gehabt. Es war ein quantitatives Viel, sie war immer da, es gab kaum ein Ich ohne sie. Nur wenn ich schlief oder auf sehr hohe Tannen kletterte und meine damalige Welt von oben herab anschaute, war ich für mich.

In einer mehr emotionalen, also eher qualitativen Analyse im Zuge jahrelanger Ausbildungen wurde es aber klar, dass das „Zuviel" auch ein „Zuwenig" gewesen war. Ein Zuwenig an Autonomie und Chancen, an gelungenen Dialogen, wirklich gemeinsam verbrachter Lebenszeit. Während ich dies schreibe, stelle ich mir meine Mutter vor und ihren Wunsch, dass ich meine eigene Kindheit als nur positiv und erfüllend erlebt haben möge. Ihren Wunsch, es einfach richtig und gut als Mutter gemacht zu haben. Ihre Sorge und Enttäuschung darüber, aus meiner Sicht in irgendeiner Weise versagt zu haben. Ich selber verspüre genau denselben Wunsch in Bezug auf die Zensurnote, die mir meine eigenen Kinder mal bewusster, mal unbewusster geben mögen. Jeder Elternteil will ein guter Elter sein, will lieben und loben und geliebt und gelobt werden.

Ein Kind bekommen heißt auch immer das Maximum an Erwartungen entwickeln, an sich und an das kleine Nest, das wir unseren Kindern zu bereiten versuchen. Erwartungen, alle einem selbst unerfüllt gebliebenen Wünsche und Träume letztlich im Kind und durch das Kind nachholen und auf einer anderen Ebene erlebbar zu machen. Dieses Projekt ist für die Elternidentität essenziell. Es ist jedoch auch ein Projekt, welches fehlschlagen muss, damit das Kind erwachsen wird. Damit es uns Eltern verlässt, selbstständig wird und dadurch seine Verbundenheit mit den Eltern auf eine neue emotionale Ebene gelangt, die eine andere Beziehungsqualität und Verbundenheit ist als das Miteinanderleben.

Insofern muss jeder Elternteil in seiner Elternrolle auch ein Stück versagen. Er/sie kann es niemals so gut, so richtig machen, dass retrospektiv das Urteil des Kindes nur positiv ausfällt. In Organisationen gilt der Satz: Ein guter Chef muss es auch aushalten, nicht geliebt zu werden. Im Gegensatz dazu können Feedbackfragebögen von Hörern nach einem Vortrag eines ihnen bisher fremden Referenten im besten Fall mit einer Eins für verschiedene Qualitäten wie Klarheit, Inhalt, Didaktik etc. eingestuft werden. Eine Eins, die man als Elternteil bekommt, ist aber komplexer. Sie ist der Sieg der Liebe und der Verbundenheit über persönliche Interessen. Diese Eins als Elternteil bekommt man nicht für fehlerfreies Verhalten, sondern dafür, gelernt zu haben, sich mit dem zu versöhnen, was ist. Sich versöhnen zu wollen, auch mit schwierigen oder gar traumatischen Anteilen seiner Vergangenheit, um Kräfte und Valenzen freizubekommen, um sich der eigenen Kreativität, der Zukunft eigener und gemeinsamer Projekte widmen zu können. Um Valenzen freizubekommen zu lieben. Zu lieben, was da ist, und nicht erzwingen zu müssen, was nicht da ist, oder zu betrauern, was einmal da war.

Es ist mir klar, dass diese Zeilen fast pathetisch klingen. Pathos ist aber nicht die Absicht. Mein Wunsch ist es vielmehr, die Patchworkfamilie als neues, lebbares und wertvolles Familienmodell zu preisen, das eben andere, aber deswegen nicht weniger wertvolle Möglichkeiten als die klassische Herkunftsfamilie hat. Als krisengeprüftes Modell möglicherweise flexibler zu sein, nicht zuletzt deshalb, weil mehr Menschen miteinander auskommen müssen. Die Komplexität ist größer und daher auch das Potenzial.

Ich möchte hier vermeiden, in eine zu banale und quantitativ wirkende Diskussion abzugleiten. Patchwork ist, wie sein Name besagt, ein Teppich. Ein Teppich, der aus zusammengetragenen Resten gefertigt ist und bunt und lebendig sein kann.

Ich hoffe, dass dieses Buch unseren Lesern Mut gemacht hat, eine vielleicht nicht so bewusst geplante Lebenskonstruktion mal anders zu betrachten. Liebe ist nie logisch, und Liebe wird von sich selbst erhalten. Sie ist nicht durch Berechnungen garantierbar. Sie ist immer ein Geschenk.

ER

Anfangs dachten wir, dass wir das Nachwort miteinander werden schreiben können. Aber dann zeigte sich, dass die Sicht einer Mutter und die eines Vaters doch sehr weit auseinander liegen. Die Mutter beschreibt ihre eigene Familie, Gedanken und Eindrücke, Festvorbereitungen, Bereicherungen durch die Patchworkfamilie. Außerdem ist sie grundsätzlich ein durch und durch positiver Mensch und behält selbst in schwierigen Zeiten ihre positive Lebenseinstellung. Für einen Mann/Vater ist es auch befremdlich, wie eine Frau ihre eigene Mutterrolle im Spiegel dessen betrachten kann, wie sie die eigene Mutter als Kind erlebt hat (die das Buch doch lesen wird), besonders dann, wenn sie weiß, dass die Mutter sich sicher kränken wird.

Ein wenig genereller, ein wenig mehr ins Allgemeine gehend, möchte ich schließen.

Eines vorweg: Es war gut, dieses Buch zu schreiben. Zahlreiche Beispiele aus dem Alltag in der Klinik und in der psychotherapeutischen Praxis, aus Gesprächen mit Freunden und aus dem eigenen Erleben haben Anlass zum Nachdenken gegeben. Und auf den vielen Reisen und Wanderungen kamen das Buch und die damit verbunden Gedanken und Vorstellungen immer mit den Autoren mit. Es ist uns beiden ein Begleiter geworden. Manchmal ein fröhlicher, manchmal ein belastender oder gar ärgerlicher. Aber immer ein Begleiter, mit dem man stille Auseinandersetzungen haben konnte. Manchmal gab es auch laute – mit der Co-Autorin, die so vieles anders sah: netter, versöhnlicher, einfacher, die dann aber doch auch wieder ärgerlich werden konnte, zum Beispiel wenn sie hinsichtlich der Rolle der Frau/Mutter andere Meinungen vertrat.

Die Vision von Menschen und Familien, die dieses Buch vielleicht lesen werden, war immer wieder gegenwärtig und ermunterte zum Schreiben. In vielen alltäglichen Begegnungen, oft in zufälligen, wie am Bahnhof, in der Straßenbahn und auf Spielplätzen, konnte man sehen, dass die Patchworkfamilie noch eine große Herausforderung darstellt. Manche kommen damit schlecht zurecht. Sie sehen die Vorteile nicht, mischen sich in Dinge ein, die sie nichts angehen, und machen so sich und anderen das Leben unnötig schwer. Einfach weil sie nicht anders können, weil sie auf das Kind eifersüchtig sind, weil sie dem Kind nichts gönnen oder weil sie das eigene Kind bevorzugen und so das andere bekämpfen. Alle diese Verhaltensweisen sind verständlich, nur hilfreich sind sie nicht. Die Kinder werden anstrengend, wenn man sie nicht liebt, und die anstrengenden Kinder werden abgelehnt. So ergeben sich manchmal Teufelskreise, die nicht mehr aufgebrochen werden können.

Und da hofft man als Autor, dass es gelingen möge, dass Menschen schon durch das Lesen eines solchen Buchs ihr Verhalten ändern, neue Wege gehen, sich einfach das Leben angenehmer machen.

Natürlich weiß ich als Psychotherapeut, dass es schwer ist, die Geschichten anderer, Interpretationen und Erfahrungen von Menschen, die man nicht kennt, anzunehmen. Oft ist dazu ein Prozess des Austauschs, des Gesprächs und letzten Endes der Beziehung zu einem Therapeuten nötig. Aber es gibt auch Situationen, in denen man offen ist für die Geschichten und die Lösungen anderer und aus denen man lernen kann. Nicht jeden Fehler muss man selbst machen, nicht an jeder Ecke muss man selbst hinfallen, um zu wissen, dass Kurven gefährlich sind.

Und dann hofft man sogar, dass Kolleginnen und Kollegen das Buch lesen werden und manche neue Idee und Erfahrung in ihre Gespräche mit komplexen Familiensystemen einbeziehen werden, auch wenn es unwahrscheinlich ist. Kollegen lesen lieber andere Bücher, wenn sie überhaupt Fachbücher lesen. Und es bestehen so viele Gefahren: Es könnte sein, dass eine Frau das Buch liest und es ihrem Mann mit den Worten vor die Nase hält: „Siehst du, die sagen das auch so wie ich!" Und dass dieser Mann dann noch verdrossener wird und sich noch mehr von den Kindern zurückzieht, weil er ihnen nicht schaden will und auch weil er davon, wie seine Frau seine Elternschaft wahrnimmt, nicht begeistert ist. Es kann auch geschehen, dass man unser Buch mit anderen Büchern vergleicht und dass man feststellt, dass es bessere Einsichten gibt, dass es für Fachleute zu einfach und für Laien zu schwierig geschrieben ist.

Solche Ängste begleiten einen Autor. Er darf sich ihnen nicht ergeben. Sein Vergnügen hört mit dem Schreiben auf. Die eine oder andere Gelegenheit mag es noch geben, jemandem etwas über das Buch zu sagen, aber dann geht es in die Welt hinaus, und man kann nicht bestimmen, wer was damit machen soll. Und das ist gut so.

Man hofft nur, dass es Freude bringt und Anregungen. Wenn das gelingt, hat es sich gelohnt.

So nehme ich von dem Buch Abschied und hoffe, dass es woanders ankommt.

BEIDE

Ein komisches Gefühl: Man will dem Leser noch was sagen, ihm etwas mitgeben, ihn nochmals zum Nachdenken bewegen. Soll er sich mit etwas versöhnen oder soll er neue Lösungen suchen? Man fragt sich: Was hat man noch nicht gesagt? Was ist offen geblieben? Wenn man auf der Straße geht, in der Straßenbahn sitzt oder am Markt Familien mit Kindern beobachtet, dann hätte man oft gerne, dass diese dieses Buch oder ein ähnliches gelesen hätten. Und dass sie all das, was man richtig machen kann, auch richtig machen würden. Dann vergisst man leicht, dass man selbst auch nicht immer alles richtig macht und sicher nicht immer richtig gemacht hat. Was heißt das denn schon, es richtig gemacht haben? Sicher, das Haus ist voller Kinder, und wenn man nach Hause kommt, ist man froh, dass man den, der wieder wie jeden Tag nicht die eigenen Hausschuhe trägt, bald findet. Man hat auch gelernt, das eigene Leben zu leben, wenn Kinder da sind. Auch die Opfer, die man erbringt, sind einem geläufig: sicherer Arbeitsplatz, seltene Aussteigerfantasien, Abwehr der Frage, warum man nicht endlich kündigt, Treue zur Frau und zum Haus, Urlaube in Appartements oder Bungalows, wo alle Platz haben, auch die, die sich nie angekündigt haben.

Aber kann man dadurch ein Vorbild werden? Steht es einem zu - wie wir beide es letztlich in diesem Buch machen -, sich selbst immer wieder als Beispiel zu präsentieren? Oder als die, die wissen, wie es geht, wenn wir aus der klinischen Praxis berichteten?

Mein Sohn sagt, ähnlich wie Noam Chomsky, dass das Expertentum die Welt krank macht. Er hasst es, wenn er die Zeitung aufschlägt und irgendwer darin schreibt, wie etwas sein soll, was falsch ist und wie man es besser machen kann. Er meint, die Journalisten wissen das sicher alles nicht, sonst würden sie nicht bei der Zeitung angestellt sein. Noch mehr als den Journalisten misstraut er den Experten. Der Gedanke ist nicht nur gut, weil er von meinem Sohn kommt, sondern weil er schon von dem Philosophieexperten Sokrates geäußert wurde. Schon damals wusste der Philosoph, der vielleicht auch ein Erleuchteter war, dass das tiefste Wissen darin besteht, dass es uns unmöglich ist, etwas zu wissen. Ich weiß, dass ich nichts weiß. Und dass wir alle von dieser Erde gehen, bevor wir den Sinn der Veranstaltung kennen.

Wieso will man dann etwas mitteilen und in manchem sogar eine Lebenshilfe geben? Das Einbekennen des Nichtwissens könnte kein Buch füllen. Das stimmt. Die Freude, ein Buch zu schreiben, ist groß. Die Hoffnung, jene Eigenschaft aus der Büchse der Pandora, die uns angeblich mit dem Übel versöhnen soll, das ihr entsprang, diese Hoffnung beseelt auch uns. Natürlich wissen wir, dass die Hoffnung eine Krücke des schwachen Menschen ist. Hoffnung kann eine kritische Weltsicht erschweren, sie sogar verunmöglichen, jedenfalls ist sie Balsam auf eine

Wunde, die nie geschlossen werden soll. Das kann man schon daran erkennen, dass die Hoffnung eine der Kardinaltugenden des christlichen Glaubens ist und dass es keine Eigenschaft irgendwelchen Glaubens ist, den kritischen und zweifelnden Geist stärken zu wollen. Denn Kritik und Glaube sind nur schwer in Einklang zu bringen, und so überspannt die Hoffnung den Graben, der zwischen den beiden liegt.

Eine Abschweifung, wie es viele in diesem Buch gibt. Sie alle sollen dazu diesen, Sie zum Weiterdenken anzuregen. Vor allem aber sind es Einfälle, die manches relativieren. Denn wir als Autoren wissen nicht, ob die Entwicklung zur Patchworkfamilie erfreulich und wünschenswert ist. Oder ob wir nur ein Phänomen einer zerfallenden Kultur beschreiben, die ihre Strukturen verliert, in denen sich Menschen über Jahrhunderte sicher gefühlt haben. Wir wissen nicht, ob diese Art der Kindererziehung nicht ein Rückschritt ist, ob es für die Kinder nicht besser war, sicher mit zwei Eltern zu leben und diese beiden auch noch gemeinsam besuchen zu können, wenn sie selbst Eltern geworden sind. Wir wissen auch nicht, ob die Kinder sich orientieren werden können in diesem Chaos, das sie umgibt. Und wir können auch nicht sagen, ob es für die Erwachsenen besser wäre, so zu leben, wie es unsere Großeltern noch zum Großteil taten.

Aber wir beschreiben ein Phänomen, das heute häufig anzutreffen ist. Vor allem in den so genannten besseren Kreisen, in denen man sich Entscheidungen für derartige Lebensformen leisten kann. Wir beschreiben ein Phänomen und versuchen, Beispiele und Interpretationen zu geben: wie man unterschiedliche Situationen verstehen und wie man damit umgehen könnte, wenn man selbst in eine solche Situation kommt. Dabei ist es einfach: Wenige Regeln halten einen frei von allzu vielen Sorgen. Nicht zu viel einmischen; den „fremden" Kindern nicht die Welt erklären; lieb sein - und das Ziel des Lebens zur Familie hin verschieben. Alles andere ist Beiwerk.

Da bleibt dann offen, warum man Szenen interpretieren muss, also so tut, als ob man verstünde, was die Motive der Beteiligten sind, es einfach in dem Sinn besser wüsste, als man zu erkennen meint, was die Menschen wollen, und nicht nur, was sie machen. Der Gedanke ist schlicht: Der, der versteht, versteht. Der, der versteht, erträgt leichter, anders. Der, der versteht, kann die Sache aus dem Gefühlstopf in den Denktopf hinüberschieben, und dabei wird ihm leichter. So nach dem Motto: Die Armut des Wissenden ist nicht die Armut des Armen. Dem Verstehen wurde im Abendland immer schon eine große Bedeutung beigemessen. Eben die Möglichkeit, Bedeutung zu geben, einer Handlung, einem Verhalten oder einer Äußerung. Ihr mehr zuzuschreiben, als sie selbst ist/war. Auf diese Art den Versuch zu unternehmen, mehr zu verstehen, als es in dem dürftigen Austausch, der zwischen Menschen möglich ist, ohne Interpretation geschieht. In der Tat hat man dadurch meist für den eigenen Energiepool der Gefühle viel getan. Ordnung ist leichter zu ertragen als Gefühlschaos. Obschon eine glühende Wut, eine gallige Rachsucht oder eine tödliche Eifersucht auch wunderbare und intensive Gefühle sein können. Aber sie können Menschen auch lähmen und sie in ihrer Entwicklung so stark blockieren, dass aus einer Krise ein Lebenszustand wird. Wenn Frauen nach einer Trennung vor ihrem dreißigsten Lebensjahr oft sagen: „Ich hab genug von Beziehung, das wars!" und sich dann selbstbewusst ins Mentaltraining und ins Fitnessstudio begeben, weil nun angeblich ihre eigene Befindlichkeit endlich Thema ist und nicht die aufreibenden Quälereien mit dem Partner, ist das verständlich, aber traurig. Dann sind sie eben unter der Lawine negativer Gefühle begraben und denken, dass muss jetzt so sein. Das war das Leben. Man hat ja alles erlebt und weiß es nun ein für alle mal besser. Sich nie mehr in eine Beziehung einzulassen schützt vor Verletzung und Verwundung. Der Preis dafür ist, alleine schrullig, langweilig und bizarr zu werden. Es gibt mehr Literatur zur Anleitung für Singles als je zuvor. Die westliche Welt produziert keine Babys mehr und feiert fröhlich das Singletum. Quo vadis?

Wir wissen es auch nicht. Wir geben nur Zeugnis von einem Projekt, in das wir als Eltern und nun als Autoren hineingerutscht sind. Soll sich jeder selbst ein Bild davon machen, und dabei froh sein oder nicht. It's your cup of tea!